Excel® 2010

PARA

DUMMIES™

GUÍA RÁPIDA

Colin Banfield y John Walkenbach

Obra editada en colaboración con Centro Libros PAPF, S.L.U. – España

Edición publicada mediante acuerdo con Wiley Publishing, Inc.
© ...For Dummies y los logos de Wiley Publishing, Inc. son marcas
registradas utilizadas bajo licencia exclusiva de Wiley Publishing, Inc.

Los términos específicos del programa Excel y de las aplicaciones de
Microsoft se han tomado de su página oficial de terminología, que, además,
permite buscar la equivalencia en distintas lenguas de dichos términos:
http://www.microsoft.com/language/es-es/Search.aspx?sString=Restore&langID=es-es

Primera edición impresa en España: abril de 2011
ISBN: 978-84-329-2127-8

Primera edición impresa en México: agosto de 2011
ISBN: 978-607-07-0873-2

Impreso en los talleres de Litográfica Ingramex, S.A. de C.V.
Centeno núm. 162, colonia Granjas Esmeralda, México, D.F.
Impreso en México – *Printed in Mexico*

Los autores

Colin Banfield trabaja en el mundo de las telecomunicaciones y utiliza programas de hojas de cálculo desde hace 20 años. Trabaja con organismos que crean modelos informáticos para empresas, paneles de instrumentos y herramientas complementarias complejas en las que se combinan Excel, Microsoft Access y otros programas de Microsoft. En su tiempo libre, escribe y reseña libros para Wiley y se deleita con la fotografía, la astronomía y la ampliación de su repertorio musical. Es Ingeniero Eléctrico por la Universidad de West Indies y ha seguido una amplia formación en las tecnologías de vanguardia. Contacto: www.biexcel.com.

John Walkenbach es una autoridad en el mundo de los programas de hojas de cálculo y es el director de JWalk and Associates Inc., una pequeña consultoría de San Diego especializada en el desarrollo de aplicaciones para hojas de cálculo. Ha escrito una treintena de libros sobre las hojas de cálculo y cientos de artículos y reseñas para numerosas revistas, como *PC World*, *InfoWorld*, *Windows magazine* y *PC/Computing*. John se graduó en la Universidad de Missouri y en la de Montana obtuvo una maestría y se doctoró.
Su web es www.j-walk.com.

Dedicatoria

A Dorothy, mi paciente y querida media naranja y una de las mejores personas de la Tierra. —C. B.

Agradecimientos del autor

Gracias a la gente de Wiley por ayudarme con este libro; en particular a mi editora, Susan Pink (Pinkie para mí), como siempre hizo un trabajo de edición y coordinación impecable, además de mantenerme bien despierto (por no hablar de los plazos). Pinkie tiene buen ojo para los detalles. Estoy en deuda con Mike Talley, que hizo una revisión técnica exhaustiva, señaló meteduras de pata e hizo algunas sugerencias muy útiles. —C. B.

Sumario

Capítulo 7: Auditar el trabajo 101

Capítulo 8: Dar formato a los datos 117

Capítulo 9: Vista previa e impresión del trabajo.... 139

Capítulo 10: Representar datos gráficamente 153

Capítulo 11: Trabajar con tablas............. 173

Capítulo 12: Analizar datos con tablas dinámicas .. 183

Introducción a Excel 2010

Con la popular hoja de cálculo Excel de Microsoft puedes escribir, manipular y analizar datos; si lo hicieras manualmente, resultaría imposible, engorroso o habría errores. En esta primera parte encontrarás los conceptos básicos para empezar a trabajar rápidamente.

En esta parte...

✓ Familiarizarse con la ventana de Excel 2010

✓ Navegar con ratón y teclado

✓ Presentación de la Cinta de opciones, la Barra de herramientas de acceso rápido y la vista Backstage

✓ Dar formato con temas y vista previa dinámica del formato

Conceptos básicos de Excel 2010

Los documentos de Excel se conocen como *libros*. Un libro puede almacenar tantas hojas como quepan en la memoria y las hojas se apilan como las páginas de un cuaderno. Las hojas pueden ser *hojas de cálculo* (un hoja de cálculo normal con filas y columnas) u *hojas de gráficos* (una hoja especial con un único gráfico).

La mayoría de las veces se trabaja en hojas de cálculo. Cada hoja de cálculo utiliza una cuadrícula con 1 048 576 filas y 16 384 columnas. Las filas se enumeran desde el 1 y se asignan letras a las columnas a partir de la A. Cuando se acaban las letras del alfabeto, sigue con AA, AB, etc. Así que la columna 1 es A, la columna 26 es Z, la columna 27 es AA, la columna 52 es AZ, la columna 53 es BA, etc. Las filas se numeran del 1 al 1 048 576 y las columnas están etiquetadas desde la A hasta la XFD.

La intersección de una fila y una columna se denomina *celda*. Un rápido cálculo muestra que hay 17 179 869 184 celdas, más que suficiente para casi cualquier uso. Las celdas tienen *direcciones* según su fila y columna. La celda superior izquierda de una hoja de cálculo se llama A1 y la celda inferior derecha se llama XFD1048576. La celda U2 (como cierta banda irlandesa) sería la intersección de la vigésima primera columna y de la segunda fila.

Es normal que te preguntes cuánta memoria del sistema (conocida como memoria de acceso aleatorio o RAM) se necesita para que quepan todas las filas y columnas. La memoria necesaria depende de la cantidad de datos almacenados en el libro y el número de libros abiertos. En Excel 2010, la memoria disponible está limitada por la cantidad máxima de memoria que la versión de Windows (XP, Vista o Windows 7) pueda utilizar.

Fórmulas

Una celda de Excel puede tener un número, algo de texto, una fórmula, o nada de nada. Ya sabes lo que son los números y el texto, pero puede que lo de las fórmulas no esté tan claro. Una *fórmula* le indica al programa que tiene que realizar un cálculo con la información almacenada en otras celdas. Por ejemplo, se puede escribir una fórmula que le dice a Excel que sume los valores de las 10 primeras celdas de la columna A y muestre el resultado en la celda de la fórmula.

En las fórmulas se pueden utilizar operadores aritméticos normales como + (más), - (menos), * (multiplicación) y / (división). También se pueden utilizar funciones predeterminadas especiales con las que se pueden hacer cosas realmente eficaces sin demasiado esfuerzo. Por ejemplo, hay funciones para añadir una serie de valores, calcular raíces cuadradas, calcular pagos de préstamos e incluso indicar la hora y el día. Hay más de 300 funciones predeterminadas clasificadas por tipo: matemáticas, financieras, estadísticas, etc. En la Parte V se abordan los conceptos básicos sobre el uso de las funciones de Excel.

Celda y rango activos

Una de las celdas de la hoja de cálculo es siempre la celda activa. La *celda activa* es la seleccionada y tiene un borde más grueso que las demás. Su contenido aparecerá en la barra de fórmulas. Puedes seleccionar un grupo o rango de celdas, para ello tienes que clicar y arrastrar el puntero del ratón sobre ellas. A continuación, puedes ejecutar un comando que le haga algo a la celda activa o al rango.

El rango seleccionado suele ser un grupo de celdas contiguas, pero no siempre es así. Para seleccionar un grupo discontinuo de celdas, selecciona la primera celda o grupo de celdas, mantén pulsada la tecla Ctrl mientras arrastras el ratón y selecciona la siguiente celda o grupo de celdas.

Familiarizarse con la ventana de Excel 2010

La figura 1-1 muestra la típica ventana de Excel 2010 en la que se han etiquetado los elementos más importantes. Toda esta terminología te acechará en cada esquina de este libro, por lo que tendrás que consultar esta imagen de vez en cuando.

Mover, redimensionar y cerrar ventanas

Cuando Excel y las ventanas del libro están en estado *restaurado* (entre maximizadas y minimizadas) puedes utilizar los controladores de tamaño para ajustar a tu gusto el tamaño de la ventana. Mueve el puntero del ratón a la zona del controlador de tamaño hasta que el puntero se transforme en una flecha de dos puntas y arrastra con el ratón.

Es posible mover la ventana alrededor de la pantalla arrastrando las barras de título. *Lee* el apartado que viene a continuación "Navegar con el ratón y el teclado".

Cuando la ventana del libro activo está maximizada, comparte un único botón Cerrar con la ventana de Excel. Si clicas en el botón compartido Cerrar, se cierra el libro activo.

Salir de Excel

Utiliza cualquiera de los siguientes métodos para cerrar la aplicación Excel:

✓ Clica en el botón Cerrar en la barra de título de Excel si hay uno o ningún libro abierto.

✓ Clica en la ficha Archivo y, luego, en el botón Salir.

✓ Pulsa la tecla Alt, luego la A y luego la L.

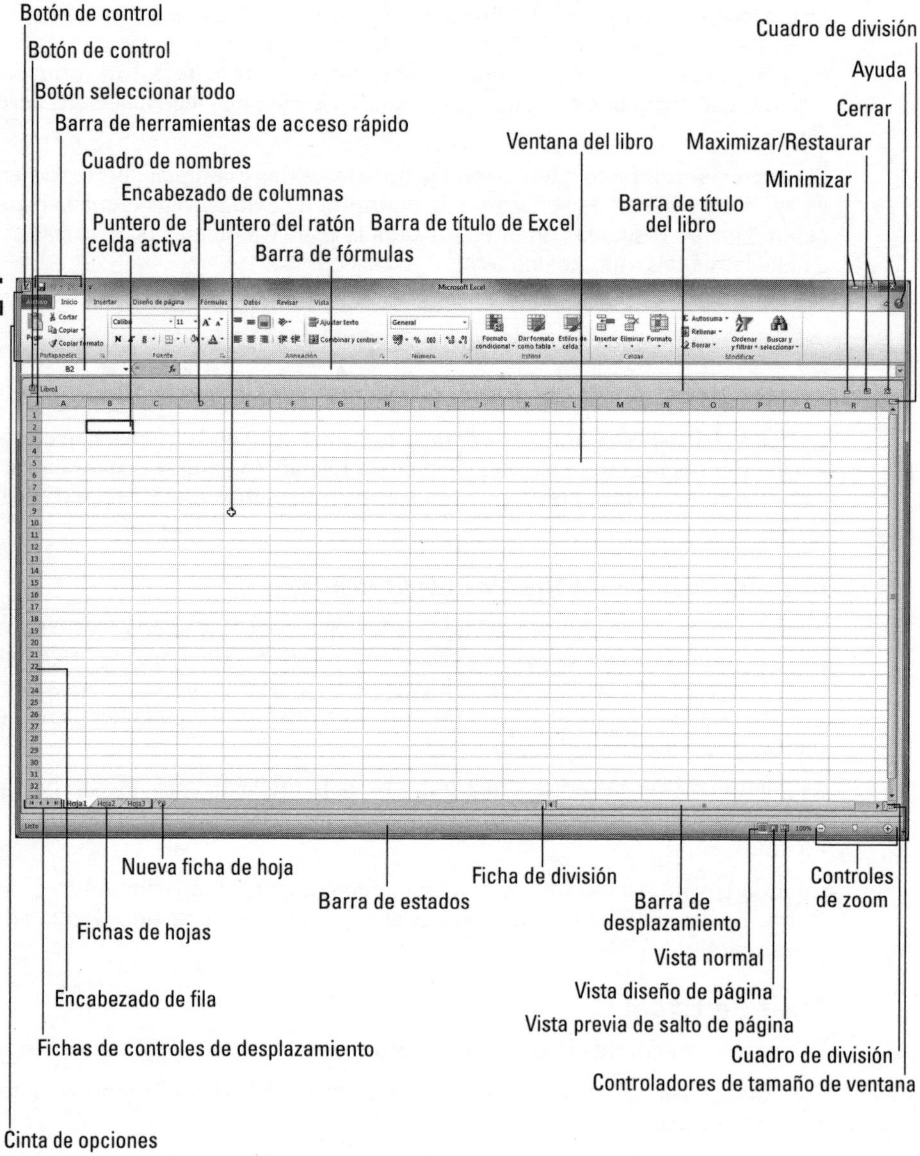

Botón de control

Botón de control

Botón seleccionar todo

Barra de herramientas de acceso rápido

Cuadro de nombres

Encabezado de columnas

Puntero de   Puntero del ratón   Barra de título de Excel
celda activa

Barra de fórmulas

Ventana del libro

Barra de título
del libro

Cuadro de división

Ayuda

Cerrar

Maximizar/Restaurar

Minimizar

Figura 1-1

Nueva ficha de hoja

Barra de estados

Ficha de división

Controles
de zoom

Fichas de hojas

Barra de
desplazamiento

Vista normal

Encabezado de fila

Vista diseño de página

Vista previa de salto de página

Fichas de controles de desplazamiento

Cuadro de división

Controladores de tamaño de ventana

Cinta de opciones

Navegar con ratón y teclado

El ratón es una herramienta básica para ejecutar comandos, seleccionar y navegar por la hoja de cálculo. Las convenciones de botones del ratón usadas en este manual son las siguientes:

- ✓ **Clic:** un clic con el botón izquierdo del ratón.

- ✓ **Doble clic:** dos clics con el botón izquierdo del ratón.

- ✓ **Clic derecho:** un clic con el botón derecho del ratón.

- ✓ **Arrastrar:** mantener pulsado el botón izquierdo del ratón y moverlo. Soltar el botón del ratón para completar la operación de arrastre.

- ✓ **Señalar:** colocar el puntero del ratón sobre un elemento sin clicar.

- ✓ **Seleccionar:** colocar el puntero del ratón sobre un elemento y clicar con el botón izquierdo.

Una de ratones

Cada acción del ratón está asociada con algún elemento en la ventana de Excel. Un *elemento* puede ser un control deslizante, un botón, una celda, un objeto de gráfico, etc. Con el puntero del ratón se seleccionan o señalan elementos.

Navegar por una hoja de cálculo con un ratón no tiene ningún misterio. Si clicas en una celda se convierte en la celda activa. Si la celda que se quiere activar no aparece en la ventana del libro, basta con utilizar las barras de desplazamiento para mover la ventana en cualquier dirección, así:

- ✓ Para pasar una celda, clica en una de las flechas de la barra de desplazamiento.

- ✓ Para pasar toda una pantalla, clica antes o después de la barra de desplazamiento del control deslizante.

- ✓ Para ir más rápido, arrastra el control deslizante.

- ✓ Para mover verticalmente una larga distancia, mantén pulsada la tecla Mayúsculas mientras arrastras el control deslizante.

Ten en cuenta que las barras de desplazamiento solo aparecen en la ventana del libro activo. Si se activa otra ventana, aparecen sus propias barras de desplazamiento.

Después de hacer un clic derecho en una celda, en un rango de celdas o en otro objeto en la zona de la hoja de cálculo, aparece un menú *contextual*, es decir, un menú que incluye comandos específicos para trabajar con la celda, rango u objeto.

Para mayor comodidad, Excel añade una minibarra de herramientas encima del menú contextual con los comandos más útiles extraídos de la Cinta de opciones, como puedes ver en la figura 1-2. Si te resulta confuso, *lee* el apartado "Presentación de la Cinta de opciones".

Figura 1-2

Utilizar el teclado

Por comodidad, la gran mayoría de usuarios utilizan el ratón para trabajar en Excel. Para los que prefieren utilizar exclusivamente el teclado cuando se trabaja en aplicaciones de Windows o para los que prefieren repartir el uso de ratón y teclado entre varias tareas, Excel da las siguientes soluciones:

✓ Métodos abreviados de teclado

✓ Subrayado de teclas

✓ Sugerencias de teclas

Las dos primeras funciones se describen a continuación. Para más información sobre las sugerencias de teclas, *consulta* el apartado "Trucos para el teclado".

Para acceder a los comandos de Excel puedes utilizar *métodos abreviados de teclado,* que son pulsaciones de teclas individuales o combinaciones de teclas que se pulsan a la vez. Por ejemplo, para acceder al comando Imprimir con un método abreviado, mantén pulsada la tecla Crtl y pulsa la tecla P, representado en este libro mediante Crtl+P. La siguiente tabla muestra los métodos abreviados de teclado más comunes en Excel.

Método abreviado	*Acción*
Ctrl+E	Seleccionar todo
Ctrl+N	Aplicar o quitar formato de negrita
Ctrl+C	Copiar la selección
Ctrl+B	Buscar
Ctrl+I o F5	Ir a
Ctrl+L	Reemplazar
Ctrl+K	Aplicar o quitar formato de cursiva
Ctrl+A o Ctrl+F12	Abrir un documento

Método abreviado	*Acción*
Ctrl+P	Imprimir
Ctrl+G o Mayús+F12	Guardar
Ctrl+S	Aplicar o quitar el subrayado
Ctrl+V	Pegar
Ctrl+R o Ctrl+F4	Cerrar el libro activo
Crtl+X	Cortar
Ctrl+Y o F4	Repetir la última acción
Ctrl+Z	Deshacer la última acción
F1	Mostrar el visor de ayuda
Ctrl+F1	Ocultar o mostrar los comandos de la Cinta de opciones
F2	Habilitar la edición dentro de la celda activa

Con más de 17 000 millones de celdas en una hoja de cálculo se necesitan formas de ir a una celda en concreto. Por suerte, hay muchas técnicas para moverse en una hoja de cálculo. Como siempre, para navegar puedes utilizar el ratón o el teclado. La siguiente tabla muestra las teclas para moverse en una hoja de cálculo.

Teclas	*Acción*
Flecha arriba	Mueve la celda activa una fila hacia arriba.
Flecha abajo	Mueve la celda activa una fila hacia abajo.
Flecha izquierda	Mueve la celda activa una columna a la izquierda.
Flecha de la derecha	Mueve la celda activa una columna a la derecha.
Re Pág	Mueve la celda activa una pantalla hacia arriba.
Av Pág	Mueve la celda activa una pantalla hacia abajo.
Alt+Av Pág	Mueve la celda activa una pantalla a la derecha.
Alt+Re Pág	Mueve la celda activa una pantalla a la izquierda.
Inicio	Mueve la celda activa a la primera columna de la fila en la que se encuentra la celda activa.
Ctrl+Inicio	Mueve la celda activa al inicio de la hoja de cálculo (A1).
F5	Abre el cuadro de diálogo Ir a.
Ctrl+Retroceso	Desplaza la pantalla para mostrar la celda activa.

Teclas	*Acción*

Flecha arriba*	Desplaza la pantalla una fila hacia arriba (la celda activa no cambia).
Flecha abajo*	Desplaza la pantalla una fila hacia abajo (la celda activa no cambia).
Flecha izquierda*	Desplaza la pantalla una columna hacia la izquierda (la celda activa no cambia).
Flecha de la derecha*	Desplaza la pantalla una columna hacia la derecha (la celda activa no cambia).

[1] Con el bloqueo de desplazamiento activado.

Presentación de la Cinta de opciones

La interfaz de usuario de Excel se llama Cinta de opciones. Está formada por una serie de fichas horizontales, cada una de las cuales tiene una serie de comandos agrupados según su función (fig. 1-3). La mayoría de las funciones de Excel 2010 están disponibles en los comandos de la Cinta de opciones.

Ficha inicio   Encabezado ficha contextual

Figura 1-3

Botón de división   Selector de cuadro de diálogo   Fichas contextuales

Análisis de la Cinta de opciones

Puedes acceder a los comandos de la Cinta de opciones mediante numerosos *controles*. Está compuesta por:

✓ **Botón.** Este es el tipo de control más común. La mayoría de los botones de la Cinta de opciones (excepto los de formato) tiene un texto descriptivo, por lo que no hace falta ser superdotado para deducir lo que representa un determinado botón. Los comandos más utilizados en cada ficha de la Cinta de opciones tienen botones más grandes.

La mayoría de los botones ejecutan comandos directamente cuando se clica en ellos. Sin embargo, algunos botones tienen incorporada una flecha que apunta hacia abajo y otros la tienen adjunta. Cuando clicas en un botón de flecha abajo incorporada, aparece un menú o una galería. En los botones de flecha abajo adjunta (conocidos como *botones de división*), el icono o el texto que forman parte del botón representan el comando más frecuente de los que ejecuta el botón. Al clicar en la parte de flecha aparece un menú o una galería con comandos adicionales u opciones de formato. Los dos tipos de botones con flechas se parecen mucho, pero si se señala un botón con flecha adjunta, se ve claramente una línea que separa el icono o el texto (comando) de la parte de la flecha (menú) (puedes verlo en la figura 1-3).

✓ **Casilla de verificación.** Es un cuadradito en el que se clica para activar o desactivar una opción.

✓ **Grupo de comandos.** Todas las fichas de la Cinta de opciones tienen grupos de comandos relacionados. Por ejemplo, en la ficha Inicio, se encuentran comandos relacionados con las fuentes de texto en el grupo Fuente.

✓ **Selector de cuadro de diálogo.** Un *selector de cuadro de diálogo* es un comando que abre el cuadro de diálogo (una ventana emergente) de un grupo de comandos, un menú o una galería. El selector de cuadro de diálogo en un grupo de comandos es un botoncito en la esquina inferior derecha del marco del grupo. Además, algunos menús y opciones tienen opciones que abren cuadros de diálogo. Cuando clicas en un selector, aparece el cuadro de diálogo con las demás opciones (no obstante, la Cinta de opciones muestra los comandos que seguramente se utilicen con más frecuencia, por lo que reduce al mínimo la necesidad de abrir los cuadros de diálogo).

✓ **Lista desplegable.** Son listas en las que puedes seleccionar varias opciones. Clica en la flecha abajo del control para ver la lista.

✓ **Galería.** Es un control que presenta un conjunto de opciones gráficas, como estilos de formato (tramas, colores y efectos) o un diseño predefinido. Un ejemplo de diseño predefinido es una opción gráfica con elementos concretos preseleccionados para su inclusión en la tabla. Las galerías permiten que Excel esté más dirigido a obtener resultados, es decir, presenta lo que el usuario espera en primer lugar para luego mostrar opciones avanzadas en un cuadro de diálogo o en un comando de la Cinta de opciones.

Hay tres tipos de galerías disponibles:

- **Galería desplegable.** Se abre al clicar en algunos botones con flechas abajo. Este tipo de galería tiene una única columna de opciones e incluye elementos gráficos y de texto.

- **Cuadrícula desplegable.** Se abre al clicar en algunos botones con flechas abajo. Este tipo de galería tiene una cuadrícula bidimensional de opciones y no tiene texto.

- **Galería de cinta.** Es como la cuadrícula desplegable, pero esta galería presenta sólo una fila de opciones directamente dentro de un grupo de control de la Cinta de opciones. Puedes mover las flechas de desplazamiento arriba y abajo para mostrar otras filas, o puedes clicar en una flecha desplegable para mostrar un conjunto de opciones en una cuadrícula bidimensional.

✓ **Menú enriquecido.** Los menús enriquecidos tienen gráficos ilustrativos, el nombre del comando y, en algunos casos, una breve descripción de la acción del comando.

Recuerda: aunque se parezcan mucho, no confundas los menús enriquecidos con las galerías desplegables. Los menús tienen comandos relacionados. En las galerías se puede elegir entre varios conjuntos de formatos o diseños.

✓ **Menú estándar.** La mayoría de los usuarios ya conoce este tipo de menú (una lista desplegable de opciones con nombres de comandos, como Copiar o Insertar celda). Algunos nombres de comandos tienen sus iconos. Si clicas en un nombre de comando que termina con puntos suspensivos (...), aparece un cuadro de diálogo con más opciones.

✓ **Control de número.** Es un tipo de control con dos flechas (una hacia arriba y otra hacia abajo) que se utiliza en un cuadro de entrada para especificar un número (alto o ancho, por ejemplo). Cuando clicas en una de las flechas aumenta o disminuye el número del cuadro de entrada. También puedes escribir directamente un número en el cuadro. Con el control de números sólo puedes utilizar números válidos.

✓ **Ficha contextual.** Las fichas contextuales le dan a la Cinta de opciones la capacidad de exponer la mayoría de funciones de Excel. Cuando insertas o seleccionas un objeto, aparecen una o más fichas contextuales, como Diseño, Presentación o Formato. Por ejemplo, después de insertar una tabla aparecen tres fichas contextuales relacionadas con la funcionalidad de la tabla; el encabezado Herramientas de gráficos aparece en la barra de título de Excel encima de las fichas contextuales. Las fichas contextuales tienen todos los comandos necesarios para trabajar con ese objeto. Cuando anulas la selección de un objeto, las fichas contextuales (y el encabezado) desaparecen.

Las fichas contextuales siguen las siguientes normas:

- Si seleccionas un objeto (un gráfico, una forma o una tabla), aparecen una o más fichas contextuales de ese objeto en la Cinta de opciones. Para ver los comandos asociados tienes que seleccionar la ficha correspondiente.

- Si insertas un objeto, aparecen los comandos para la primera ficha de la ficha contextual establecidos para ese objeto.

- Si clicas dos veces en un objeto, aparecen los comandos para la primera ficha de la ficha contextual establecidos para ese objeto. No puedes hacer un doble clic en todos los objetos.

- Si seleccionas, anulas la selección y vuelves a seleccionar el objeto sin utilizar otros comandos entre medias, aparecen los comandos para la primera ficha de la ficha contextual establecidos para ese objeto.

✓ **Fichas personalizadas.** Además de las fichas predeterminadas y contextuales de la Cinta de opciones, puedes crear fichas personalizadas.

✓ **Ficha estándar.** La Cinta de opciones tiene una serie de fichas estándar, cada una organizada según los comandos que tiene. Por ejemplo, la ficha Insertar tiene grupos de comandos para insertar tablas, ilustraciones, gráficos, etc. La ficha Inicio es una excepción; se llama así porque es donde se realiza la mayor parte del trabajo.

Si tu ratón tiene una rueda de desplazamiento, puedes navegar rápidamente entre las fichas de la Cinta de opciones si señalas el área de la Cinta de opciones y mueves la rueda del ratón.

✓ **Cuadro de texto.** En él puedes escribir un número o texto. En general, la Cinta de opciones vincula un cuadro de texto con otro control, como por ejemplo un control numérico o un cuadro desplegable.

Evaluación de la Cinta de opciones

La presentación de los controles de la Cinta de opciones no es estática. En función de la resolución de la pantalla que uses o del tamaño de la ventana de Excel, o ambas cosas, la Cinta de opciones ofrece de una a cuatro opciones de presentación para los grupos de comandos. Si hay espacio suficiente, la Cinta de opciones presenta los comandos con sus etiquetas, se ven más comandos individualmente y se eliminan los clics de más. Si se reduce la Cinta de opciones (se reduce la resolución de pantalla o el tamaño de la ventana de Excel), Excel adapta la presentación de algunos grupos de comandos, primero cambia el tamaño de los botones de comando (los más grandes se hacen más pequeños), a continuación elimina las etiquetas de los comandos y por último reduce los grupos a un único botón (lo ves en la figura 1-4). Para acceder a los comandos de un grupo de comandos que la Cinta de opciones ha reducido a un único botón, primero tienes que clicar en el botón para abrir el menú y luego seleccionar el comando.

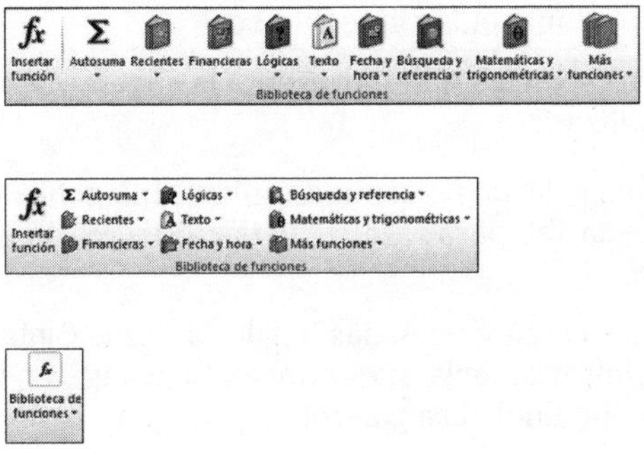

Figura 1-4

Es importante que tengas en cuenta que en cada etapa del cambio de tamaño, no desaparece por completo ningún grupo de comandos ni ningún comando de la Cinta de opciones. Las múltiples opciones de presentación para los grupos de comandos garantizan que nada se pierde al reducir el espacio. Sin embargo, si se reduce lo suficiente el tamaño de la ventana, la Cinta de opciones desaparece por completo.

Trucos para el teclado

Con las sugerencias de teclas de Excel se puede acceder con el teclado a todos los comandos de la Cinta de opciones sin tener que aprenderse combinaciones de teclas. ¿Qué son las sugerencias de teclas? Las *sugerencias de teclas* son indicadores alfanuméricos que tienen una letra, un número, combinan dos letras o una letra y un número para indicar qué tecla se debe pulsar para activar el comando sobre el que están situados, como puedes ver en la figura 1-5.

Figura 1-5

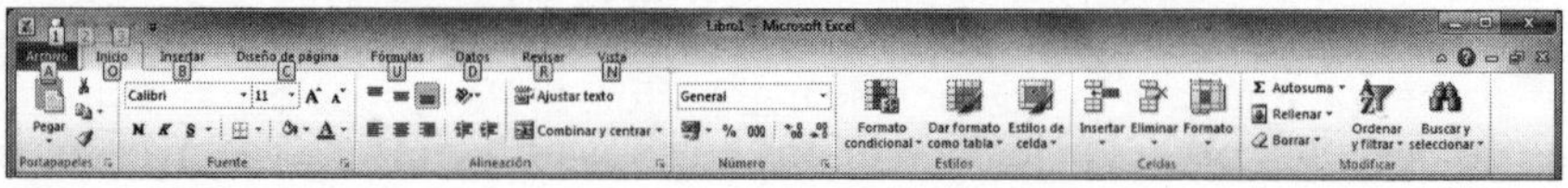

Para acceder a un comando de la Cinta de opciones con las sugerencias de teclas:

1. Pulsa la tecla Alt. Las sugerencias de teclas aparecen en las fichas de la Cinta de opciones (para este ejercicio, no hagas caso de las sugerencias de teclas que aparecen en las demás áreas de la interfaz de usuario).

2. Pulsa la tecla que represente la sugerencia de tecla del comando que quieres utilizar de la Cinta de opciones. Por ejemplo, pulsa B para seleccionar la ficha Insertar. Ten en cuenta que no debes mantener pulsada la tecla Alt. Si tienes que seleccionar una ficha distinta después de haber seleccionado la sugerencia de tecla de una pestaña, pulsa la tecla Esc.

3. Pulsa la tecla o combinación de teclas que representa la sugerencia de tecla del comando que quieres utilizar.

Si el comando seleccionado es una galería o una cuadrícula desplegable, puedes utilizar una tecla de flecha o la tecla Tab para resaltar la opción y pulsar después la tecla Entrar para seleccionarla.

Recuerda: Las sugerencias de teclas están vinculadas a galerías de la Cinta de opciones, por lo que tienes que pulsar la tecla que representa la sugerencia de la galería antes de seleccionar una opción de esa galería.

Ocultar los comandos de la Cinta de opciones

Si consideras que los comandos de la Cinta de opciones ocupan demasiado espacio en la ventana, puedes ocultarlos así:

✓ Clica en el botón Minimizar de la Cinta de opciones en la barra de título de Excel (a la izquierda del botón de ayuda).

✓ Pulsa Ctrl+F1.

✓ Haz doble clic en cualquier ficha de la Cinta de opciones.

✓ Haz clic derecho en la Cinta de opciones y selecciona Minimizar de la Cinta de opciones en el menú contextual.

Si ocultas los comandos solo verás las fichas de la Cinta de opciones. Aparecen temporalmente los comandos si clicas en una de las fichas después de haberlos ocultado. Los comandos vuelven a ocultase cuando seleccionas un comando en la ficha o si clicas fuera del área de la Cinta de opciones. También puedes utilizar las sugerencias de teclas para seleccionar un comando cuando está oculto.

Para volver a ver los comandos de forma permanente después de ocultarlos, utiliza los mismos métodos descritos para ocultarlos.

Recuerda: Excel mantiene ocultos los comandos de la Cinta de opciones si cierras el programa y vuelves a abrirlo.

Presentación de la Barra de herramientas de acceso rápido (BHAR)

La Barra de herramientas de acceso rápido (o BHAR) es un área de la interfaz de usuario que facilita el acceso rápido a los comandos. La BHAR está diseñada para reducir la navegación que tienes que seguir para llegar a una función de la Cinta de opciones utilizada con frecuencia. La BHAR está en la esquina superior izquierda de la barra de título de Excel, encima de las fichas de la Cinta de opciones (fig. 1-6).

Figura 1-6

La BHAR tiene tres comandos predeterminados (Guardar, Deshacer y Rehacer) y puedes añadir otros.

Para añadir un comando a la BHAR:

1. Selecciona la ficha de la Cinta de opciones con el comando que quieres añadir.

2. Haz un clic derecho en el comando y selecciona en el menú Agregar a la Barra de herramientas de acceso rápido.

Para añadir rápidamente algunos comandos utilizados frecuentemente a la BHAR, clica en la flecha a la derecha de la barra de herramientas y elige un comando del menú.

Puedes añadir todo un grupo de comandos de la Cinta de opciones. Simplemente, haz un clic derecho en el área del nombre de un grupo de comandos (Fuente, por ejemplo) y selecciona Agregar a la Barra de herramientas de acceso rápido.

Para quitar un comando (incluidos los comandos predeterminados) de la barra de herramientas:

1. Haz un clic derecho en el comando que quieres quitar de la barra de herramientas.

2. En el menú que aparece, selecciona Eliminar de la Barra de herramientas de acceso rápido.

Si consideras que has añadido demasiados comandos a la BHAR, sería buena idea moverla de la barra de títulos a otro lugar separado debajo de la Cinta de opciones. Haz un clic derecho en cualquier lugar de la BHAR y en el menú que aparece elige Mostrar debajo de la Cinta de opciones. Se puede ganar espacio para trabajar en la hoja de cálculo si ocultas temporalmente los controles de la Cinta de opciones.

Con el teclado también puedes acceder a comandos de la Barra de herramientas de acceso rápido. Pulsa la tecla Alt y a continuación el número que representa la sugerencia de tecla del comando que quieres utilizar. *Lee* el apartado anterior "Trucos para el teclado".

Vista Backstage

Excel 2010 presenta una nueva vista para trabajar con documentos llamada vista Backstage. Para acceder a esta vista tienes que clicar en la ficha Archivo de la Cinta de opciones. Mira la figura 1-7.

La vista Backstage consolida todas las tareas de gestión de documentos, como abrir, cerrar y compartir archivos o imprimir y configurar las propiedades del documento. En las versiones anteriores de Excel, la mayoría de estas tareas estaban dispersas por la interfaz de usuario.

En el lado izquierdo de la vista Backstage hay un *panel de navegación*, que es una mezcla de botones de *comandos básicos* (como abrir, cerrar y guardar) y alinea verticalmente fichas (información, reciente, nuevo, imprimir, guardar y enviar y ayuda). Los botones ejecutan comandos directamente y las fichas verticales, al igual que las horizontales, presentan un conjunto de opciones. Algunas de las pestañas estarán desactivadas si no hay libros abiertos.

Una característica particular de esta vista es que mientras se trabaja con ella no se puede ver la hoja de cálculo. Además, Excel minimiza la Cinta de opciones (si no la has minimizado antes). Para volver a la vista de presentación de la hoja de cálculo, clica en cualquier ficha de la Cinta de opciones o pulsa Esc.

Figura 1-7

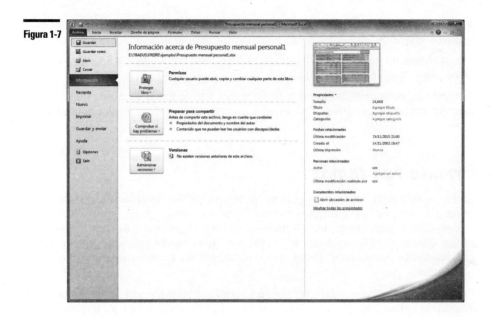

El panel de navegación de Backstage incluye un botón de Opciones para acceder a varias opciones de Excel. Te recomendamos que visites las opciones de vez en cuando porque encontrarás aplicaciones útiles, libros u opciones de la hoja de cálculo que quizá quieras activar o desactivar. Por ejemplo, una opción en la ficha Avanzadas del cuadro de diálogo Opciones de Excel, permite aumentar hasta 50 el número de documentos que aparecen en la lista de documentos recientes. La lista de libros recientes está en la ficha Reciente de la vista Backstage.

Vista previa dinámica del formato

Al señalar una opción de formato puedes ver el efecto que tendrá ese formato en el elemento seleccionado antes de aplicarlo. Esta característica se llama *Vista previa dinámica*. Para ver la vista previa dinámica debes seleccionar una celda, un gráfico, una tabla, una forma, etcétera.

Por ejemplo, si quieres cambiar la fuente de un texto en una celda: en la Cinta de opciones, un menú desplegable llamado selector de fuente presenta una lista de fuentes disponibles. Al señalar el selector de fuente, la celda va actualizando la vista de cómo quedaría. La vista previa dinámica te evita la molestia de tener que deshacer la opción que acabas de elegir porque el resultado no era el esperado y vuelta a empezar con otra opción para volver a darte cuenta de que tampoco te gusta, etcétera.

Las opciones de vista previa dinámica están donde haya alternativas de formato, sobre todo en las galerías.

Recuerda: La vista previa dinámica no se aplica a todo Excel. Algunos de los elementos ofrecen alternativas de formato, pero no tienen vista previa dinámica.

Dar formato con temas

En Excel se puede utilizar un concepto de aplicación de formato llamado tema. Un *tema* es la combinación de fuentes, colores y efectos para aportar coherencia al aspecto de los elementos del libro (celdas, gráficos, tablas y tablas dinámicas). Los temas de las fuentes, los colores y los efectos se aplican mediante opciones individuales o mediante las galerías de estilos de los elementos.

Excel aplica un tema predeterminado a todos los libros nuevos, además de una galería de temas para poder cambiarlo. Después de seleccionar un tema nuevo, todas las galerías y todos los elementos del libro con un tema cambian para adaptarse al nuevo.

Un tema tiene tres partes:

✓ **Fuentes del tema.** Un tema utiliza dos fuentes complementarias, una fuente de encabezado y una fuente de cuerpo. Todos los elementos con estilos temáticos utilizan la misma fuente o fuentes. Clica en la flecha del cuadro desplegable (selector de fuente) en la ficha Inicio de la Cinta de opciones para ver las fuentes utilizadas en el tema aplicado al libro activo.

✓ **Colores del tema.** Un tema utiliza un conjunto combinado de doce colores. Clica en la flecha de la herramienta Color de relleno o Color de fuente en el grupo Fuente de la ficha Inicio para ver diez de los colores utilizados en el tema aplicado al libro activo (fig. 1-8).

Figura 1-8

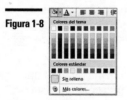

Características de los colores del tema:

- La fila superior en un selector de color muestra los colores base del tema y las otras cinco filas muestran diversos tonos y matices de los colores base. Debajo de los colores del tema están los colores estándar, que no cambian si modificas el tema. Si quieres aplicar un formato específico que no cambie después de cambiar el tema, utiliza un color estándar.

- Las cuatro primeras columnas de colores en el selector (de izquierda a derecha) están previstas para texto y fondo. El diseño de estos colores hace que un texto claro pueda verse sin problemas en un fondo oscuro y viceversa.

- Las otras seis columnas son para dar mayor énfasis. La mayoría de las galerías de estilo o de temas en Excel hacen un amplio uso de los colores de énfasis.

Los dos colores que no aparecen en los selectores de color se utilizan para los hipervínculos (no abordaremos este tema).

✓ **Efectos del tema.** Los efectos del tema se aplican a elementos gráficos como gráficos y formas y tienen tres niveles de estilos para contornos, rellenos y efectos especiales. Los efectos especiales incluyen sombra, iluminado, bisel o reflexión.

Para cambiar el tema de un libro, clica en el botón Temas en la ficha Diseño de página de la Cinta de opciones y selecciona un tema nuevo en la galería que aparece.

Recuerda: Las aplicaciones Microsoft Office (Excel 2010, Word 2010, PowerPoint 2010 y Access 2010) comparten los mismos temas. Si haces informes que combinan elementos de cada aplicación, tendrán un aspecto coherente si utilizas un tema común.

Ayuda

Con tantas características y opciones disponibles en Excel, no es raro quedarse atascado de vez en cuando. Afortunadamente hay una serie de métodos para obtener ayuda fácilmente:

✓ **Información en pantalla mejorada.** La información en pantalla estándar (también llamada información sobre herramientas) disponible en Excel (y en otras muchas aplicaciones de Windows) desde hace tiempo, facilita información sobre los comandos. Cuando señalas un comando con información en pantalla, aparece la acción del comando con una palabra (por ejemplo, Pegar) o con una frase (por ejemplo Aumentar tamaño de fuente). La información en pantalla ayuda a interpretar el significado de un botón de comando cuando no tiene texto asociado o cuando el icono del comando no aclara para qué vale.

La información en pantalla mejorada lleva el concepto un paso más allá al añadir una breve descripción que explica la función del comando. A veces incluyen un gráfico explicativo cuando la descripción no basta para explicar el significado del comando. Todos los comandos de la Cinta de opciones disponen de información en pantalla mejorada. La mayoría de las veces la información en pantalla mejorada aporta datos suficientes para no tener que seguir buscando ayuda.

✓ **Ayuda contextual.** Si con la información en pantalla mejorada no es suficiente, puedes obtener ayuda más detallada. Después de señalar el comando, la información en pantalla mejorada te ofrece la posibilidad de ver si hay más ayuda, para lo que hay que pulsar F1.

Si estás en un cuadro de diálogo y necesitas ayuda para las opciones de ese cuadro, clica en el botón de ayuda de la barra de título del cuadro (signo de interrogación) para obtener ayuda contextual.

✓ **Ayuda general.** Clica en el botón de ayuda (signo de interrogación) en el lado derecho de la barra de título de Excel o pulsa F1 cuando no estés en un contexto específico (por ejemplo, el puntero del ratón no está encima de un comando en la Cinta de opciones) para ver la lista de temas de ayuda general.

✓ **Ayuda del Backstage.** En la vista Backstage puedes acceder a más temas de ayuda. Clica en la ficha Archivo de la Cinta de opciones y, después, en la ficha Ayuda. La ficha Ayuda agrupa los elementos de ayuda siguientes:

- **Soporte.** Esta opción te ofrece varias formas de obtener ayuda y solucionar problemas.

- **Herramientas para trabajar con Office.** En esta sección puedes acceder a las opciones generales o comprobar si hay actualizaciones.

- **Estado de la licencia del producto.** Este componente te muestra las licencias de los productos Office 2010 del equipo, las aplicaciones de cada paquete instalado y el estado de activación de los productos.

- **Acerca de Microsoft Excel.** Aquí ves información de utilidad para el soporte técnico y el servicio al cliente de Microsoft en caso de problemas con el programa. Si utilizas la ayuda contextual o la ayuda en general, aparece el visor de ayuda (fig. 1-9). El visor muestra controles similares a los de un navegador de Internet. De hecho, se desarrolló con la misma tecnología que utiliza Microsoft para su navegador Internet Explorer. El visor no es un navegador hecho y derecho, ya que solo puedes ver el contenido de la Ayuda de Excel.

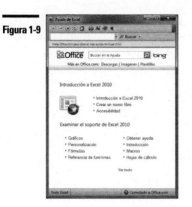

Figura 1-9

Aunque la mayoría de opciones del visor de ayuda se explican por sí mismas, es necesario explicar un poco más las siguientes:

✓ **Cuadro de búsqueda.** Puedes escribir el texto de la búsqueda en este cuadro. El visor almacena las búsquedas realizadas durante la sesión de ayuda activa. Clica en la flecha desplegable del lateral del cuadro para ver y seleccionar un elemento de la lista si quieres volver a ver el resultado de una búsqueda anterior.

✓ **Botón Buscar.** Clica en el botón Buscar (o pulsa Entrar) para empezar a buscar después de haber escrito lo que quieres buscar. Clica en la flecha del botón Buscar para especificar el ámbito de la búsqueda. De forma predeterminada, si el equipo está conectado a Internet, se mostrará contenido de ayuda de una fuente en línea. Utiliza esa fuente en la medida de lo posible ya que Microsoft actualiza estos contenidos con frecuencia.

Si no hay conexión al empezar a buscar, se utiliza el contenido de la ayuda interna del sistema. Ya sea en línea o sin conexión, puedes limitar el ámbito de búsqueda todavía más si seleccionas la opción adecuada en el menú del botón Buscar.

✓ **Barra de estado.** La parte izquierda de la barra de estado (situada en la parte inferior del visor de ayuda) muestra donde se busca. En la parte derecha de la barra de estado hay un botón que muestra el estado de la conexión (en línea o sin conexión). Puedes clicar para pasar rápidamente de la ayuda en línea a la ayuda sin conexión.

✓ **Botón Mantener visible.** La configuración predeterminada de la ventana Ayuda es que permanezca sobre el resto de las aplicaciones. Con este botón puedes controlar esta configuración. Si clicas en el botón se "desclava" el visor y queda oculto automáticamente al clicar en cualquier parte de la ventana de Excel.

Para cambiar el tamaño de la ventana de ayuda, mueve el puntero del ratón hasta el borde de la ventana y cuando el puntero se transforme en una flecha de dos puntas, arrastra con el ratón.

Administrar libros

Trabajar con documentos es fundamental para utilizar cualquier programa informático. Los documentos de Microsoft Excel reciben el nombre de *libros*. Esta parte recoge los procedimientos necesarios para administrarlos eficazmente.

En esta parte. . .

✓ Comparar dos libros en paralelo

✓ Crear ventanas múltiples (vistas) en un libro

✓ Abrir y guardar libros

✓ Proteger y desproteger un libro

✓ Compartir libros

✓ Trabajar con plantillas de libro

Activar un libro

Un libro está *activo* cuando su ventana está maximizada en la de Excel o cuando se selecciona cualquier parte del libro si no está maximizada. **Lee** en el capítulo 1 "Familiarizarse con la ventana de Excel 2010" y en este "Pasar de un libro abierto a otro".

Organización automática de las ventanas

Si quieres ver en pantalla todas las ventanas de los libros abiertos, puedes moverlas y cambiarles el tamaño manualmente, o bien dejar que lo haga el programa automáticamente. Para ver todos los libros abiertos en la pantalla de Excel.

1. Clica en la ficha Vista de la Cinta de opciones.

2. Clica en Organizar todo, aparece el cuadro de diálogo Organizar ventanas.

3. Puedes elegir entre mosaico, horizontal, vertical o cascada.

4. Clica en Aceptar.

Lee el apartado de este capítulo "Comparar dos libros en paralelo".

Cambiar la ubicación predeterminada del archivo

Cuando abres un documento en Excel, el cuadro de diálogo Abrir señala de forma predeterminada la carpeta "Mis Documentos" (Windows XP) o la carpeta "Documentos" (Windows Vista y Windows 7) como punto de partida para abrir documentos. Si guardas en otra carpeta los documentos que utilizas con más frecuencia, lo mejor sería que el cuadro de diálogo Abrir buscara en esa carpeta para evitar así algunos pasos de navegación. Para cambiar la carpeta predeterminada:

1. Clica en la ficha Archivo de la Cinta de opciones y, después, en el botón Opciones. Aparece el cuadro de diálogo Opciones. Las opciones se dividen en fichas alineadas verticalmente en el lado izquierdo del cuadro de diálogo.

2. Clica en la ficha Guardar.

3. En el cuadro de texto Ubicación de archivo predeterminada, introduce la ruta de la nueva ubicación predeterminada. Por ejemplo, si la nueva ubicación predeterminada está en una subcarpeta llamada "Excel", que se encuentra en "Mis documentos" o en la carpeta "Documentos", añádele "\Excel" a la ruta predeterminada. La nueva ruta en el cuadro de diálogo sería C:\Users\NombreUsuario\Documentos\Excel. NombreUsuario es el nombre del usuario en el cuadro de texto.

4. Clica en Aceptar.

Cerrar un libro

Si ya no estás trabajando en un libro, lo mejor será que lo cierres para trabajar en otro documento sin distracciones. Cerrar libros innecesarios libera memoria y reduce el desorden en pantalla.

Para cerrar un libro o libros innecesarios:

1. Si tienes varios libros abiertos, comprueba que el que quieres cerrar está activo: clica en la ficha Vista de la Cinta de opciones, luego clica en el botón Cambiar ventanas y selecciona el libro en la lista de nombres del menú.

2. Cualquiera de estos métodos sirve para cerrar el libro:

   - Clica en la ficha Archivo de la Cinta de opciones y selecciona Cerrar.

   - Clica en el botón Cerrar en la parte derecha de la barra de título de Excel (o en la parte derecha de la barra de título del libro si no está maximizado).

   - Doble clic en el botón Control en el extremo izquierdo de la barra de título del libro si no está maximizado.

   - Pulsa Ctrl+F4.

   - Pulsa Ctrl+R.

Si cambiaste algo en el libro desde la última vez que se guardó, Excel te preguntará si quieres guardar los cambios antes de cerrar el libro.

Comparar dos libros en paralelo

A veces tienes dos versiones del mismo libro y quieres comparar los datos visualmente. Excel tiene una función muy práctica para comparar dos documentos en paralelo. Para utilizarla:

1. Abre los libros que quieres comparar.

2. Clica en la ficha Vista de la Cinta de opciones y luego en el botón Ver en paralelo. Excel organiza las ventanas de los dos libros en horizontal. Si hay más de dos libros abiertos, aparece un cuadro de diálogo en el que puedes seleccionar el nombre del libro que quieres comparar con el libro activo.

3. Clica en una hoja de cada libro para ver los datos de la hoja que quieres comparar.

4. En la ficha Vista, clica en el botón Desplazamiento sincrónico para activar o desactivar el desplazamiento sincronizado. Una vez activado, las filas y columnas de las dos hojas de cálculo se acompasan.

   5. Clica en el botón Restablecer posición de la ventana en la ficha Vista para asegurarte de que las dos ventanas del libro tienen el mismo tamaño y están alineadas horizontalmente. Este botón se utiliza si quieres modificar el tamaño de una o de las dos ventanas durante la sesión actual.

Crear un libro nuevo (en blanco)

Después de iniciar Excel, se crea automáticamente un libro nuevo (en blanco) que se llama Libro1. Si empiezas un proyecto desde cero puedes utilizar este libro en blanco.

Hay otras formas de crear otro libro en blanco:

✓ Pulsa Ctrl+N.

✓ Clica en la ficha Archivo de la Cinta de opciones y luego en la ficha Nuevo en el panel de navegación de Backstage; después, haz un doble clic en Libro en blanco en la sección Plantillas disponibles o selecciona Libro en blanco y clica en Crear.

 Puedes añadir un botón a la Barra de herramientas de acceso rápido (BHAR) para crear un libro en blanco con un simple clic. Clica en la flecha de la derecha de la BHAR y selecciona Nuevo en el menú. Se añade el botón Nuevo a la barra de herramientas. Puedes necesitar volver al apartado "Trabajar con la Barra de herramientas de acceso rápido (BHAR)" del capítulo 1.

Crear ventanas múltiples (vistas) en un libro

A veces quieres ver a la vez dos partes de la misma hoja de cálculo, o más de una hoja en el mismo libro simultáneamente. Ambas cosas son posibles si se muestra el libro en una o más ventanas adicionales.

Para crear una nueva vista del libro activo, clica en la ficha Vista de la Cinta de opciones y, después, en el botón Nueva ventana. Aparece una ventana nueva para el libro activo. Para que no te pierdas entre ventanas, Excel le añade al nombre de cada libro dos puntos y un número, como puedes ver en la figura 2-1.

Figura 2-1

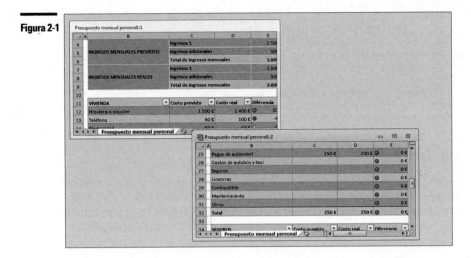

Consulta los apartados anteriores "Organización automática de las ventanas" y "Comparar dos libros en paralelo".

Recuerda: Un libro puede tener tantas vistas (ventanas separadas) como quieras.

Al abrir varias ventanas haces que se pueda copiar información de forma más sencilla de una hoja de cálculo a otra. Puedes utilizar los procedimientos arrastrar y colocar de Excel para copiar una celda o un gráfico. *Lee* el capítulo 4 "Copiar celdas y rangos" y el capítulo 10 "Eliminar un gráfico incrustado".

Abrir archivos no nativos

Además de los archivos en su formato nativo, puedes abrir archivos no nativos, como archivos de versiones anteriores de Excel y archivos de texto, todo ello gracias a una serie de filtros que los abre como un libro.

Para abrir un archivo sin formato Excel 2010:

1. Clica en la ficha Archivo de la Cinta de opciones y selecciona Abrir. Aparece el cuadro de diálogo Abrir.

2. Windows XP: en la lista desplegable Tipo, selecciona el tipo de archivo.

   Windows Vista y Windows 7: clica en el botón que está encima de los botones Abrir y Cancelar y selecciona un tipo de archivo del menú. En el botón pone Todos los archivos de Excel (*.xl*;*.xlsx;*.xlsm) de forma predeterminada, pero cambia si se selecciona otro tipo de archivo.

3. Windows XP: en la lista desplegable Buscar, navega hasta dar con la carpeta del archivo.

Windows Vista y Windows 7: en la parte izquierda del cuadro de diálogo, navega hasta dar con la carpeta del documento.

4. Selecciona el archivo y clica en Abrir, o haz doble clic en el nombre de archivo.

No te pierdas el apartado siguiente "Abrir un libro".

Abrir un libro

Cuando abres un libro en Excel, se carga todo el documento en la memoria y cualquier cambio que hagas se producirá solo en la copia de la memoria. Al abrir un archivo, el libro pasa por una serie de controles de seguridad. Si Excel detecta algún riesgo potencial, abrirá el libro de dos formas posibles:

✓ Después de abrir el libro, en la Barra de mensajes aparece una advertencia de seguridad. Las advertencias de seguridad aparecen si Excel detecta *contenido* activo en el libro. El contenido activo más común son las macros, componentes ActiveX (un tipo de código de software) y conexiones a datos externos.

✓ Excel abre el libro en modo protegido. En *modo protegido* puedes ver los contenidos, pero no puedes editar (es un documento de sólo lectura y los controles de la Cinta de opciones están desactivados). Además, Excel coloca el libro en una ubicación aislada para que ningún código malintencionado entre en el sistema y cause daños. Por regla general, Excel abre un libro en modo protegido si detecta lo siguiente:

- El libro se ha descargado de Internet. Windows coloca un marcador en los archivos que se descargan de Internet para identificar su origen.

- El libro procede de Outlook 2010.

- El libro se abrió en un lugar peligroso, como la carpeta de Archivos temporales de Internet.

- La política de bloqueo de archivos de Excel bloqueó el archivo.

- El libro no pasa la prueba de validación de documento. Excel valida los archivos binarios (archivos de Excel con extensión .xls o .xlt) comparándolos con una estructura conocida (llamada *esquema*). La administración de las normas de seguridad predeterminadas de los archivos puede cambiarse en el Centro de confianza. *Lee* el apartado de este mismo capítulo "Cambiar la configuración de seguridad en el Centro de confianza".

Abrir un libro con el cuadro de diálogo Abrir

Para abrir un libro:

1. Para ver el cuadro de diálogo Abrir, clica en la ficha Archivo de la Cinta de opciones y selecciona Abrir. También se puede pulsar Ctrl+A o Ctrl+F12 para ver el cuadro de diálogo Abrir.

2. Windows XP: en la lista desplegable Buscar, navega hasta dar con la carpeta del archivo.

Windows Vista y Windows 7: en la parte izquierda del cuadro de diálogo, navega hasta dar con la carpeta del documento (fig. 2-2).

3. Selecciona el libro en la carpeta y clica en Abrir, o doble clic en el nombre de archivo.

Puedes seleccionar más de un documento en el cuadro de diálogo Abrir. Mantén pulsada la tecla Ctrl mientras clicas en cada documento. Una vez seleccionados, clica en Abrir.

Figura 2-2

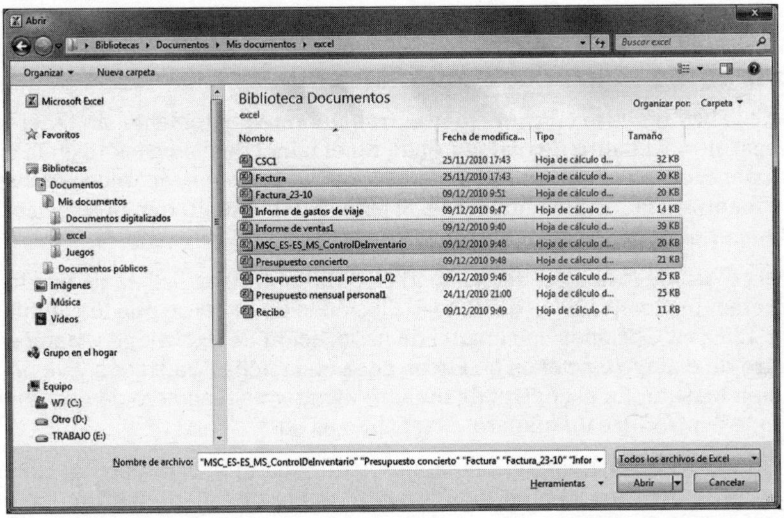

4. Si al abrir el libro aparece en la Barra de mensajes una advertencia de seguridad, haz lo siguiente:

- Si se abre en modo protegido, clica en Habilitar edición o en el mensaje de modo protegido para ir a la ficha Información de la vista Backstage. En la vista Backstage, puedes habilitar la edición y obtener detalles sobre el libro.

La mayoría de los mensajes de la Barra de mensajes es de color ámbar, pero es de color rojo cuando no consigue validar un archivo. El color indica un riesgo de seguridad elevado y la posibilidad de que el archivo contenga una amenaza malintencionada. Por tanto, debes estar muy seguro de la procedencia del archivo antes de habilitar la edición.

- Si la advertencia de seguridad se debe al contenido activo en el libro, clica en Habilitar contenido en la Barra de mensajes o en la advertencia de seguridad. Si clicas en Habilitar contenido, Excel habilita todo el contenido y borra la advertencia de seguridad. Si en su lugar clicas en la advertencia de seguridad, Excel abre la ficha Información de la vista Backstage, en la que puedes examinar el tipo de contenido activo del libro y habilitar cada uno individualmente (o ninguno).

Recuerda: Si el libro se abre en modo protegido *y* tiene contenido activo, Excel mostrará la advertencia de seguridad después de habilitar la edición.

Recuerda: Si habilitas la edición de todo el contenido de un libro, el programa no volverá a mostrar la advertencia de seguridad la próxima vez que se abra ese libro.

Abrir libros utilizados recientemente

Puedes abrir un libro en el que hayas trabajado recientemente sin tener que navegar por el cuadro de diálogo Abrir. En el panel de navegación, en la vista Backstage, clica en la ficha Reciente. En la ficha Reciente, aparece una lista de documentos usados recientemente. Si está el documento que quieres abrir, puedes hacer directamente doble clic en él.

Excel coloca de forma predeterminada los últimos 20 en la lista de usados recientemente. En el cuadro de diálogo Opciones de Excel se puede cambiar esa cifra. Clica en Opciones en el panel de navegación de Backstage. Aparece el cuadro de diálogo Opciones de Excel, clica en la ficha Avanzadas y ve hasta la sección Mostrar. En el control de número Mostrar este número de documentos recientes, introduce un número. El máximo es 50.

Cuando se alcanza el número máximo de documentos establecido, Excel empieza a borrarlos a partir del último. Si queremos mantener un documento en la lista, clica en la chincheta que hay al final del nombre del documento. Vuelve a clicar en la chincheta para desanclar el documento de la lista. Para acceder a más opciones basta con hacer un clic derecho en el nombre del documento.

Puedes colocar un número determinado de documentos usados recientemente directamente en el panel de navegación de Backstage para acceder a ellos rápidamente. Para habilitar esta función, clica en la ficha Reciente en el panel de navegación de Backstage. En la parte inferior, marca la casilla Obtener acceso rápido a este número de libros recientes. En el control de número, pon cuántos libros quieres que aparezcan en el panel de navegación.

Cambiar la configuración de seguridad en el Centro de confianza

En Excel se puede cambiar la administración de las normas de seguridad predeterminadas en el Centro de confianza. Para abrir el Centro de confianza:

✓ Si el libro se abre en modo protegido, clica en el texto del mensaje que aparece en la Barra de mensajes para ir al Backstage. En la vista Backstage, clica en el enlace Configuración en modo protegido. Aparece el cuadro de diálogo Centro de confianza con la ficha Vista protegida seleccionada. En esta ficha se puede habilitar o deshabilitar la configuración del modo protegido.

✓ Para acceder a todos los ajustes del Centro de confianza, clica en la ficha Archivo de la Cinta de opciones y luego en Opciones en el panel de navegación de Backstage. En el cuadro de diálogo Opciones de Excel, clica en la ficha Centro de confianza y luego en Configuración del Centro de confianza. Se abre el cuadro de diálogo Centro de confianza. Si es preciso, clica en las pestañas y modifica la configuración.

Proteger y desproteger un libro

Excel aporta varios niveles de protección para el trabajo. A continuación verás varias formas de proteger los libros. Puedes establecer las siguientes protecciones:

✓ Que alguien no autorizado abra un libro

✓ Que se guarde un libro con el mismo nombre que otro archivo

✓ La estructura de un libro (controlar la manipulación de la hojas de cálculo en un libro)

✓ Las ventanas de un libro (controlar el tamaño y la ubicación de las ventanas de un libro y de cualquier vista que se cree)

Apunta siempre las contraseñas y guárdalas en un lugar seguro. Si las olvidas o las pierdes no podrás deshacer las áreas protegidas de forma normal.

Proteger los libros de usuarios no autorizados

Para que una persona no autorizada no pueda abrir o modificar un libro:

1. Abre un libro o selecciona uno abierto.

2. Clica en la ficha Archivo de la Cinta de opciones y, después, en la ficha Información.

3. Clica en Proteger libro y, después, en Cifrar con contraseña. Aparece el cuadro de diálogo Cifrar documento.

4. Escribe una contraseña. Si quieres una contraseña difícil de descifrar, hay que utilizar al menos ocho caracteres con mayúsculas y minúsculas, números y caracteres especiales (por ejemplo, #, @ y !). Pero tampoco te pases con una contraseña imposible de recordar.

5. Clica en Aceptar. Excel vuelve a pedir la contraseña para confirmar.

6. Vuelve a escribir la contraseña del paso 4 y clica en Aceptar. Excel actualiza la información sobre el estado de la protección del libro en la sección Permisos de la ficha Información.

Para quitar las contraseñas del libro, sigue los pasos anteriores, pero borra la contraseña en el paso 4.

Si utilizas un libro guardado en una versión anterior de Excel, aparece un mensaje que pregunta si quieres convertirlo al formato XML de Office (formato nativo) antes de guardar el libro con contraseñas. Excel ofrece esa opción porque el formato de archivo más reciente utiliza un cifrado mucho más robusto que el formato de archivo antiguo. Acepta la sugerencia si sabes a ciencia cierta que no compartes el libro con usuarios que tienen versiones de Excel anteriores a la de 2007. *Mira* el apartado "Guardar archivos".

Proteger y desproteger una estructura de libro o una ventana

Para proteger una estructura de libro o las propiedades de una ventana frente a cambios accidentales o intencionados:

1. Clica en la ficha Revisar de la Cinta de opciones, luego en el botón Proteger libro y en el menú, selecciona Proteger estructura y ventana. Aparece el cuadro de diálogo Proteger libro.

2. Selecciona la casilla o casillas correspondientes:

   • *Estructura* evita que se produzcan los cambios siguientes en la hoja de cálculo: agregar, eliminar, mover, cambiar de nombre, ocultar o mostrar.

   • *Ventanas* evita que se mueva o cambie el tamaño de la ventana del libro.

3. Si necesitas más protección, ponle una contraseña en el cuadro de texto Contraseña y clica en Aceptar. Excel vuelve a pedir la contraseña para confirmar.

4. Clica en Aceptar.

Para desproteger una estructura o una ventana, clica en la ficha Revisar de la Cinta de opciones y, después, en el botón Proteger libro, y en el menú, selecciona Proteger estructura y ventana. Si no le pusiste contraseña, se desprotegerá automáticamente. De lo contrario, Excel te pedirá que la escribas.

En Excel 2010 puedes proteger la estructura del libro o la ventana desde la vista Backstage. Sigue los pasos 1, 2 y 3 en el procedimiento descrito en "Proteger los libros de usuarios no autorizados", pero en el tercer paso, selecciona Proteger estructura del libro.

Recuperar un archivo no guardado

Puede ocurrir que estés trabajando en un libro, y se cierre Excel o se vaya la luz. Para estos problemas hay una función de *Autorrecuperación*. Al volver a abrir tras un cierre inesperado o porque se fue la luz, aparece el panel Recuperación de documentos en la parte izquierda de la hoja de cálculo.
El panel de Recuperación de documentos enumera todas las hojas de cálculo que estaban abiertas cuando se cerró el programa.

Aparecen tanto la versión original como la versión autoguardada de cada archivo. La versión original es la que se guardó por última vez. La versión autoguardada es la que guardó Autorrecuperación. Si haces cambios en el archivo, Autorrecuperación guarda los archivos cada 10 minutos.

Los archivos que aparecen en el panel de Recuperación de documentos incluyen descripciones del estado del archivo (original o autoguardado). Para ampliar la descripción, mueve el puntero del ratón hacia el lado derecho del panel hasta que se transforme en una flecha de dos puntas y luego arrastra hacia la derecha.

Clica en un archivo del panel para abrirlo. Si quieres abrir la versión autoguardada para sustituir la última versión que se guardó, clica en el botón Guardar en la Barra de herramientas de acceso rápido (BHAR). Para seleccionar una opción diferente para el archivo (por ejemplo, para eliminar el archivo o guardarlo con otro nombre), señala el nombre del archivo en el panel. Cuando aparezca una flecha desplegable al final del nombre del archivo clica en la flecha y selecciona una opción.

 Puedes cambiar el intervalo de autoguardado y modificar la configuración de Autorrecuperación. Clica en la ficha Archivo de la Cinta de opciones y luego en Opciones en el panel de navegación de Backstage. Aparece el cuadro de diálogo Opciones de Excel, clica en la ficha Guardar. En la ficha Guardar, haz las modificaciones necesarias.

 Excel 2010 guarda una versión diferente del libro a cada intervalo de autoguardado. Si por alguna razón tienes que recuperar una versión más antigua del archivo, clica en la ficha Archivo de la Cinta de opciones y, después, en la ficha Información. A la derecha del botón Administrar versiones, selecciona la versión guardada que quieres abrir.

Excel borra todos los archivos autoguardados de un libro tras cuatro días o si guardas y cierras el libro.

 Si cambias algo en el libro y tratas de cerrar el archivo antes de guardar los cambios, aparece un mensaje que da la opción de guardar o no guardar los cambios. En versiones anteriores de Excel, al clicar accidentalmente en el botón No guardar cuando realmente sí querías guardar el libro, todos los cambios se perdían. En Excel 2010, al cerrar sin guardar los cambios, se mantiene la última versión autoguardada del libro, de manera que puedes recuperar esos cambios. Para abrir esa versión, ponte en Backstage y selecciona el archivo en la ficha Reciente. El archivo tiene la etiqueta "*(cuando se cerró sin guardar)*".

Repaso de las propiedades del libro

La vista Backstage de Excel 2010 agrupa todas las propiedades del libro, como su ubicación, autor, título, fecha de creación y de última modificación.

Clica en la ficha Archivo de la Cinta de opciones para abrir la vista Backstage y luego en la ficha Información si no estuviera seleccionada. En la parte superior de la ficha Información está la ruta completa del libro. Puedes explorar las opciones disponibles para los Permisos, Preparar para compartir y Versiones con un clic en el botón correspondiente y eligiendo una opción en el menú.

El lado derecho de la ficha tiene las siguientes categorías relacionadas con los documentos:

✓ **Propiedades.** Lista de información sobre el documento que puedes cambiar con un clic en el cuadro de texto que está junto al nombre. Por ejemplo, para añadir un título, clica en el texto Agregar título. Si clicas en el texto puedes escribir el título. Para ver más opciones tienes que clicar en Mostrar todas las propiedades.

✓ **Fechas relacionadas.** Muestra una lista con fechas relacionadas con el documento (fecha de creación, última modificación y última vez que se imprimió).

✓ **Personas relacionadas.** Muestra una lista de uno o más autores del documento y la última persona que lo modificó. Puedes añadir una persona a la lista de autores. Si hay otros autores en la libreta de direcciones, puedes clicar el nombre del autor y seleccionar un método de contacto (en caso de que necesites ponerte en contacto con el autor).

✓ **Documentos relacionados.** Clica en el botón Abrir ubicación de archivos si quieres abrir otros libros almacenados en la misma ubicación que el libro activo.

Guardar libros

Al guardar un libro, Excel guarda la copia en la memoria de la unidad y sobrescribe las copias anteriores. Cuando guardas un libro por primera vez, aparece el cuadro de diálogo Guardar como.

El formato nativo de archivo de Excel 2010 se basa en un estándar llamado Open XML (eXtensible Markup Language). XML es un formato de archivo basado en texto, las versiones anteriores de Excel (antes de la 2007) utilizaban un formato de archivo binario.

No hace falta saber de XML u Open XML para trabajar con Excel, pero es bueno que sepas que Excel 2010, como sus versiones anteriores, guarda los archivos con extensiones distintas en función del tipo de archivo que guardes. En la siguiente tabla están los tipos de archivos y las extensiones utilizadas. También tienes las extensiones de archivo de las versiones anteriores.

Tipo de archivo	2007 + Extensión	Extensión Pre-2007
Formato nativo de libro de Excel	.xlsx	.xls
Libro de Excel habilitado para macros	.xlsm	.xls
Plantilla de Excel	.xltx	.xlt
Plantilla de Excel habilitada para macros	.xltm	.xlt
Libro binario de Excel	.xlsb	.xls
Complemento de Excel	.xlam	.xla

Recuerda: A diferencia de versiones anteriores de Excel, los libros o plantillas de la versión 2007 o posterior que tienen macros (*scripts* escritos para mejorar el programa) se almacenan en archivos distintos a los que no tienen macros. Si se intenta guardar un libro o una plantilla con macros en un formato que no las admite (.xlsx o .xltx), Excel te da la opción de guardar el archivo sin macros o de seleccionar un formato que las admita (.xlsm o .xltm).

Guardar un libro

Cualquiera de estos métodos sirve para guardar un libro:

- ✓ Clica en la ficha Archivo de la Cinta de opciones y selecciona Guardar.
- ✓ Clica en el botón Guardar en la Barra de herramientas de acceso rápido.
- ✓ Pulsa Ctrl+G.
- ✓ Pulsa Mayús+F12.

Si el documento aún no tiene nombre, Excel abre el cuadro de diálogo Guardar como para ponerle uno. Puedes poner un nombre y navegar hasta la carpeta donde se almacenará. Para completar, *lee* el apartado que viene a continuación "Guardar un libro con otro nombre".

Guardar un libro con otro nombre

Quizá quieras guardar varias versiones del trabajo con nombres distintos.

Para guardar un libro con otro nombre:

1. Clica en la ficha Archivo de la Cinta de opciones y selecciona Guardar como. Aparece el cuadro de diálogo Guardar como.

2. Windows XP: en la lista desplegable Guardar, selecciona la carpeta en la que se guardará el libro.

   Windows Vista y Windows 7: selecciona la carpeta en la que se guardará el libro (puedes verlo en la figura 2-3).

3. Escribe el nombre en el cuadro de texto Nombre de archivo (no hace falta poner la extensión de archivo).

4. Clica en Guardar.

Figura 2-3

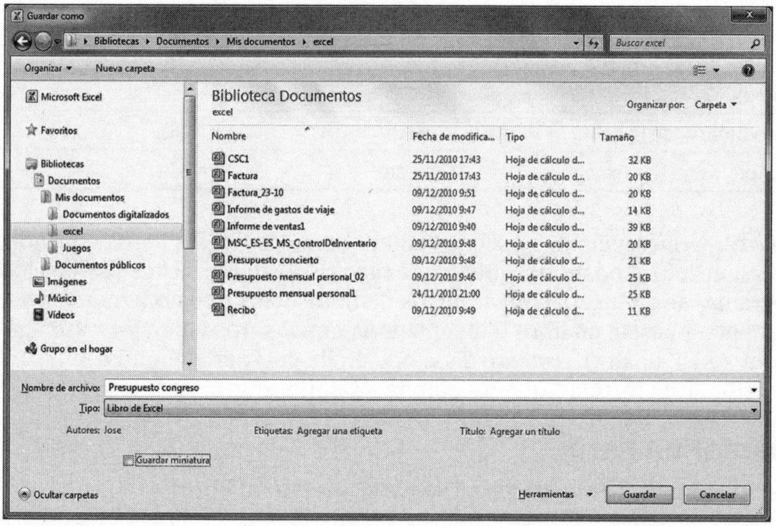

Excel crea una nueva copia del libro con otro nombre, pero la versión original del libro se mantiene intacta (el libro original ya no está abierto).

Guardar un libro en un formato de archivo no nativo

Para compartir un libro con alguien que utiliza una aplicación que abre archivos en un formato distinto al de Excel 2010, tienes que guardar el archivo en un formato que la otra aplicación pueda leer.

Puedes guardar el contenido del libro en muchos formatos que no son de Excel, como texto delimitado por tabuladores o por comas, html y xml estándar.

Para guardar un libro con otro formato:

1. Clica en la ficha Archivo de la Cinta de opciones y selecciona Guardar como. Aparece el cuadro de diálogo Guardar como.

2. En la lista desplegable Guardar como, selecciona el formato. Por ejemplo, para guardar en un formato de archivo anterior, selecciona Libro de Excel 97-2003.

3. Clica en Guardar.

Lee el apartado siguiente "Compartir libros".

Recuerda: Si tratas de guardar un libro con características incompatibles con el formato del archivo, aparecerá una advertencia de seguridad. Si el formato es de una versión anterior de Excel, aparece el cuadro de diálogo Comprobador de compatibilidad, en el que aparece una lista con las características que se perderán.

Compartir libros

Después de crear y guardar un libro, quizá quieras compartirlo. Si lo compartes con otros usuarios de una red local, basta con ponerlo en la carpeta compartida con los permisos necesarios para esos usuarios.

Hay otros métodos para compartir un libro, como el correo electrónico o guardarlo en SharePoint. Para compartir un libro:

1. Clica en la ficha Archivo de la Cinta de opciones y luego en Guardar y enviar en el panel de navegación de Backstage. La ficha Guardar y enviar tiene otras dos categorías: Guardar y enviar y Tipos de archivo. Si quieres guardar y compartir un libro, en Tipos de archivo hay una lista con los tipos de archivos más comunes.

2. Clica una de las fichas de la categoría Guardar y enviar y selecciona una de las opciones. Por ejemplo, para mandar un archivo por correo, clica en Enviar mediante correo electrónico y, después, en una de las opciones de la derecha.

Pasar de un libro abierto a otro

Cuando tienes muchos libros abiertos, lo normal es que tengas uno maximizado, por lo que solo puedes ver un libro a la vez.

Para pasar de una pantalla activa a otra, utiliza uno de estos métodos:

✓ Clica en la ficha Vista de la Cinta de opciones, luego en el botón Cambiar ventanas y en el menú que aparece, selecciona uno de los libros.

✓ Pulsa Ctrl+F6 o Ctrl+Tab para cambiar de pantalla activa entre los libros abiertos.

Trabajar con plantillas de libro

Una *plantilla de libro* es, fundamentalmente, un libro con una o más hojas de cálculo creadas con formato y fórmulas ya listas para poner datos y obtener resultados inmediatos. Una plantilla de libro puede utilizar todas las funciones de Excel, como gráficos, fórmulas y macros. Hay plantillas que automatizan tareas comunes como completar facturas, estados de gastos y órdenes de compra. Además, puedes descargar más plantillas de Internet e incluso crear tus propias plantillas desde cero o partiendo de un libro existente.

Crear una plantilla de libro

Para guardar un libro como una plantilla:

1. Clica en la ficha Archivo de la Cinta de opciones y selecciona Guardar como. Aparece el cuadro de diálogo Guardar como.

2. En la lista desplegable Guardar como, selecciona Plantilla de Excel.

3. Para guardar la plantilla en una subcarpeta de la carpeta Plantillas en Windows XP: aparece la carpeta Plantillas en la lista desplegable Guardar. Selecciona la subcarpeta en la lista desplegable Guardar.

   Para guardar la plantilla en una subcarpeta de la carpeta Plantillas en Windows Vista o Windows 7: tras completar el segundo paso, aparece la carpeta Plantillas. Selecciona una subcarpeta en la carpeta Plantillas.

   Si seleccionas una subcarpeta en la carpeta Plantillas, tienes que haberla creado antes. Si guardas la plantilla en una subcarpeta que creó Excel, no aparecerá cuando quieras crear un libro desde esa plantilla.

   Para crear una carpeta nueva en Plantillas, clica en el botón Crear nueva carpeta (o botón Nueva carpeta) en el cuadro de diálogo Guardar como y ponle un nombre.

4. En el cuadro Nombre de archivo, escribe el nombre de la plantilla y clica en Guardar. Las plantillas se guardan con la extensión .xltx. Si tienen macros, puedes guardar sin macros o en un formato que las admita (.xltm). *Mira* el apartado "Guardar archivos".

También puedes guardar una plantilla en un formato anterior. En el segundo paso, selecciona Pantilla de Excel 97-2003 en el cuadro de lista desplegable Tipo.

Para no sobrescribir el archivo de la plantilla al crear un nuevo libro a partir de una plantilla, guarda siempre las plantillas en la carpeta Plantillas o en una de las subcarpetas que creaste dentro de la carpeta Plantillas. *Consulta* el apartado que viene a continuación "Crear un libro a partir de una plantilla".

Crear un libro a partir de una plantilla

Cuando creas un nuevo libro a partir de una plantilla, Excel crea una copia de la plantilla en la memoria para que la original, en el disco, se mantenga intacta. El nombre predeterminado del libro es el nombre de la plantilla y un número. Por ejemplo, si creas un nuevo libro basado en una plantilla con el nombre Informe.xltx, el nombre predeterminado del libro será Informe1.xlsx. Cuando guardas por primera vez un libro creado a partir de una plantilla, aparece el cuadro de diálogo Guardar como en el que puedes poner el nombre concreto que decidas.

Para crear un libro a partir de una plantilla:

1. Clica en la ficha Archivo de la Cinta de opciones y luego en la ficha Nuevo en el panel de navegación de Backstage. Mira la figura 2-4.

Figura 2-4

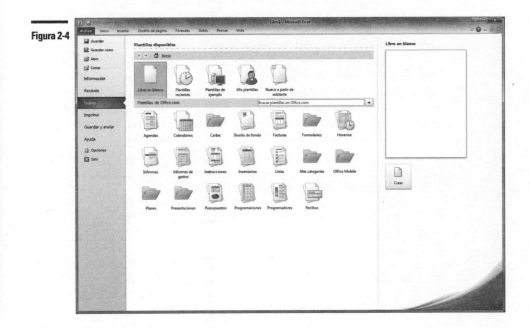

2. Selecciona una opción de plantilla en la ficha Nuevo. Esta ficha se divide en dos secciones, la parte de arriba es para plantillas en el equipo local y la de abajo para plantillas que están en Office.com. Las opciones en la parte de arriba son:

- **Plantillas recientes.** Clica en el botón Plantillas recientes para ver las últimas plantillas utilizadas. Si aún no has creado plantillas, la lista estará vacía. Selecciona una plantilla y clica en Crear para abrir una copia de la plantilla.

- **Plantillas de ejemplo.** Plantillas que están en el sistema al instalar el Excel. Clica en el botón Plantillas de ejemplo para ver la lista. Selecciona una plantilla y clica en Crear para abrir una copia de la plantilla.

- **Mis plantillas.** Plantillas que se guardaron en la carpeta Plantillas o en una de las subcarpetas creadas. Clica en Mis plantillas para abrir el cuadro de diálogo Nueva, las plantillas guardadas en la carpeta Plantillas aparecen en la ficha Plantillas personales. Si has guardado las plantillas en una o varias subcarpetas creadas expresamente en Plantillas, los nombres de las carpetas aparecen como fichas en el cuadro de diálogo Nueva. Selecciona una plantilla y clica en Aceptar. Excel abre una copia de la plantilla.

- **Nuevo a partir de existente.** Con esta opción puedes utilizar cualquier libro como plantilla o una plantilla que no está en la carpeta Plantillas. Clica en Nuevo a partir de existente para abrir el cuadro de diálogo Nuevo a partir de un libro existente. Navega hasta la carpeta con el archivo que vas a utilizar como plantilla, selecciónalo y clica en Crear nuevo. Excel abre una copia del archivo.

Conectado a Internet, puedes elegir una de las categorías en línea en la parte de abajo de la ficha Nuevo. Selecciona una plantilla o clica en una carpeta y luego en una plantilla dentro de esa carpeta, clica en Descargar (o doble clic en la plantilla) y se abre una copia de la plantilla.

3. Guarda el libro una vez que hayas introducido los datos adecuados en la copia de la plantilla. Si te falta información, *consulta* los apartados anteriores "Guardar libros" y "Crear una plantilla de libro".

Trabajar con hojas de cálculo

Un libro puede estar formado por una serie de *hojas de cálculo*. Cada hoja tiene unas fichas en la parte de abajo de la ventana del libro. En esta parte verás cómo sacar partido a las hojas de cálculo.

En esta parte. . .

- ✓ Agregar y eliminar hojas de cálculo
- ✓ Copiar o mover una hoja de cálculo
- ✓ Cambiar el nombre de una hoja de cálculo
- ✓ Ocultar y mostrar una hoja de cálculo
- ✓ Proteger una hoja de cálculo
- ✓ Hacer zoom en una hoja de cálculo

Activar una hoja de cálculo

Antes de empezar a trabajar con una hoja de cálculo tienes que activarla. Para *activarla*, basta con clicar en su ficha. Si no puedes ver la ficha, utiliza los botones para desplazar fichas. En la figura 3-1 puedes ver que Excel resalta la hoja activa. Para activar otra hoja también puedes utilizar las siguientes combinaciones de teclas:

✓ Ctrl + RePág: activa la hoja anterior, si la hay.

✓ Ctrl + AvPág: activa la hoja posterior, si la hay.

Figura 3-1

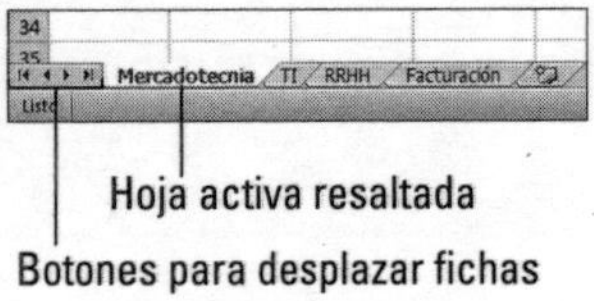

Hoja activa resaltada

Botones para desplazar fichas

Agregar una hoja de cálculo nueva

Para añadir una hoja de cálculo nueva al libro:

✓ Clica en el botón de la ficha Insertar hoja de cálculo, que está después de la última hoja del libro.

✓ Haz un clic derecho en cualquier ficha de hoja, selecciona Insertar en el menú; después en el cuadro de diálogo Insertar selecciona Hoja de cálculo. Clica en Aceptar para insertar la hoja de cálculo nueva.

✓ En la ficha Inicio de la Cinta de opciones, clica en la parte de la flecha del botón Insertar y selecciona en el menú Insertar hoja.

✓ Pulsa Mayús+F11.

Con cualquiera de estos métodos, insertas una hoja de cálculo nueva, que se convierte en la hoja activa. El nombre predeterminado es *Hoja* y va seguido de un número (por ejemplo, Hoja1, Hoja2, etcétera).

Cambiar el nombre de una hoja de cálculo

De forma predeterminada, los nombres de las hojas de cálculo son Hoja1, Hoja2, etc. Si les pones un nombre más específico podrás identificar mejor una hoja en concreto. Para cambiar el nombre de una hoja:

1. Haz un doble clic en la ficha de la hoja, o un clic derecho en la ficha de la hoja y selecciona Cambiar nombre en el menú que aparece. Con ambos métodos se selecciona el texto de la ficha.

2. Escribe el nuevo nombre de la hoja directamente en la ficha.

Recuerda: Los nombres de las hojas pueden tener hasta 31 caracteres. Pueden tener espacios, pero no los caracteres siguientes: [ ] (corchetes); : (dos puntos); / (barra diagonal); \ (barra diagonal inversa); ¿? (signos de interrogación) o * (asterisco).

Colorear la ficha de una hoja de cálculo

Puedes ponerle color a la ficha de una hoja de cálculo. Esta función te sirve para identificar de un vistazo una hoja en concreto. Para colorear una ficha de hoja de cálculo:

1. Haz un clic derecho en la ficha de la hoja y selecciona Color de etiqueta en el menú que aparece.

2. Selecciona un color para la ficha en el selector de color que aparece.

Para deshacer el color de la ficha, sigue el mismo procedimiento, pero en el segundo paso, clica en la opción Sin color en el selector de color.

Recuerda: Cuando seleccionas una ficha coloreada su color cambia a un relleno de degradado, con un relleno claro detrás del nombre de la hoja. Si la ficha tiene todo su color significa que no está seleccionada.

Copiar o mover una hoja de cálculo

A veces quieres cambiar el orden de las hojas de un libro, copiar una dentro del mismo libro o en otro libro, o, incluso, mover una hoja a un libro distinto. Los procedimientos para copiar y mover una hoja de cálculo son iguales.

Puedes copiar o mover una hoja de cálculo así:

✓ **Copiar o mover con un cuadro de diálogo.** Haz un clic derecho en la ficha de la hoja de cálculo y selecciona Mover o copiar en el menú que aparece. Aparece el cuadro de diálogo Mover o copiar, como puedes ver en la Figura 3-2. Selecciona la ubicación para copiar o mover en la lista desplegable Al libro (para copiar o mover la hoja a un libro abierto o nuevo) o en el cuadro de lista Antes de la hoja, o ambos. Para mover la hoja, desmarca la casilla Crear una copia y clica en Aceptar. Para copiar la hoja, marca la casilla Crear una copia y clica en Aceptar.

✓ **Copiar mediante arrastrar y soltar:** Clica en la ficha de hoja de cálculo, pulsa Ctrl y arrastra la hoja hasta la ubicación deseada en el libro. Mientras se arrastra, el puntero del ratón se convierte en una hojita con un signo más; una pequeña flecha sirve de guía. Para utilizar este método para copiar una hoja de cálculo a otro libro abierto, primero hay que organizar los libros. *Consulta* en el capítulo 2 *"Organización automática de las ventanas"*.

✓ **Mover mediante arrastrar y soltar.** Clica en la ficha de hoja y arrastra la hoja a la ubicación deseada en el libro. Mientras la arrastras, el puntero del ratón se convierte en una hojita; una pequeña flecha sirve de guía. Si quieres utilizar este método para mover una hoja de cálculo a otro libro abierto, primero tienes que organizar los libros.

Figura 3-2

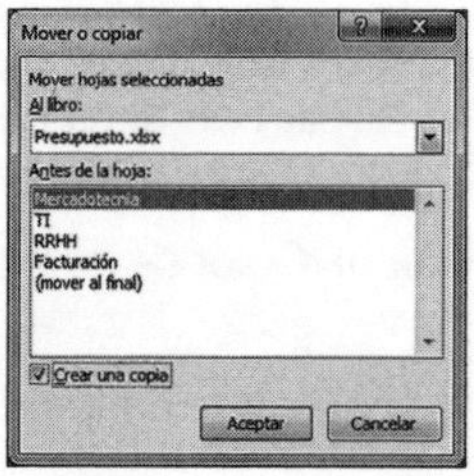

Mover o copiar
Mover hojas seleccionadas
Al libro:
Presupuesto.xlsx
Antes de la hoja:
Mercadotecnia
TI
RRHH
Facturación
(mover al final)
☑ Crear una copia
Aceptar Cancelar

Recuerda: Para copiar o mover una hoja de cálculo a otro libro con los métodos descritos, ambos libros deben estar abiertos.

Recuerda: Después de copiar o mover una hoja de cálculo (la hoja de origen) a otro libro, todos los nombres definidos y formatos personalizados de la hoja se copian a la nueva. Si hay algún conflicto de nombres entre el libro de destino y el de origen, aparece un mensaje en el que puedes elegir si quieres que se utilicen los nombres del libro de destino o se cambian los del libro de origen. No puedes usar los mismos nombres que en el libro de origen. Te ayudará *leer* en el capítulo 4 el apartado "Crear nombres".

Eliminar una hoja de cálculo

Para eliminar una hoja de cálculo, haz un doble clic en la ficha de hoja y selecciona Eliminar en el menú que aparece. Si la hoja que quieres eliminar contiene datos (o si eliminas todos los datos de una hoja en la sesión en la que estás trabajando), el programa te pedirá confirmación. Cada libro debe tener por lo menos una hoja, por lo que si tiene una sola e intentas eliminarla, Excel se queja.

Para seleccionar varias hojas y eliminarlas, pulsa Ctrl mientras clicas en las fichas de esas hojas. Para seleccionar un grupo de hojas contiguas, clica en la ficha de la primera, pulsa la tecla Mayús y después en la ficha de la última.

Cuando eliminas una hoja de cálculo se elimina de verdad. Es de las pocas operaciones en Excel que no pueden deshacerse. Por lo tanto, es recomendable que guardes el libro antes de eliminar hojas de cálculo. Así, si por un descuido eliminas una hoja que no debías perder, siempre puedes volver a la versión guardada.

Inmovilizar títulos de filas o columnas

Muchas hojas de cálculo se crean con títulos de fila y de columna. Cabe la posibilidad de que al desplazarte por la hoja, pierdas de vista el título de la fila y de la columna. Existe una solución práctica para paliar el problema: puedes inmovilizar las filas y las columnas.

Para inmovilizar filas o columnas completas:

1. Lleva el puntero de celda hasta la celda que está debajo de la fila o a la derecha de la columna que quieras inmovilizar. Para hacerlo en varias partes de la hoja de cálculo:

   - Para inmovilizar la fila 1 y la columna A, por ejemplo, coloca el puntero de celda en la celda B2.

   - Para inmovilizar solo las filas, coloca el puntero de celda debajo de las filas que haya que inmovilizar en la columna A.

   - Para inmovilizar sólo las columnas, coloca el puntero de celda a la derecha de la columna que haya que inmovilizar en la fila 1.

2. Clica en la ficha Vista de la Cinta de opciones.

3. Clica en el botón Inmovilizar y selecciona en el menú Inmovilizar paneles. Excel inserta unas líneas oscuras en la hoja de cálculo para indicar las filas y columnas inmovilizadas. Esas filas y columnas permanecen visibles mientras te desplazas por la hoja de cálculo.

Para movilizar las filas o columnas inmovilizadas, repite los pasos 2 y 3, pero en el paso 3, selecciona en el menú Movilizar paneles. Si no sabes hacerlo, *consulta* el apartado "Dividir paneles".

Para inmovilizar rápidamente la fila superior y la columna de la izquierda, clica en la ficha Vista de la Cinta de opciones y, después, en el botón Inmovilizar; a continuación selecciona en el menú Inmovilizar fila superior o Inmovilizar primera columna. Estas opciones son muy útiles porque los datos se almacenan a menudo en hojas con etiquetas en la fila superior, o en la primera columna, o en ambas. El puntero de celda puede estar en cualquier lugar cuando selecciones esas opciones.

Una alternativa a inmovilizar los títulos de fila y columna es convertir el rango en una tabla. Cuando los títulos de tabla se salen de la hoja, aparecen en el área de encabezado de columnas. *Mira* el capítulo 11 "Trabajar con tablas".

Agrupar y desagrupar hojas de cálculo

Puedes agrupar varias hojas de cálculo para realizar tareas en todas las hojas del grupo a la vez. Por ejemplo, puedes agrupar hojas para imprimirlas o para aplicarles un formato a un rango en concreto en todas las hojas del grupo, o puedes escribir datos en la misma celda o rango en todas las hojas del grupo. Cualquier cambio que realices en una hoja del grupo se aplica a las demás.

Agrupar hojas de cálculo

Si las hojas que hay que agrupar están contiguas (juntas), sigue estos pasos:

1. Clica en la ficha de la primera hoja.

2. Pulsa y mantén pulsada la tecla Mayús y selecciona la ficha de la última hoja. Excel selecciona todas las hojas de la primera a la última.

Si las hojas que quieres agrupar no son contiguas, sigue estos pasos:

1. Clica en la ficha de la primera hoja.

2. Pulsa y mantén pulsada la tecla Ctrl y clica en las fichas una por una.

Recuerda: Puedes pasar de una hoja a otra en un grupo si están agrupadas. En este caso, al clicar en una ficha de hoja inactiva (cualquiera que no tenga resaltado el nombre) se desagrupan todas las hojas.

Si tienes que agrupar y pasar de una hoja a otra en el libro, primero agrega una nueva (en blanco). Vuelve al apartado anterior "Agregar una hoja de cálculo nueva".

Desagrupar hojas de cálculo

Cualquiera de estos métodos sirve para desagrupar hojas de cálculo: con los tres primeros desagrupas todas las hojas, con el último sólo desagrupas una hoja inactiva.

✓ Clica en alguna ficha de hoja que no esté seleccionada para desagrupar todas las hojas.

✓ Pulsa y mantén pulsada la tecla Mayús y clica en la ficha de hoja activa (la ficha de hoja con el nombre resaltado) para desagrupar todas las hojas.

✓ Si todas las hojas del libro están agrupadas, clica en cualquier ficha de hoja inactiva para desagrupar todas las hojas.

✓ Pulsa y mantén pulsada la tecla Mayús y clica en cualquier ficha de hoja inactiva en el grupo para desagrupar sólo esa hoja de cálculo.

Ocultar y mostrar una hoja cálculo

Ocultar una hoja de cálculo es útil si no quieres que otros la vean o si simplemente quieres quitártela de la vista. Si una hoja está oculta, su ficha también.

Para ocultar una hoja de cálculo, haz un clic derecho en su ficha y selecciona Ocultar en el menú contextual.

Puedes seleccionar varias hojas para ocultarlas simultáneamente. Si están contiguas, clica en la primera, pulsa y mantén pulsada la tecla Mayús y clica en la última. Si no están contiguas, clica en la primera, pulsa y mantén pulsada la tecla Mayús y clica en las demás fichas una por una.

Recuerda: Cada libro debe tener como mínimo una hoja visible, por lo que no puedes ocultar todas las hojas de un libro.

Para mostrar una hoja de cálculo oculta:

1. Haz un clic derecho en cualquier ficha de hoja visible y clica en Mostrar en el menú contextual; o clica en la ficha Vista de la Cinta de opciones y, después, en el botón Mostrar. Se abre el cuadro de diálogo Mostrar.

2. Selecciona la hoja que haya que mostrar y clica en Aceptar. Se pueden mostrar de una en una.

Se puede proteger el libro para evitar que alguien oculte una hoja de cálculo. Se explica en el capítulo 2 "Proteger y desproteger una estructura de libro o una ventana".

Proteger una hoja de cálculo

Cuando se elimina una fórmula en una hoja de cálculo a menudo se origina un efecto dominó que provoca que otras fórmulas den un valor erróneo, o incluso peor, resultados incorrectos. Puedes evitar estos problemas bloqueando la celda y protegiendo la hoja de cálculo para prevenir cambios. Sigue estos pasos:

1. Haz un clic derecho en la ficha de hoja que haya que proteger y selecciona Proteger hoja en el menú contextual, o clica en la ficha Revisar de la Cinta de opciones y, después, en el botón Proteger hoja. Se abre el cuadro de diálogo Proteger hoja, como puedes ver en la figura 3-3.

Figura 3-3

2. Si quieres, ponle una contraseña.

   • Si escribes una contraseña, después tendrás que volver a escribirla para desprotegerla.

   • Si no le pones contraseña, cualquiera podrá desproteger la hoja.

3. En el cuadro de lista Permitir a los usuarios de esta hoja de cálculo, clica en las casillas correspondientes para seleccionar los elementos que los usuarios pueden cambiar una vez protegida la hoja.

4. Clica en Aceptar.

Recuerda: La propiedad Bloqueado está activada de forma predeterminada en todas las celdas y objetos, lo que significa que están bloqueados cuando se protege la hoja de cálculo. Antes de proteger una hoja de cálculo, lo normal es desbloquear las celdas de entrada (celdas en las que se escriben datos). Para bloquear o desbloquear celdas, primero tienes que seleccionarlas y, a continuación, con un clic derecho, seleccionar Formato de celdas en el menú contextual. Después, marca o desmarca la casilla de verificación Bloqueo en la ficha Protección. *Lee* en el capítulo 4 el apartado "Seleccionar celdas y rangos".

Para quitar la protección de una hoja protegida, haz un clic derecho en la hoja de cálculo que haya que desproteger y selecciona Desproteger hoja en el menú contextual, o clica en la ficha Revisar de la Cinta de opciones y, después, en el botón Desproteger hoja. Si la hoja estaba protegida con una contraseña, hay que escribir la contraseña antes de desprotegerla.

Dividir paneles

Dividir una ventana de Excel en dos o cuatro paneles permite ver varias partes de la misma hoja de cálculo. Algunas de las características principales de la división de paneles son:

✓ Si clicas en la ficha Vista de la Cinta de opciones y luego en el botón Dividir, se divide la hoja de cálculo activa en dos o cuatro paneles separados.

✓ La división se produce donde esté el puntero de celda.

✓ Puedes utilizar el ratón para arrastrar y cambiar el tamaño del panel.

✓ Para quitar la división en los paneles, clica en la ficha Vista de la Cinta de opciones y, después, en el botón Dividir.

Una forma más rápida de poner y quitar divisiones es arrastrar la barra de división vertical u horizontal (puedes verlo en la figura 3-4). Estas barras son elementos estándar de la ventana de Excel y están encima y a la derecha de las barras de desplazamiento vertical y horizontal, respectivamente. Para quitar la división en los paneles con el ratón, arrastra el separador hasta el borde de la ventana o haz doble clic en él. Vuelve al apartado anterior "Inmovilizar títulos de filas o columnas".

Figura 3-4

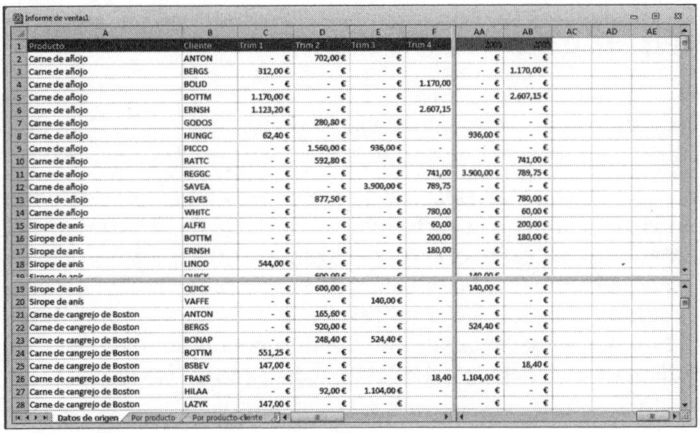

	A	B	C	D	E	F	AA	AB	AC	AD	AE
1	Producto	Cliente	Trim 1	Trim 2	Trim 3	Trim 4					
2	Carne de añojo	ANTON	- €	702,00 €	- €	-	- €	- €			
3	Carne de añojo	BERGS	312,00 €	- €	- €	-	- €	1.170,00 €			
4	Carne de añojo	BOLID	- €	- €	- €	1.170,00	- €	- €			
5	Carne de añojo	BOTTM	1.170,00 €	- €	- €	-	- €	2.607,15 €			
6	Carne de añojo	ERNSH	1.123,20 €	- €	- €	2.607,15	- €	- €			
7	Carne de añojo	GODOS	- €	280,80 €	- €	-	- €	- €			
8	Carne de añojo	HUNGC	62,40 €	- €	- €	-	936,00 €	- €			
9	Carne de añojo	PICCO	- €	1.560,00 €	936,00 €	-	- €	- €			
10	Carne de añojo	RATTC	- €	592,80 €	- €	-	- €	741,00 €			
11	Carne de añojo	REGGC	- €	- €	- €	741,00	3.900,00 €	789,75 €			
12	Carne de añojo	SAVEA	- €	- €	3.900,00 €	789,75	- €	- €			
13	Carne de añojo	SEVES	- €	877,50 €	- €	-	- €	780,00 €			
14	Carne de añojo	WHITC	- €	- €	- €	780,00	- €	60,00 €			
15	Sirope de anís	ALFKI	- €	- €	- €	60,00	- €	200,00 €			
16	Sirope de anís	BOTTM	- €	- €	- €	200,00	- €	180,00 €			
17	Sirope de anís	ERNSH	- €	- €	- €	180,00	- €	- €			
18	Sirope de anís	LINOD	544,00 €	- €	- €	-	- €	- €			
19	Sirope de anís	QUICK	- €	600,00 €	- €	-	140,00 €	- €			
20	Sirope de anís	VAFFE	- €	- €	140,00 €	-	- €	- €			
21	Carne de cangrejo de Boston	ANTON	- €	165,60 €	- €	-	- €	- €			
22	Carne de cangrejo de Boston	BERGS	- €	920,00 €	- €	-	524,40 €	- €			
23	Carne de cangrejo de Boston	BONAP	- €	248,40 €	524,40 €	-	- €	- €			
24	Carne de cangrejo de Boston	BOTTM	551,25 €	- €	- €	-	- €	- €			
25	Carne de cangrejo de Boston	BSBEV	147,00 €	- €	- €	-	- €	18,40 €			
26	Carne de cangrejo de Boston	FRANS	- €	- €	- €	18,40	1.104,00 €	- €			
27	Carne de cangrejo de Boston	HILAA	- €	92,00 €	1.104,00 €	-	- €	- €			
28	Carne de cangrejo de Boston	LAZYK	147,00 €	- €	- €	-	- €	- €			

Datos de origen / Por producto / Por producto-cliente

Desactivar las líneas de cuadrícula

Las líneas de la cuadrícula pueden crear algo de confusión si trabajas con datos a los que has aplicado una serie de opciones de formato. Para desactivar la visualización de la cuadrícula, clica en la ficha Vista de la Cinta de opciones y después desmarca la casilla Líneas de cuadrícula.

Recuerda: Se vean o no las líneas de la cuadrícula, no se imprimirán a menos que selecciones la opción correspondiente en el grupo Opciones de la hoja en la ficha Diseño de página de la Cinta de opciones.

Lee en el capítulo 9 el apartado "Imprimir líneas de división o de encabezados de fila o columna".

Utilizar la vista de pantalla completa

Si lo que quieres es ver la mayor cantidad posible de información en una hoja de cálculo, puedes ocultar los controles de la Cinta de opciones o seleccionar una vista de pantalla completa:

✓ Mira en el capítulo 1 el apartado "Ocultar los comandos de la Cinta de opciones".

✓ Clica en la ficha Vista de la Cinta de opciones y, después, en el botón Pantalla completa. Desaparecen la Cinta de opciones, la Barra de herramientas de acceso rápido, la Barra de fórmulas y la Barra de estado. Pulsa Esc para restaurar los elementos ocultos.

Hacer zoom en una hoja de cálculo

Puedes graduar el tamaño de la hoja de cálculo, entre el 10 y el 400 %. Con un porcentaje bajo de zoom, obtienes una visión panorámica de la hoja de cálculo para ver su diseño; un porcentaje alto te sirve para descifrar textos diminutos.

La forma más fácil de cambiar el factor de zoom de la hoja de cálculo activa es utilizar el control de zoom en la parte inferior derecha de la barra de estado (ver Figura 3-5). Puedes arrastrar el control deslizante o pulsar los botones Acercar (+) o Alejar (-) para cambiar la vista en un 10 % (por cada clic). El botón que está justo a la izquierda del botón Alejar muestra el porcentaje de zoom actual. Si clicas en ese botón aparece el cuadro de diálogo Zoom (también puedes ver ese cuadro de diálogo si clicas en la ficha Vista de la Cinta de opciones y, luego, en el botón de zoom).

Figura 3-5   `80% ⊖ ──────🖵──────⊕`

El cuadro de diálogo Zoom es útil si quieres precisar el grado de zoom (escribe un valor en el cuadro correspondiente) o si quieres ampliar una selección, por ejemplo, un rango de celdas o un gráfico para adaptarlo a la ventana de la hoja de cálculo (selecciona la opción Ajustar la selección a la ventana).

Si tienes un Microsoft IntelliMouse o un dispositivo similar (en general, un ratón con rueda de desplazamiento), para acercar o alejar la hoja de cálculo, pulsa la tecla Ctrl y mueve la rueda del ratón. Si esta característica no funciona, comprueba si está selecciona la opción Hacer zoom al usar la rueda de IntelliMouse en el cuadro de diálogo Opciones de Excel. Clica en la ficha Archivo y luego en el botón Opciones (clica en la categoría Avanzadas, y en la sección de opciones de edición, marca la casilla Hacer zoom al usar la rueda de IntelliMouse).

Introducir y editar datos en la hoja de cálculo

Esta parte trata sobre dos de las tareas más comunes que se realizan constantemente en Excel: introducir datos en celdas de la hoja de cálculo y editarlos (o cambiarlos) después. Existen herramientas muy útiles para que esa tarea no se haga pesada y sea eficaz.

En esta parte. . .

✓ **Copiar celdas y rangos**

✓ **Editar el contenido de una celda**

✓ **Introducir fechas, fórmulas, texto y valores**

✓ **Deshacer cambios y errores**

✓ **Validar entrada de datos**

Copiar celdas y rangos

Copiar celdas es una operación muy común en las hojas de cálculo. Hay varios tipos de copia y puedes realizar cualquiera de las siguientes:

✓ Copiar una celda en otra.

✓ Copiar una celda en un rango de celdas. Se copia la celda de origen en cada celda del rango de destino.

✓ Copiar un rango en otro.

✓ Copiar varias celdas o rangos en otro rango.

Copiar es, en realidad, la combinación de dos operaciones: una de copia, en la que se copia el contenido de una celda al *portapapeles de Windows*, seguido por una operación de pegado, que coloca el contenido del portapapeles de Windows en la celda o el rango de destino.

Al pegar el contenido del portapapeles de Windows en la celda o rango de destino, Excel ofrece varias opciones de pegado; por ejemplo, puedes pegar todo el contenido, fórmulas, formato y comentarios (si los hay) de la celda o rango original (esta es la operación de pegado predeterminada). Por otro lado, puedes seleccionar diversas combinaciones de fórmulas, valores y opciones de formato.

Excel 2010 presenta una nueva galería de Opciones de pegado, que substituye la lista de las versiones anteriores. La galería está formada por una serie de iconos; cada uno representa una o más combinaciones de opciones de pegado. La galería aparece en tres lugares: debajo del botón Pegar en la ficha Inicio de la Cinta de opciones;en el menú contextual al hacer un clic derecho; y en la etiqueta inteligente Opciones de pegado. Mira la figura 4-1.

Al igual que otras muchas funciones de Excel 2010, la galería de Opciones de pegado tiene vista previa dinámica: al señalar una de las opciones de pegado puedes ver el resultado antes de aplicarla.

Copiar una celda en otra celda o en un rango

Para copiar el contenido de una celda en un rango de celdas:

3. En la sección Opciones de edición, marca la casilla Permitir arrastrar y colocar el controlador de relleno y las celdas.

4. Para evitar que se borren accidentalmente los datos en el rango de destino, marca la casilla Mensaje de alerta antes de reemplazar celdas.

5. Clica en Aceptar.

Copiar datos en otra hoja de cálculo o libro

Para copiar el contenido de una celda o un rango en otra hoja de cálculo o libro:

1. Selecciona la celda o rango que haya que copiar.

2. Clica en el botón Copiar en la ficha Inicio de la Cinta de opciones (también puedes pulsar Ctrl+C o hacer un clic derecho en la celda o el rango y seleccionar Copiar en el menú contextual).

3. Clica en la ficha de la hoja de cálculo en la que vas a copiar. Si la hoja de cálculo está en otro libro, activa ese libro (clica en la ficha Vista de la Cinta de opciones, clica en el botón Cambiar ventanas y selecciona en el menú el nombre del libro) y, a continuación, clica en la ficha de la hoja de cálculo que recibirá los datos copiados.

4. Seleccionar sólo la celda superior izquierda del rango que recibirá la copia.

5. Completa los pasos 4 y 5 de la sección anterior "Copiar una celda en otra celda o en un rango".

Copiar varias celdas o rangos en otro rango

Para copiar celdas o rangos discontinuos en un rango cualquiera de la hoja de cálculo, en otra hoja del mismo libro, o en un rango de otro libro, puedes copiar y pegar cada celda o rango en el nuevo rango. Existe un método más simple y menos engorroso para realizar una tarea así. Se utiliza el *portapapeles de Office* para copiar varios elementos de datos antes de pegarlos. El portapapeles de Office es diferente del de Windows ya que este último sólo almacena datos de una operación cada vez.

El portapapeles de Office puede almacenar 24 elementos copiados. Todas las aplicaciones de Office comparten un único portapapeles, lo que permite cortar y pegar varios elementos entre Excel y otras aplicaciones de Office, como Word y PowerPoint.

Para copiar varias celdas o rangos a otro rango:

1. Selecciona la ficha Inicio de la Cinta de opciones si no está seleccionada y clica en el botón selector de cuadro de diálogo del grupo Portapapeles, que está en la parte inferior derecha del contenedor de grupo. Aparece el panel de tareas Portapapeles, como puedes ver en la figura 4-2.

Figura 4-2

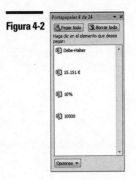

2. Selecciona la primera celda o rango que quieras copiar (*lee* el apartado "Seleccionar celdas y rangos").

3. Clica en el botón Copiar en la ficha Inicio de la Cinta de opciones (también puedes pulsar Ctrl+C o hacer un clic derecho en una celda o un rango y seleccionar Copiar en el menú contextual). Excel copia los datos en el portapapeles de Office. El panel de tareas Portapapeles muestra todos o una parte de los datos copiados.

4. Selecciona la siguiente celda o rango que quieras copiar (la celda o rango puede ser de la misma hoja, de otra hoja del mismo libro o de una hoja de otro libro).

5. Repite los pasos 3 y 4 con los datos que falten por copiar.

6. Seleccionar la celda superior izquierda del rango que recibirá los elementos copiados.

7. Clica en el botón Pegar todo en el panel de tareas Portapapeles. También puedes hacer clic en elementos individuales en el panel de tareas Portapapeles para pegar un solo elemento a la vez.

 Puedes activar el portapapeles de Office para que el panel de tareas Portapapeles aparezca automáticamente después de haber utilizado por segunda vez el comando Copiar. Si aplicas esta opción, se eliminan los pasos 1 y 2. Para activarla, clica en el botón Opciones en la parte inferior del panel de tareas Portapapeles y selecciona la opción Mostrar automáticamente el Portapapeles de Office.

Normalmente debes abrir el panel de tareas Portapapeles para activar el portapapeles de Office. Si prefieres utilizar el portapapeles de Office sin abrir el panel de tareas Portapapeles, clica en el botón Opciones en la parte inferior del panel de tareas Portapapeles y selecciona la opción Recopilar sin mostrar el Portapapeles de Office.

Recuerda: Puedes utilizar el portapapeles de Office para operaciones de cortado múltiple, al igual que las operaciones de copiado múltiple que estás viendo en esta sección.

Eliminar filas y columnas completas

En determinadas circunstancias, tienes que eliminar filas o columnas completas de la hoja de cálculo. Al eliminar una fila, las que están debajo suben para rellenar el hueco. Al eliminar una columna, las de la derecha se mueven hacia la izquierda para rellenar el hueco.

Para eliminar filas o columnas completas:

1. Selecciona el encabezado de la fila o de la columna que haya que eliminar (se explica en el apartado "Seleccionar filas y columnas completas"). Se selecciona toda la fila o la columna.

2. Cualquiera de estos métodos sirve para eliminar una fila o una columna:

   • Haz un clic derecho en la fila o en la columna y selecciona en el menú contextual Eliminar.

   • Pulsa Ctrl+– (símbolo menos).

   • Clica en la parte superior del botón Eliminar en la ficha Inicio de la Cinta de opciones (la parte que está encima del nombre del botón).

 Comprueba que en las filas o columnas que quieres eliminar no hay ninguna celda que no desees que se borre. Puedes hacer un zoom para comprobar si hay alguna celda que no aparece en pantalla; puedes aprender a hacerlo en el apartado "Hacer zoom en una hoja de cálculo" del capítulo 3.

Editar el contenido de una celda

Después de escribir información en una celda, puedes editarla. Para editar el contenido de una celda, utiliza uno de los métodos siguientes para entrar en modo de edición de celdas:

✓ Haz doble clic en la celda para editar el contenido dentro de la celda.

✓ Clica en la celda y pulsa F2 para editar el contenido dentro de la celda.

✓ Clica en la celda que haya que editar y a continuación en la barra de fórmulas para editar ahí el contenido de la celda.

Todos estos métodos hacen que la barra de fórmulas muestre dos iconos de ratón nuevos. En la tabla siguiente hallarás la descripción de estos iconos y su función.

Icono	Función
✕	Cancela la edición y el contenido de la celda no cambia. (Pulsar Esc tiene el mismo efecto.)

✓	Confirma la edición e inserta el contenido modificado en la celda. (Pulsar Entrar tiene el mismo efecto.)

Recuerda: Si no pasa nada después de que hagas un doble clic, o si cuando pulsas F2 el cursor se queda en la barra de fórmulas en lugar de ir directamente a la celda, el modo de edición de celdas está desactivado. Para activarlo:

1. Clica en la ficha Archivo y luego en el botón Opciones.

2. En el cuadro de diálogo Opciones de Excel, clica en la ficha Avanzadas.

3. En la sección Opciones de edición, marca la casilla Permitir editar directamente en las celdas.

4. Clica en Aceptar.

Si estás editando una celda con una fórmula, cuando clicas en la flecha que apunta hacia abajo que está al lado del cuadro de nombre (a la izquierda en la barra de fórmulas) se muestra una lista de funciones de hoja de cálculo. Selecciona una función de la lista y se añadirán los argumentos. El ejemplo de la figura 4-3 te muestra el contenido de la celda A1 después de haber hecho un doble clic para editarla.

Figura 4-3

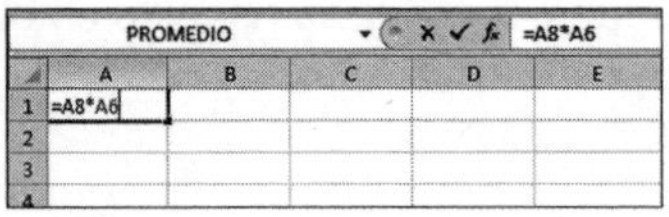

Si estás editando el contenido de una celda (ya sea directamente en la celda o en la barra de fórmulas), el cursor se trasforma en una barra vertical que puedes mover con las teclas de dirección. Puedes añadir nuevos caracteres en la posición del cursor. Una vez que estés en modo de edición, puedes utilizar las siguientes teclas o combinaciones de teclas para realizar modificaciones:

✓ Flecha izquierda/flecha hacia la derecha. Mueven el cursor hacia la izquierda o hacia la derecha un carácter, sin borrar ninguno.

✓ Ctrl+Flecha izquierda/Ctrl+Flecha derecha. Mueven el cursor un grupo de caracteres hacia la izquierda o hacia la derecha.

✓ Mayús+flecha izquierda/Mayús+flecha derecha. Selecciona caracteres a la izquierda o a la derecha del cursor.

✓ Mayús+Inicio. Selecciona desde el cursor hasta el primer carácter en la celda.

✓ Mayús+Fin. Selecciona desde el cursor hasta el último carácter en la celda.

✓ Retroceso. Borra el carácter a la izquierda del cursor.

✓ Supr. Borra el carácter a la derecha del cursor o borra todos los caracteres seleccionados.

✓ Ins. Coloca a Excel en modo SOB (sobrescribir). En lugar de añadir caracteres a la celda, *se sobrescribe*, o reemplaza, por lo que habrá caracteres antiguos y nuevos en función de la posición del cursor.

✓ Inicio. Mueve el cursor al principio de la entrada de la celda.

✓ Fin. Mueve el cursor al final de la entrada de la celda.

✓ Entrar. Acepta los datos editados.

 Recuerda: Si cambias de opinión tras editar una celda, puedes clicar en el botón Deshacer en la Barra de herramientas de acceso rápido (o pulsar Ctrl+Z) para restaurar el contenido anterior de la celda.

 Puedes utilizar el ratón para seleccionar caracteres al editar una celda. Basta con que hagas clic y arrastres el puntero del ratón sobre los caracteres que se quieren seleccionar.

Recuerda: Si la celda está bloqueada y la hoja de cálculo protegida, no puedes realizar cambios en la celda a menos que desprotejas la hoja de cálculo. *Lee* en el capítulo 3 el apartado "Proteger una hoja de cálculo".

Introducir datos en un rango

Para no perder tiempo, existen métodos para introducir datos rápidamente en un rango de celdas. Son especialmente útiles si tienes que escribir manualmente una gran cantidad de datos.

Introducir datos en un rango en concreto

Si vas a introducir datos en un rango de celdas, tienes que seleccionar todo el rango antes de empezar la operación. Esta acción hace que se mueva el puntero de celda a la siguiente en la selección después de que pulses Entrar.

El procedimiento funciona así:

✓ Si la selección tiene varias filas, la columna se desplaza hacia abajo. Tras llegar al final de la columna, se mueve a la parte superior de la columna siguiente.

✓ Para saltar una celda, pulsa Entrar y no escribas nada.

✓ Para retroceder una fila, pulsa Mayús+Entrar. Si prefieres introducir datos por filas y no columnas, pulsa Tab. Para retroceder una columna, pulsa Mayús+Tab.

Introducir los mismos datos en un rango de celdas

Si tienes que introducir los mismos datos (valor, texto o fórmula) en varias celdas, lo primero que pensarás es ponerlos en una celda y copiarlos al resto después. Hay una forma mejor:

1. Selecciona todas las celdas con los datos (está explicado en el apartado "Seleccionar un rango").

2. Escribe el valor, texto, o fórmula en la celda activa del rango. Esa celda está seleccionada cuando se resalta el rango.

3. Pulsa Ctrl+Entrar. Excel añade la entrada única en cada celda de la selección.

Introducir fechas y horas

Las fechas o las horas se tratan como un valor, pero se les aplica un formato para que aparezcan como una fecha o una hora. Si trabajas normalmente con fechas y horas, es mejor que comprendas el sistema de fechas y horas de Excel. El programa usa un sistema de números de serie para las fechas. La fecha más antigua que entiende es el 1 de enero de 1900 (su número de serie es el 1), el resto se cuentan a partir de ahí. El número de serie del 2 de enero de 1900 es el 2, el del 1 de enero de 2010 el 40 179, etc. El tiempo se representa como una fracción de un día. Por ejemplo, el número de serie del 1 de enero de 2010 a las 12:00:00 es 40 179,50. Este sistema hace que sea fácil manejar fechas y horas en las fórmulas.

Introducir fechas y horas concretas

Normalmente no tienes que preocuparte por el sistema de fechas con número de serie. Si escribes una fecha en un formato normal y corriente, Excel se encarga de los detalles.

Si lo que quieres es utilizar fechas en fórmulas, debes asegurarte de que el programa las reconoce como un dato (es decir, como un valor), de lo contrario, la fórmula dará resultados erróneos. Excel no es nada tonto y reconoce las fechas y la mayoría de los formatos que se introducen en las celdas, pero no es perfecto. Las siguientes entradas las interpreta como texto y no como fechas:

✓ 1 de junio de 2010

✓ Jun-1 2010

✓ Jun-1/2010

Recuerda: Excel utiliza un sistema *basado en ventanas* para interpretar las entradas de años de dos dígitos. Es decir, dentro de una ventana de 100 años, interpreta el 1/1/29 como 1 de enero de 2029. Si escribes 1/1/30, lo interpreta como 1 de enero de 1930. Para estar seguro, es mejor que pongas el año con sus cuatro dígitos y le des formato después.

La mejor manera de lidiar con las horas es escribirlas en un formato reconocible. En la tabla siguiente puedes ver algunos ejemplos de formatos de hora que Excel reconoce.

Si escribes...	Excel interpreta...
11:30	11:30:00
11:30 AM	11:30:00
11:30 PM	23:30:00
23:30	23:30:00

También puedes combinar fechas y horas:

Si escribes...	Excel interpreta...
1 enero 2010 12:00	01/01/2010 12:00:00
6/1/10 11:30	06/01/2010 11:30:00

Introducir la fecha o la hora actual

Si necesitas estampar la fecha o la hora en la hoja de cálculo, hay dos combinaciones de teclas que te facilitan la tarea:

✓ **Fecha actual:** pulsa Ctrl+, (coma)

✓ **Hora actual:** pulsa Ctrl+Mayús+. (punto)

Introducir fórmulas

Una *fórmula* es un tipo especial de entrada de celda que da un resultado: después de escribir la fórmula en una celda aparece su resultado. Puedes ver la fórmula en la barra de fórmulas (debajo de la Cinta de opciones) después de activar la celda.

Las fórmulas empiezan con un signo igual (=) y pueden tener los siguientes elementos:

✓ Operadores, como + (para sumar) y * (para multiplicar)

✓ Referencias de celda: direcciones como B4 o C12, así como celdas y rangos con nombre

✓ Valores y texto

✓ Funciones de hojas de cálculo (como SUMA)

Hay dos formas de introducir una fórmula en una celda: de forma manual (escribiéndola) o mediante referencias de celdas. **Lee** en el capítulo 5 el apartado "Fundamentos básicos de las fórmulas" para conocer mejor los operadores y los precedentes de operadores.

Introducir fórmulas manualmente

Para introducir una fórmula manualmente:

1. Mueve el puntero de celda (clica en la celda con el puntero del ratón o navega con las teclas de flecha) hasta la celda que tendrá la fórmula.

2. Escribe el signo igual (=) para indicar que la celda tiene una fórmula.

3. Escribe la fórmula y pulsa Entrar.

A medida que escribes, aparece una lista desplegable debajo de la celda. Es la función Fórmula Autocompletar de Excel, que trata de anticipar lo que estás escribiendo y muestra una lista de elementos que coinciden con la búsqueda, como puede verse en la figura 4-4.

Figura 4-4

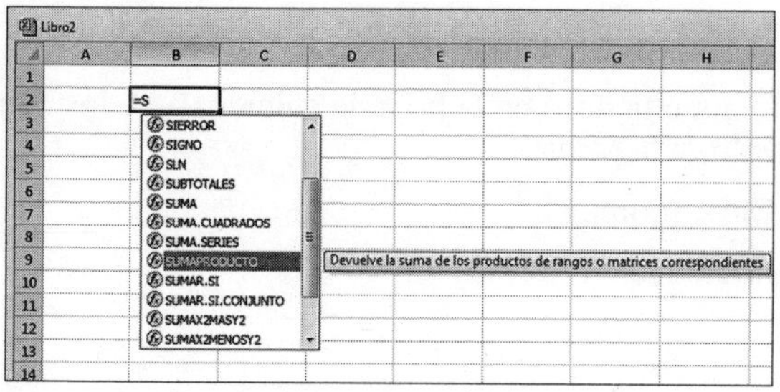

Para seleccionar un elemento de la lista, te basta con clicar en el elemento o pulsar la tecla Tab; entonces Excel inserta el elemento en la fórmula.

Estos son los tipos de elementos que aparecen en la lista desplegable Fórmula Autocompletar:

✓ Funciones integradas de Excel: todas las funciones de la biblioteca de Excel. **Lee** en el capítulo 5 el apartado "Introducir funciones manualmente".

✓ Funciones definidas por el usuario: funciones personalizadas de Excel que mejoran las funciones integradas mediante complementos o mediante funciones definidas en el libro (con lenguaje de macros de Excel).

✓ Nombres definidos: todos los nombres que se definen en el libro. **Lee** el capítulo 6 "Crear y utilizar nombres".

✓ Nombres de tabla; nombres de todas las tablas en el libro. **Lee** el capítulo 11 "Trabajar con tablas".

Los caracteres que se escriben aparecen en la celda y en la barra de fórmulas. Al escribir una fórmula, puedes usar todas las teclas de edición normales (borrar, tecla de retroceso, teclas de dirección, etcétera).

Al escribir en una fórmula, Excel muestra cada referencia de celda en la fórmula con colores distintos. Si las celdas de referencia son visibles en la hoja de cálculo, verás un borde alrededor de cada una del mismo color que la referencia de celda en la fórmula. Esta función te facilita la identificación de las referencias de las celdas cuando escribes una fórmula.

Mira el apartado que viene a continuación "Introducir fórmulas señalando".

Si te distrae la función Fórmula Autocompletar, o si quieres desactivarla temporalmente:

1. Clica en la ficha Archivo y luego en el botón Opciones.

2. En el cuadro de diálogo Opciones de Excel, clica en la ficha Fórmulas.

3. En la sección Trabajando con fórmulas, desmarca la casilla Fórmula Autocompletar.

4. Clica en Aceptar.

Introducir fórmulas señalando

Este método para introducir fórmulas no te evita tener que escribir algunos elementos. La ventaja es que no tienes que escribir las referencias de celdas o rangos; en vez de eso, las señalas en la hoja de cálculo con el ratón o con las teclas de flecha, que es más preciso y menos aburrido.

Para explicarlo nada mejor que hacerlo con un ejemplo. Para introducir la fórmula =A1/A2 en la celda A3:

1. En la celda A1, escribe **12000** y pulsa Entrar. En la celda A2, escribe **240** y pulsa Entrar.

2. Mueve el puntero a la celda A3 (clica en la celda o utiliza las teclas de flecha). La celda está donde tiene que aparecer la fórmula (y el resultado).

3. Escribe un signo igual (=) para empezar la fórmula.

4. Clica en la celda A1 o pulsa la tecla de flecha arriba dos veces. Aparece un borde en movimiento alrededor de la celda de referencia (A1), que a su vez aparece en la celda A3 y en la barra de fórmulas (mira la figura 4-5).

Figura 4-5

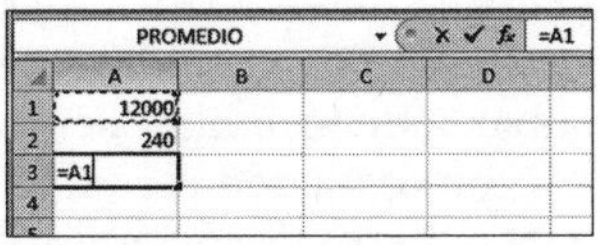

PROMEDIO			× ✓ ƒx	=A1
A	B	C	D	
1	12000			
2	240			
3	=A1			
4				

La celda de referencia en la fórmula y el borde en movimiento de la celda de referencia (A1) adquieren el mismo color.

5. Escribe un signo de división (/). La celda de referencia A1 adquiere ahora un borde de color sólido.

6. Clica en la celda A2 o pulsa la tecla de flecha arriba una vez. Excel añade A2 a la fórmula. La nueva celda de referencia en la fórmula cambia de color y mantiene el mismo color para su borde.

7. Pulsa Entrar para finalizar la introducción de la fórmula.

Lee el apartado anterior "Introducir fórmulas manualmente".

Introducir texto

Puedes utilizar el texto en las hojas de cálculo como etiqueta para valores, encabezado para columnas o para informar sobre la propia hoja de cálculo.
Una entrada con texto y números se considera texto. Una celda puede tener hasta 32 767 caracteres.

Insertar texto en las celdas

Para escribir un texto (en lugar de un valor o una fórmula) en una celda:

1. Mueve el puntero de la celda adecuada (clica en la celda o utiliza las teclas de flecha).

2. Escribe el texto.

3. Pulsa Entrar o cualquiera de las teclas de dirección.

Si el texto excede del ancho de la columna, ocurrirá lo siguiente:

✓ Si las celdas de la derecha están en blanco, aparece todo el texto sobre las celdas adyacentes.

✓ Si no están en blanco, se muestra la mayor cantidad posible de texto (la celda lo tiene todo, pero no lo muestra).

En cualquier caso, siempre puedes ver el texto (mientras escribes y después), ya que aparece en la barra de fórmulas y en la celda.

La barra de fórmulas tiene su propio espacio, que no se sobrepone a la cuadrícula de la hoja de cálculo. De forma predeterminada, la barra de fórmulas muestra el contenido de una celda en una línea. Si el contenido de la celda supera la capacidad de visualización de una sola línea en la barra de fórmulas, se añaden flechas de desplazamiento a la barra de fórmulas, como puedes ver en la figura 4-6. Se ven las líneas del contenido de una celda en la barra de fórmulas (una línea a la vez) con un clic en las flechas de desplazamiento.

Para mantener varias líneas del contenido de una celda a la vista en la barra de fórmulas hay que ajustar la altura de la barra de fórmulas. Para ello, arrastra la barra de cambio de tamaño que está en la parte inferior de la barra de fórmulas. A medida que la arrastras hacia abajo la barra de cambio de tamaño, la cuadrícula de la hoja de cálculo se va adaptando para dar cabida a la barra de fórmulas ampliada. Al clicar en el botón expandir/contraer situado en el extremo derecho de la barra de fórmulas (o al pulsar Ctrl+Mayús+U) se alterna entre un línea única y una línea ampliada (en función de cómo quedará la barra después de haberla arrastrado).

Botón expandir/contraer

Figura 4-6

Barra de cambio de tamaño   Flechas de desplazamiento

Cursor de cambio de tamaño

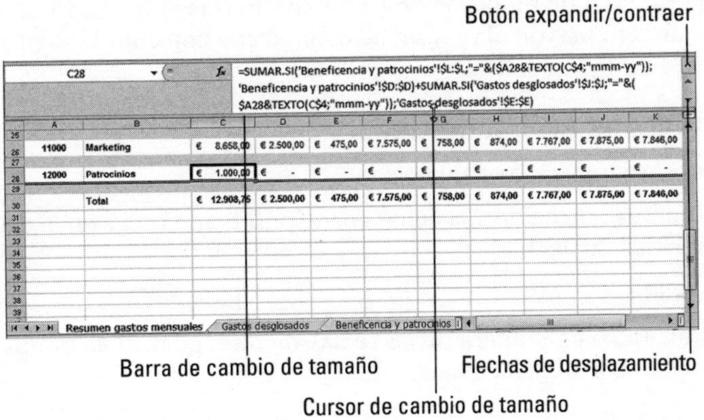

Recuerda: Para ver una entrada de texto larga que está junto a otra celda que no está en blanco, puedes editar el texto y acortarlo, aumentar el ancho de la columna o ajustar el texto a la celda para que ocupe más de una línea. Puedes *consultar* cómo hacerlo en el capítulo 8, en el apartado "Cambiar el tamaño de las celdas".

Completar entradas de texto con Autocompletar

Si a una columna le añades una gran cantidad de entradas de texto repetidas, Autocompletar ayuda a acelerar el proceso. Al escribir las primeras letras de una entrada de texto en una celda, el programa completa automáticamente la entrada en función de las demás que se hayan hecho en la columna. Las entradas en la columna deben estar al lado (es decir, no debe haber celdas en blanco entre las entradas). Autocompletar no funciona con las entradas de una fila.

Autocompletar no requiere ningún esfuerzo, tan solo seguir estos pasos:

1. Empieza a escribir el texto o el valor. Si Excel reconoce la entrada, la completa automáticamente.

2. Si ha acertado, pulsa Entrar para aceptar. Si no es correcto, sigue escribiendo y no le hagas caso.

Puedes acceder a esta función con un clic derecho en la celda y seleccionando Elegir en la lista desplegable. Si empleas este método aparece una lista de todas las entradas de la columna actual. Selecciona la que quieras y Excel la pondrá automáticamente.

Recuerda: Autocompletar funciona sólo con texto puro o texto mezclado (texto y valores), no funciona con valores puros.

Introducir valores

Los valores, también conocidos como números, representan algún tipo de cantidad: ingresos, unidades, resultados de exámenes, etc. Los valores son autosuficientes, o puedes utilizarlos como parte de una fórmula o para crear un gráfico. Los números de Excel son precisos hasta 15 dígitos. Si escribes un número mayor, el programa lo almacena con sólo 15 dígitos de precisión.

Introducir valores en las celdas

Para poner un valor numérico en una celda:

1. Mueve el puntero de celda a la celda correspondiente (clica en la celda o utiliza las teclas de flecha).

2. Escribe el valor.

3. Pulsa Entrar, Tab o cualquiera de las teclas de dirección. El valor aparece en la celda y en la barra de fórmulas.

También puedes añadir una coma de decimal, el signo del euro, de suma, resta, punto. Si pones el signo menos delante de un valor o si lo pones entre paréntesis, Excel considera el valor como un número negativo.

Recuerda: A veces los valores no aparecen tal y como los has escrito. Excel transforma los números muy largos a notación científica, pero en la barra de fórmulas siempre se verá el valor tal y como lo escribiste.

Introducir fracciones

Para escribir una fracción en una celda, deja un espacio entre la parte entera y la fracción. Para escribir el equivalente decimal de $6 \frac{7}{8}$

1. Escribe **6**.

2. Deja un espacio.

3. Escribe **7/8**.

4. Pulsa Entrar. Excel muestra 6 7/8 en la celda y 6,875 en la barra de fórmulas. Además, el programa establece el formato de celda como fracción. *Lee* en el capítulo 8 el apartado "Dar formato a un número".

Si el valor no tiene parte entera (por ejemplo, $^1/_8$), tendrás que poner un 0 y un espacio en primer lugar, así: **0 1/8**. De lo contrario, Excel interpreta la entrada como el 1 de agosto del año en curso.

Borrar datos en las celdas y los rangos

Para borrar el contenido de una celda, pero dejar el formato y los comentarios intactos:

1. Selecciona la celda o el rango que quieras borrar (está explicado en el apartado "Seleccionar celdas y rangos").

2. Pulsa Supr.

Para controlar mejor lo que borras, clica en el botón Borrar en la ficha Inicio de la Cinta de opciones y selecciona una de las opciones del menú. El menú tiene las siguientes opciones:

✓ **Borrar todo.** Borra todo el contenido de la celda o rango.

✓ **Borrar formatos.** Borra sólo el formato de la celda o rango y deja el valor, texto o fórmula.

✓ **Borrar contenido.** Borra sólo el contenido de la celda o el rango y deja el formato.

✓ **Borrar comentarios.** Borra los comentarios de la celda o rango (si los hay).

✓ **Borrar hipervínculos** y **Quitar hipervínculos.** Los hipervínculos no se tratan en este libro.

Rellenar una serie

La función Autorrellenar permite rellenar filas o columnas con varios tipos de series de datos. Autorrellenar utiliza el controlador de relleno (el cuadradito que aparece en la esquina inferior derecha de la celda o rango seleccionado).

Al lado del controlador de relleno aparece una etiqueta inteligente de Opciones de autorrelleno después de arrastrar el controlador hasta su nueva ubicación. Clica en la etiqueta Opciones de autorrelleno para ver la lista de opciones de relleno habituales, como Copiar celda, Serie de relleno, Rellenar formatos sólo (míralo en la figura 4-7).

Figura 4-7

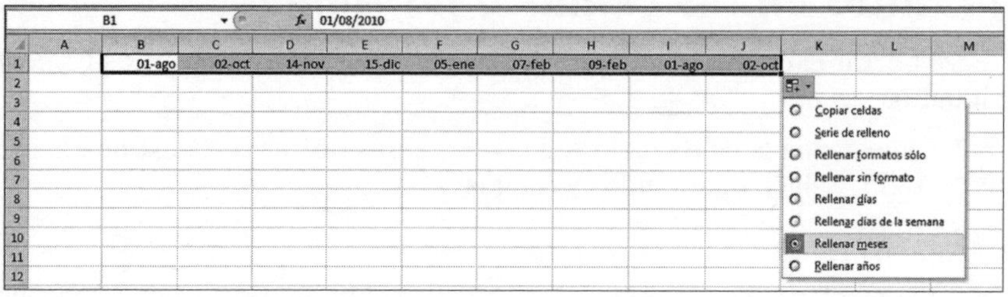

	B1			fx	01/08/2010							
	A	B	C	D	E	F	G	H	I	J	K	L	M
1		01-ago	02-oct	14-nov	15-dic	05-ene	07-feb	09-feb	01-ago	02-oct			
2													
3										○ Copiar celdas		
4										○ Serie de relleno		
5										○ Rellenar formatos sólo		
6										○ Rellenar sin formato		
7										○ Rellenar días		
8										○ Rellenar días de la semana		
9										○ Rellenar meses		
10										○ Rellenar años		
11												
12												

Recuerda: Si la celda o rango seleccionado no tiene controlador de relleno, significa que la función de autorelleno está desactivada. Para activarla:

1. Clica en la ficha Archivo y luego en el botón Opciones.

2. En el cuadro de diálogo Opciones de Excel, clica en la ficha Avanzadas.

3. En la sección Opciones de edición, marca la casilla Permitir arrastrar y colocar el controlador de relleno y las celdas.

4. Clica en Aceptar.

Recuerda: No puedes utilizar la función de autorrellenar si haces una selección múltiple.

Introducir una serie de valores o fechas que incrementan gradualmente

Para introducir una serie de valores que incrementan gradualmente con Autorrellenar:

1. Escribe al menos dos valores o fechas de la serie en celdas contiguas. Estos valores no tienen que ser consecutivos.

2. Seleccione las celdas del primer paso. (*Lee* el apartado "Seleccionar un rango".)

3. Clica y arrastra el controlador de relleno para completar la serie en las celdas seleccionadas. A medida que arrastres el controlador de relleno, aparecerá un cuadradito que muestra lo que aparecerá en cada celda.

Recuerda: Cuando realices la operación de arrastrado aparecerá la etiqueta inteligente Opciones de autorelleno. Para seleccionar otra opción de relleno basta con que cliques en la etiqueta inteligente. Para mayor control, arrastra el controlador de relleno y pulsa a la vez el botón derecho del ratón. Al soltar el botón aparece una lista de opciones.

Recuerda: Si en la celda aparecen almohadillas (####) después de rellenar una serie de números o de fechas, significa que la columna no es lo suficientemente ancha. La solución es ensanchar la columna; para saber cómo se hace, *mira* en el capítulo 8 el apartado "Cambiar el ancho de columna".

Autorrellenar funciona también en sentido negativo. Si utilizas la función con dos celdas que empiezan por –20 y –19, por ejemplo, continúa rellenándose con –18, –17, etcétera.

Si los valores de las celdas no aumentan a intervalos iguales, la serie se completa mediante el cálculo de una regresión lineal simple. Esta característica es muy útil para realizar previsiones simples. *Nota:* Excel calcula una regresión o progresión lineal simple en función de la dirección (positiva o negativa) de la serie.

Introducir una serie de texto

Excel está familiarizado con algunas series de texto (días de la semana, meses del año) y puede completar esas series automáticamente.

Para utilizar Autorrellenar para completar una serie de texto.

1. Escribe una serie de texto en la celda (por ejemplo, **lunes** o **febrero**).

2. Clica y arrastra el controlador de relleno para completar la serie en las celdas seleccionadas.

También puedes enseñarle a que reconozca series personalizadas que funcionen con Autorrellenar. Se explica cómo hacerlo en el apartado "Crear una lista organizativa personalizada" del capítulo 13.

Añadir o eliminar filas y columnas completas

Al añadir nuevas filas o columnas en Excel, el programa pone las filas o columnas en blanco en la hoja de cálculo; las que están alrededor se desplazan para que quepan las nuevas.

En determinadas circunstancias, hay que eliminar filas o columnas completas de la hoja de cálculo. Si se borran filas, las que estén debajo suben para rellenar el hueco. Al eliminar columnas, las de la derecha se mueven hacia la izquierda para rellenar el hueco.

Añadir filas y columnas completas

Para añadir filas o columnas completas:

1. Selecciona la celda encima de la cual se añadirá la fila o selecciona una celda para que la columna se añada a su izquierda. Si quieres añadir más de

una fila o columna, selecciona tantas filas o columnas como desees añadir (puedes ver cómo se hace en el apartado "Seleccionar celdas y rangos").

2. Selecciona una de las opciones siguientes:

   • Haz un clic derecho en la celda y selecciona en el menú Insertar.

   • Pulsa Ctrl+Mayús++ (el símbolo más) o Ctrl++ (el símbolo más del teclado numérico).

   Después de seguir cualquiera de estas dos opciones, se abre el cuadro de diálogo Insertar.

3. Selecciona el botón de opción Insertar toda una fila o Insertar toda una columna.

4. Clica en Aceptar.

 Insert En el segundo paso, puedes clicar en la parte de la flecha del botón de división Insertar que está en la ficha Inicio de la Cinta de opciones y seleccionar en el menú Insertar filas de hoja o Insertar filas de columna. Si utilizas este método desaparecen los pasos 3 y 4.

 Para añadir filas y columnas rápidamente lo primero que tienes que hacer es clicar en la fila o en el encabezado de columna en el que quieres insertar la fila o columna; después haz un clic derecho en la selección y, a continuación, selecciona en el menú Insertar. Te ayudará *leer* el apartado "Seleccionar filas y columnas completas".

Eliminar filas y columnas completas

Para eliminar filas o columnas completas:

1. Clica en el encabezado de la fila o de la columna que quieras eliminar (mira el apartado "Seleccionar filas y columnas completas"). Excel selecciona toda la fila o columna.

2. Haz un clic derecho en la fila o columna y selecciona Eliminar en el menú contextual.

Mover celdas y rangos

Mover datos en una celda o un rango es algo habitual. Por ejemplo, quizá quieras reubicar una serie de datos para dejar sitio para algo más.

Mover datos a una ubicación nueva en la misma hoja de cálculo

Para mover una celda o un rango:

1. Selecciona la celda o el rango (*lee* el apartado "Seleccionar celdas y rangos").

2. Clica en el botón Cortar en la ficha Inicio de la Cinta de opciones (también puedes pulsar Ctrl+X o hacer un clic derecho en la celda o el rango y seleccionar Cortar en el menú contextual).

3. Mueve el puntero de celda hasta el rango donde se hará la copia (clica en la celda o utiliza las teclas de flecha). Sólo hay que seleccionar la celda superior izquierda del rango.

4. Pulsa Entrar.

Si el rango al que estás copiando tiene fórmulas que hacen referencia a otras celdas, estas no cambiarán. No se suele querer que dichas referencias cambien.

Si la ubicación a la que estás copiando no está demasiado lejos, puedes seguir estos pasos:

1. Selecciona la celda o el rango (*lee* el apartado "Seleccionar celdas y rangos").

2. Mueve el puntero del ratón hasta cualquier borde de la selección. El puntero del ratón se transforma en una flecha de cuatro puntas.

3. Arrastra el ratón hasta donde haya que mover la celda o rango.

4. Suelta el botón del ratón. Excel mueve la celda o el rango a la nueva ubicación.

Si mantienes pulsada la tecla Mayús mientras arrastras, Excel realiza un movimiento e inserta los datos que hay que pegar en una sola operación, sin tener que utilizar el cuadro de diálogo Insertar. Esta operación permite insertar la celda o el rango dentro de otro rango.

Recuerda: Si cambias de opinión después del segundo paso, pulsa Esc para cancelar la operación. Si cambias de opinión después de mover los datos, puedes clicar en el botón Deshacer en la Barra de herramientas de acceso rápido o pulsar Ctrl+Z.

Recuerda: Si el puntero del ratón no se transforma en flecha en el tercer paso, la función arrastrar y soltar está desactivada. Para activarla:

1. Clica en la ficha Archivo y luego en el botón Opciones.

2. En el cuadro de diálogo Opciones de Excel, clica en la ficha Avanzadas.

3. En la sección Opciones de edición, marca la casilla Permitir arrastrar y colocar el controlador de relleno y las celdas.

4. Para evitar que se borren accidentalmente los datos en el rango de destino, marca la casilla Mensaje de alerta antes de reemplazar celdas.

5. Clica en Aceptar.

Si vas a mover datos tienes que asegurarse de que haya suficientes celdas en blanco. Excepto cuando se mueven datos arrastrando, Excel sobrescribe los datos existentes sin previo aviso.

Mover datos a otra hoja de cálculo o libro

Para mover el contenido de una celda o un rango a otra hoja de cálculo o libro:

1. Selecciona la celda o el rango (*lee* el apartado "Seleccionar celdas y rangos").

2. Clica en el botón Cortar en la ficha Inicio de la Cinta de opciones (también puedes pulsar Ctrl+X o hacer un clic derecho en la celda o en el rango y seleccionar Cortar en el menú contextual).

3. Activa la hoja de cálculo donde se moverá con un clic en la ficha de la hoja. Si se va a mover la selección a una hoja de otro libro, actívalos primero con un clic en el botón Cambiar ventanas de la ficha Vista de la Cinta de opciones y selecciona el libro en el menú; también puedes seleccionar otro libro con un clic en el nombre del libro en la barra de tareas de Windows que está debajo de la ventana de Excel. Después de activar el libro, selecciona la hoja de cálculo de destino de los datos.

4. Mueve el puntero de celda hasta el rango donde quieres hacer la copia (clica en la celda o utiliza las teclas de flecha). Sólo tienes que seleccionar la celda superior izquierda del rango.

5. Pulsa Entrar.

Después de mover los datos debes asegurarse de que hay suficientes celdas en blanco. Excel sobrescribe los datos existentes sin previo aviso.

Recuerda: Si cambias de opinión después del segundo paso, pulsa Esc para cancelar la operación. Si cambias de opinión después de mover los datos, puedes clicar en el botón Deshacer en la Barra de herramientas de acceso rápido o pulsar Ctrl+Z.

Sustituir el contenido de una celda

Para sustituir el contenido de una celda:

1. Selecciona la celda (*Lee* el apartado "Seleccionar un celda").

2. Escribe la nueva entrada (sustituye el contenido anterior).

Recuerda: El formato aplicado a la celda permanece.

Buscar datos para sustituirlos

Puede ocurrir que quieras sustituir todas las repeticiones de un valor o de un texto. Si la hoja de cálculo tiene una gran cantidad de datos, localizar un dato en concreto puede resultar más que complicado. Lo más rápido es que Excel lo haga por ti.

Para sustituir valores o texto repetidos:

1. Clica en el botón Buscar y seleccionar en la ficha Inicio de la Cinta de opciones y selecciona Reemplazar en el menú (otra forma es pulsar Ctrl+L). Aparece el cuadro de diálogo Buscar y reemplazar con la ficha Reemplazar seleccionada, como puedes ver en la figura 4-8.

Figura 4-8

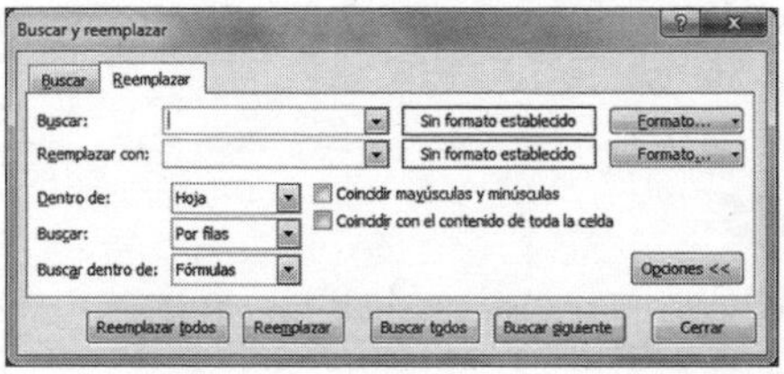

2. En la lista desplegable Buscar, escribe el texto o valor que quieres buscar.

3. Si pretendes buscar datos con un formato en particular:

    a. Clica en el botón Formato, que está a la derecha de la lista desplegable Buscar. Si no se ve este botón, clica en Opciones. Se abre el cuadro de diálogo Buscar formato.

    b. Selecciona las fichas correspondientes y en cada una, especifica el formato que estás buscando.

    c. Una vez hecha la selección clica en Aceptar para salir de ese cuadro de diálogo.

Si la celda de la hoja de cálculo ya tiene todo el formato que hay que utilizar en la búsqueda, clica en la flecha del botón Formato que está a la derecha de la lista desplegable Buscar y selecciona Elegir formato de celda. Aparece un icono en forma de cuentagotas en el cursor. Clica en la celda que tiene el formato que necesitas.

4. En la lista desplegable Reemplazar con, escribe el texto o el valor que debe sustituir el texto o el valor del segundo paso.

5. Si hay que especificar un formato nuevo para los caracteres sustituidos, clica en el botón Formato que está a la derecha del cuadro de lista desplegable Reemplazar con y sigue el procedimiento descrito en el tercer paso.

6. En el cuadro de la lista desplegable Dentro de, selecciona lo que quieras buscar en la hoja activa o en todo el libro para la información escrita en el segundo paso. Si no se ve ese cuadro, clica en el botón Opciones.

7. Para buscar y reemplazar todas las repeticiones automáticamente, clica en el botón Reemplazar todos. Si lo que quieres es comprobar cada sustitución, clica en el botón Busca siguiente. Excel se detiene tras encontrar una coincidencia. Para sustituir el texto encontrado, clica en Reemplazar. Para saltártelo y pasar a la siguiente coincidencia, clica otra vez en el botón Buscar siguiente. Clica en el botón Buscar todos para seleccionar una coincidencia en la ventana desplegable.

8. Clica en el botón Cerrar cuando hayas terminado de buscar y reemplazar el texto.

Te ayudará *leer* el apartado "Buscar datos concretos" en el capítulo 7.

Seleccionar celdas y rangos

Con Excel, normalmente hay que seleccionar una celda o un rango antes de realizar una operación que afecte a dichas celdas o rangos. Los temas de este apartado describen como hacer varios tipos de selecciones de celdas y rangos.

Recuerda: Muchos cuadros de diálogo de Excel tienen un cuadro de texto especial llamado cuadro *RefEdit*, que permite añadir o señalar un rango. Cuando el cuadro de diálogo tiene un cuadro RefEdit, puedes elegir si se selecciona el rango antes o después de abrir el cuadro de diálogo. Encontrarás los cuadros RefEdit (aunque no nos refiramos a ellos así) en varios procedimientos descritos en este libro.

Seleccionar una celda

Para seleccionar una celda (y hacer que sea la celda activa), utiliza las siguientes técnicas:

✓ Utiliza las teclas de flecha para mover el puntero de celda a la celda.

✓ Clica en la celda con el puntero del ratón.

✓ Clica en el botón Buscar y seleccionar en la ficha Inicio de la Cinta de opciones y selecciona Ir a en el menú (o pulsa F5 o Ctrl+I), escribe la dirección de la celda en el cuadro de texto Referencia que aparece en el cuadro de diálogo y clica en Aceptar.

La celda seleccionada tendrá un borde oscuro y su dirección aparece en el cuadro de nombres.

Seleccionar un rango

Puedes seleccionar un rango siguiendo este procedimiento:

✓ Clica con el ratón en una celda y arrastra para resaltar el rango. Si arrastras más allá del final de la pantalla, la hoja de cálculo se desplaza.

✓ Ve a la primera celda del rango. Pulsa F8 y, a continuación, mueve el puntero con las teclas de dirección para resaltar el rango. Vuelve a pulsar F8 para devolver a las teclas de dirección su movimiento normal.

✓ Pulsa Mayús y utiliza a la vez las teclas de flecha para seleccionar un rango.

✓ Clica en el botón Buscar y seleccionar en la ficha Inicio de la Cinta de opciones y selecciona Ir a en el menú (o pulsa F5 o Ctrl+I); escribe la dirección del rango en el cuadro de texto Referencia que aparece en el cuadro de diálogo y clica en Aceptar.

Seleccionar rangos discontinuos

La mayoría de las veces, los rangos que se seleccionan están juntos, son un rectángulo de celdas. También puedes trabajar con rangos discontinuos, que son dos o más rangos (o celdas individuales) que no están juntos (también conocido como *selección múltiple*).

Para aplicar el mismo formato a las celdas de distintas áreas de la hoja de cálculo, puedes usar una selección múltiple. Después de seleccionar las celdas o rangos correspondientes, Excel les aplica el formato seleccionado. La figura 4-9 te muestra dos rangos discontinuos (A12:E12 y A15:E15) seleccionados.

Figura 4-9

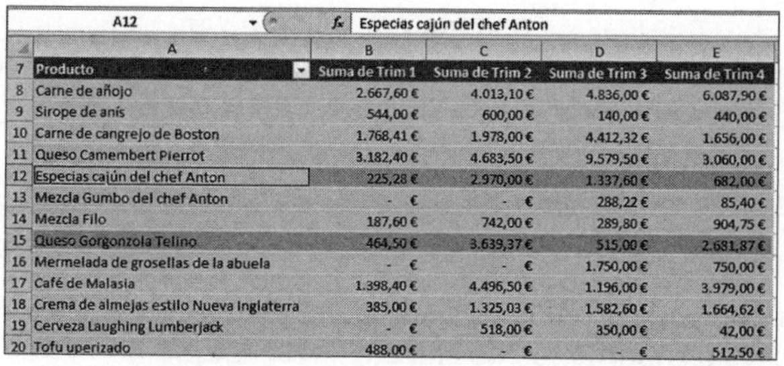

A12			f_x Especias cajún del chef Anton		
	A		B	C	D	E
7	Producto		Suma de Trim 1	Suma de Trim 2	Suma de Trim 3	Suma de Trim 4
8	Carne de añojo		2.667,60 €	4.013,10 €	4.836,00 €	6.087,90 €
9	Sirope de anís		544,00 €	600,00 €	140,00 €	440,00 €
10	Carne de cangrejo de Boston		1.768,41 €	1.978,00 €	4.412,32 €	1.656,00 €
11	Queso Camembert Pierrot		3.182,40 €	4.683,50 €	9.579,50 €	3.060,00 €
12	Especias cajún del chef Anton		225,28 €	2.970,00 €	1.337,60 €	682,00 €
13	Mezcla Gumbo del chef Anton		- €	- €	288,22 €	85,40 €
14	Mezcla Filo		187,60 €	742,00 €	289,80 €	904,75 €
15	Queso Gorgonzola Telino		464,50 €	3.639,37 €	515,00 €	2.681,87 €
16	Mermelada de grosellas de la abuela		- €	- €	1.750,00 €	750,00 €
17	Café de Malasia		1.398,40 €	4.496,50 €	1.196,00 €	3.979,00 €
18	Crema de almejas estilo Nueva Inglaterra		385,00 €	1.325,03 €	1.582,60 €	1.664,62 €
19	Cerveza Laughing Lumberjack		- €	518,00 €	350,00 €	42,00 €
20	Tofu uperizado		488,00 €	- €	- €	512,50 €

 Para seleccionar rangos discontinuos, sigue estos pasos:

✓ Arrastra con el ratón para seleccionar el primer rango; a continuación, mantén pulsada la tecla Ctrl mientras arrastras para seleccionar los demás rangos.

✓ En el teclado, para seleccionar el primer rango pulsa F8 y luego utiliza las teclas de flecha. Después de seleccionar el primer rango, pulsa Mayús+F8, mueve el puntero de celda con las teclas de flecha y pulsa F8 para empezar a seleccionar otro rango.

✓ Clica en el botón Buscar y seleccionar en la ficha Inicio de la Cinta de opciones y selecciona Ir a en el menú (o pulsa F5 o Ctrl+I), escribe la dirección del rango en el cuadro de texto Referencia que aparece en el cuadro de diálogo. Separa los rangos con una coma y clica en Aceptar; Excel selecciona las celdas de los rangos especificados.

Seleccionar filas y columnas completas

Para seleccionar filas y columnas completas:

✓ Clica en el encabezado de fila o de columna para seleccionar una sola fila o columna.

✓ Para seleccionar varias filas o columnas adyacentes, clica en el encabezado de fila o de columna y arrastra para resaltar más filas o columnas.

✓ Para seleccionar varias filas o columnas (discontinuas), clica en el encabezado de fila o de columna a la vez que pulsas la tecla Ctrl.

✓ Pulsa Ctrl+barra espaciadora para seleccionar la columna de la celda activa o las columnas del rango seleccionado.

✓ Pulsa Mayús+barra espaciadora para seleccionar la fila de la celda activa o las filas de las celdas seleccionadas.

✓ Clica en el botón Seleccionar todo en la intersección de los encabezados de filas y columnas o pulsa Ctrl+E o Ctrl+Mayús+barra espaciadora para seleccionar todas las celdas de la hoja de cálculo. Seleccionar todas las celdas es como seleccionar todas las filas y columnas.

Seleccionar un rango multihoja (3-D)

Un libro de Excel puede tener más de una hoja de cálculo y un rango puede extenderse por varias hojas de cálculo. Un ejemplo serían los rangos tridimensionales.

Para seleccionar un rango multihoja:

1. Selecciona una celda o rango de la hoja activa. *Lee* el apartado anterior "Seleccionar un rango".

2. Agrupa las hojas que estarán en el mismo rango. Está explicado en el apartado "Agrupar y desagrupar hojas de cálculo" del capítulo 3.

Después de seleccionar un rango multihoja, puedes realizar las mismas operaciones que las que se llevan a cabo con una hoja simple. Cualquier cambio que realices en una hoja (dar formato, escribir o editar datos, etc.) se refleja en las demás.

Transponer un rango

Puedes cambiar la orientación de un rango en un abrir y cerrar de ojos. Después de transponer un rango, los datos de las filas se transfieren a las columnas y viceversa. La figura 4-10 te muestra un ejemplo de un rango horizontal transpuesto en rango vertical.

Figura 4-10

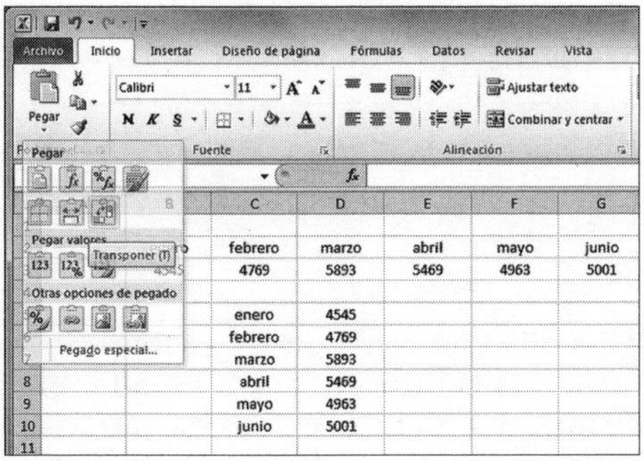

Esta operación no es más que una opción de pegado especial. Para transponer un rango, sigue los pasos indicados en el apartado anterior "Copiar un rango en otro", pero en el cuarto paso, selecciona la opción Transponer en la galería Opciones de pegado. Asegúrate de que el rango transpuesto no se solapa con otro rango.

Después de transponer un rango, borra el original si es preciso.

Recuerda: Las fórmulas que estaban en el rango de origen se ajustarán para que funcionen correctamente después de transponerlas.

Deshacer cambios y errores

Una característica muy útil de Excel es la función Deshacer varios niveles. Permite dar marcha atrás en las acciones recientes, una a una. Si descubres que has borrado accidentalmente un rango de datos hace unos minutos, por ejemplo, puedes utilizar la función Deshacer para deshacer sucesivamente las acciones hasta que el rango eliminado vuelva a aparecer.

Para deshacer una operación, utiliza cualquiera de estas técnicas:

✓ Clica en el botón Deshacer en la Barra de herramientas de acceso rápido hasta llegar a la acción que desees revertir.

✓ Pulsa Ctrl+Z hasta llegar a la acción que quieras deshacer.

✓ Clica en la flecha del botón Deshacer en la Barra de herramientas de acceso rápido. Esta acción muestra una descripción de las acciones más recientes. Selecciona las acciones que desees deshacer.

En Excel 2007 y Excel 2010, puedes deshacer un máximo de 100 operaciones; en las versiones anteriores, 16 como máximo.

Validar entrada de datos

Puedes especificar el tipo de datos que una celda puede aceptar. Si creas una hoja de cálculo para que otros usuarios la utilicen, puedes limitar el rango de valores que un usuario puede introducir en las celdas de entrada. Acto seguido, Excel valida la entrada para garantizar que los valores que introduce el usuario entran en del rango especificado. Si un usuario introduce un valor no válido aparecerá un mensaje de error.

Para especificar criterios de validación de entrada de datos:

1. Selecciona la celda o rango que haya que validar. (Tal como se explica en el apartado "Seleccionar celdas y rangos").

2. Clica en la ficha Datos de la Cinta de opciones y después en la parte superior del botón de división Validación de datos (la parte del icono) o clica en la flecha del botón y selecciona Validación de datos en el menú. Aparece el cuadro de diálogo Validación de datos.

3. Clica en la ficha Configuración y especifica el tipo de datos que quieres poner en la celda; para ello, selecciona cualquiera de las entradas de los cuadros de lista desplegable Permitir y Datos.

Puedes especificar cualquiera de las siguientes opciones para validar los datos introducidos en una celda:

• Números enteros, dentro de los límites especificados

• Números decimales, dentro de los límites especificados

• Una lista de opciones predefinidas. Puedes introducir la lista de opciones directamente en el cuadro de lista Origen (tienes que separar cada elección con una coma), o puedes utilizar una referencia de rango, que almacena las opciones en celdas individuales en el rango. Después de especificar la lista, al seleccionar una celda de validación, aparece una flecha desplegable.

• Fechas, dentro de los límites especificados

• Horas, dentro de los límites especificados

- Longitud del texto, dentro de los límites especificados. Ten en cuenta que Excel se refiere a esta opción como "Longitud del texto", aunque es aplicable tanto a la longitud de una cadena de texto como a los dígitos de un número (o a la combinación de texto y números).

- Validación personalizada. Puedes escribir una fórmula booleana (fórmula que devuelve un valor Verdadero o Falso) para especificar una regla de validación. Si la fórmula devuelve Falso, se apela a la regla de validación. Por ejemplo, si especificas un rango de entrada de validación de datos en una columna que empieza en la celda A2, la fórmula =A2>A1 garantiza que cada valor que se introduzca en el rango es mayor que el valor que está encima. (Excel ajusta automáticamente la referencia de validación en cada celda del rango, así pues, para la celda A3 la fórmula será =A3>A2, etcétera.)

4. Para que aparezca un mensaje cuando el usuario clica en la celda de entrada, clica en la ficha Mensaje de entrada y escribe el mensaje en el cuadro de texto correspondiente. Si quieres que aparezca un título en la cabecera del mensaje, escríbelo en el cuadro de texto Título.

5. Para especificar un mensaje de error personalizado que aparecerá en un cuadro de diálogo si alguien introduce datos no válidos, clica en la ficha Mensaje de error y escribe el mensaje que desees en el cuadro de texto correspondiente. Si tiene que aparecer un título en la cabecera del mensaje, escríbelo en el cuadro de texto Título.

   Selecciona un estilo para el mensaje de error en el cuadro de lista desplegable Estilo (detener, advertencia o información). Cada estilo tiene un icono de error y varios botones en el cuadro de diálogo de error:

   - Detener. Botones Reintentar y Cancelar.

   - Advertencia. Botones Sí, No y Cancelar (al clicar en Sí se introducen los datos no válidos).

   - Información. Botones Aceptar y Cancelar (al clicar en Aceptar se introducen los datos no válidos).

6. Clica en Aceptar.

Si más adelante quieres eliminar los criterios de validación de una celda o rango, selecciona la celda o el rango, clica en la parte superior del botón de división Validación de datos en la ficha Datos de la Cinta de opciones y clica en el botón Borrar todos en el cuadro de diálogo que aparece.

Recuerda: Si no especificas un mensaje en el quinto paso, Excel utiliza uno predeterminado en caso de que se produzca un error de entrada de datos.

Puedes combinar la validación de datos con la protección de hojas de cálculo para permitir que se modifiquen sólo las celdas de entrada validadas. **Lee** en el capítulo 3 el apartado "Proteger una hoja de cálculo".

Utilizar fórmulas y funciones

Esta parte trata de temas relacionados con fórmulas y funciones. Las fórmulas permiten calcular resultados a partir de los datos almacenados en la hoja de cálculo, lo que hace de las hojas unas herramientas muy útiles. Las funciones son herramientas integradas o personalizadas que se utilizan en las fórmulas. Hacen que las fórmulas realicen operaciones muy eficaces que te ahorrarán un valioso tiempo.

En esta parte. . .

✓ **Utilizar referencias absolutas, relativas y mixtas**

✓ **Convertir fórmulas en valores**

✓ **Introducir funciones en fórmulas**

✓ **Hacer referencia a celdas o rangos en otras hojas o libros**

Referencias absolutas, relativas y mixtas

Si copias una fórmula con una *referencia absoluta,* Excel no ajusta la referencia en la celda copiada (una referencia absoluta utiliza dos signos de dólar en su dirección, uno para la columna y otro para la fila). Por otra parte, Excel ajusta las *referencias relativas* tal y como has copiado la fórmula.

Puedes utilizar también las *referencias mixtas*, en las que sólo una parte de la dirección es absoluta. La tabla siguiente resume los posibles tipos de referencias de celda y muestra cómo cambia una referencia si la copias una celda arriba o abajo. En cualquier caso, la parte absoluta de la referencia no cambia.

Tipo	*Ejemplo*	*Abajo*	*Arriba*
Referencia relativa	=A1	=A2	=B1
Referencia absoluta	=$A$1	=$A$1	=$A$1
Referencia mixta (la columna es absoluta)	=$A1	=$A2	=$A1
Referencia mixta (la fila es absoluta)	=A$1	=A$1	=B$1

Para cambiar el tipo de referencia de celda:

1. Haz un doble clic en la celda con la fórmula (o pulsa F2) para pasar al modo de edición.

2. En la celda o en la barra de fórmulas, clica con el puntero del ratón en la referencia de celda.

3. Pulsa F4 varias veces para recorrer todos los tipos de referencia de celda posibles. Para cuando la referencia de celda muestre el tipo que estás buscando.

4. Pulsa Entrar para completar la operación.

Fundamentos básicos de las fórmulas

Las fórmulas de Excel empiezan siempre con un signo igual. Una fórmula puede tener hasta 8192 caracteres e incluir cualquiera de los elementos siguientes:

✓ Operadores como + (para sumar) y * (para multiplicar)

✓ Referencias absolutas, relativas y mixtas, como $A$1 o B2:G10

✓ Referencias nombradas, como Ingresos o Ganancias

✓ Valores, texto o valores lógicos

✓ Funciones de hojas de cálculo (como SUMA o PROMEDIO)

En las versiones anteriores al Excel 2007, una fórmula no tenía más de 1024 caracteres.

Una vez que has introducido una fórmula en una celda aparece el resultado. Al activar la celda, la fórmula se ve en la barra de fórmulas (la barra de fórmulas está debajo de la Cinta de opciones).

La precedencia de operador es el conjunto de reglas que utiliza Excel para efectuar los cálculos en una fórmula. La siguiente tabla muestra la lista de operadores que pueden utilizarse en las fórmulas y señala la precedencia de cada operador.

Operador	Nombre	Precedencia
^	Potenciación (elevado a un exponente)	1
*	Multiplicación	2
/	División	2
+	Suma	3
–	Resta	3
&	Concatenación (une texto)	4
=	Igual a	5
>	Mayor que	5
<	Menor que	5

La tabla muestra que la potenciación tiene la máxima precedencia (es decir, se realiza en primer lugar) y las comparaciones lógicas tienen la prioridad más baja. Si dos operadores tienen la misma precedencia, Excel calcula de izquierda a derecha.

Recuerda: Puedes modificar la precedencia de un operador mediante el uso de paréntesis en la fórmula. En la fórmula =(Ingresos-Gastos)*TipoImpositivo, por ejemplo, a los Ingresos se le restan los gastos y el resultado se multiplica por el TipoImpositivo.

Cambiar cuando la fórmula ya está calculada

Cuando el modo de cálculo de Excel está en automático (predeterminado), si cambias las celdas de la fórmula, aparece automáticamente un nuevo resultado.

Para establecer el modo de cálculo manual, clica en la ficha Fórmulas de la Cinta de opciones y, después, en el botón Opciones para el cálculo en el grupo Cálculo. Selecciona Manual en el menú.

Recuerda: Si estás trabajando en el modo manual de cálculo, Excel muestra en la barra de estado Calcular si hay fórmulas que aún no se han calculado. Las siguientes acciones sirven para volver a calcular las fórmulas:

✓ Clica en la ficha Fórmulas de la Cinta de opciones, después en el botón Calcular ahora en el grupo Cálculo o pulsa F9. Las fórmulas en todos los libros abiertos se calculan al instante.

✓ Clica en la ficha Fórmulas de la Cinta de opciones, después en el botón Calcular hoja en el grupo Cálculo o pulsa Mayús+F9. Se calculan inmediatamente las fórmulas en la hoja de cálculo activa La operación no se produce en las demás hojas del libro.

Recuerda: El modo de cálculo de Excel no corresponde a una hoja de cálculo en particular. Si cambias el modo de cálculo, el cambio afecta a todos los libros abiertos y no solo al libro activo.

Para volver al modo de cálculo automático, clica en la ficha Fórmulas de la Cinta de opciones y, después, en el botón Opciones para el cálculo en el grupo Cálculo. Selecciona Automático en el menú.

Convertir fórmulas en valores

Puede que te interese convertir la fórmula a su valor actual (quitar la fórmula y dejar sólo el resultado). Por ejemplo, si quieres evitar futuros cambios en el valor de una celda a consecuencia del cambio de las celdas de la fórmula. Para convertir una fórmula a su valor actual:

1. Selecciona la celda que tiene la fórmula. Para convertir varias fórmulas, puedes seleccionar un rango.

2. Clica en el botón Copiar en la ficha Inicio de la Cinta de opciones. (También puedes pulsar Crtl+C o hacer un clic derecho en la celda y seleccionar Copiar en el menú contextual).

3. Clica en la parte de la flecha del botón Pegar en la ficha Inicio de la Cinta de opciones y selecciona una opción en la sección Pegar valores de la galería Opciones de pegado.

4. Pulsa Entrar o Esc para salir del modo de copia.

Recuerda: Este procedimiento sobrescribe las fórmulas. Para poner los valores actuales de las fórmulas en otra área (vacía) de la hoja de cálculo, selecciona una celda nueva o la celda superior izquierda de un rango antes del tercer paso.

Editar las funciones de las fórmulas

Después de crear una fórmula con una o más funciones, quizá quieras cambiar más adelante los argumentos de las funciones. Hay varios métodos para editar una función. El método seleccionado es una elección personal y depende de la complejidad de la función.

Cualquiera de estas técnicas te sirve para editar una función:

✓ Si la fórmula tiene sólo una función o si la función que quieres modificar es la última en la fórmula, clica en el botón Insertar función en la barra de fórmulas (o en la ficha Fórmulas de la Cinta de opciones), o pulsa Mayús+F3 para mostrar el cuadro de diálogo Insertar función.

✓ Si la fórmula tiene más de una función, pulsa F2 o haz doble clic en la celda de la fórmula. Coloca el cursor dentro de la función que se va a modificar y clica en el botón Insertar función, o pulsa Mayús+F3.

✓ La forma más eficaz de editar funciones simples (es decir, con pocos argumentos) es hacerlo de forma manual. Las funciones tienen una información de pantalla (texto flotante) que ayuda a identificar los nombres y ordena los argumentos de la función.

Lee el apartado siguiente "Introducir funciones en fórmulas".

Introducir funciones en fórmulas

Excel ofrece más de 300 funciones integradas con las que puedes realizar operaciones muy eficaces que te ahorrarán un valioso tiempo. Las funciones realizan las tareas siguientes:

✓ Simplifican las fórmulas.

✓ Hacen que las fórmulas realicen cálculos que de cualquier otro modo serían imposibles.

✓ Permiten la ejecución condicional de fórmulas dándoles cierta capacidad básica de toma de decisiones.

La mayoría de las funciones de una hoja de cálculo utilizan uno o varios argumentos entre paréntesis. Un *argumento* es la información que aclara lo que tiene que hacer la función. Por ejemplo, la siguiente función (que redondea el número de la celda A1 con dos decimales) utiliza dos argumentos:

```
=REDONDEAR(A1,2)
```

Recuerda: Puedes *anidar* una función dentro de otra. La fórmula =SUMA(MAX(B1:B6),REDONDEAR(A1,2)), por ejemplo, anida las funciones MAX y REDONDEAR en la función SUMA. En este ejemplo se suma el valor máximo del rango B1:B6 al valor de la celda A1 y se redondea con dos decimales.

Lee el apartado anterior "Editar las funciones de las fórmulas".

Introducir funciones manualmente

Si no estás familiarizado con las funciones, escribe en primer lugar el nombre de la función y la función Autocompletar fórmula desplegará una lista de posibles coincidencias, como puedes ver en la figura 5-1.

 Figura 5-1

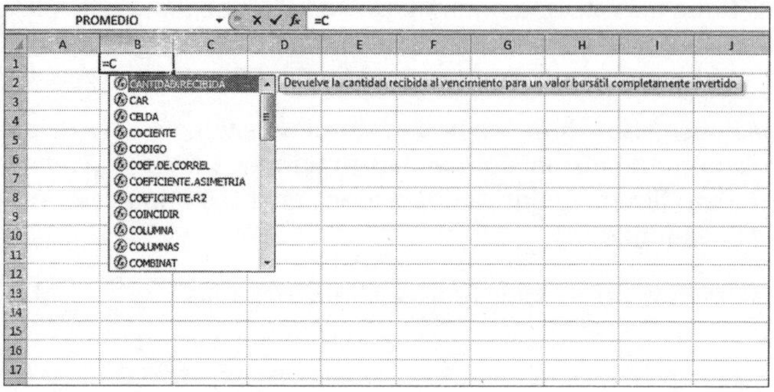

Si sigues escribiendo sin seleccionar un nombre de la lista, Excel reduce las opciones disponibles. Si quieres seleccionar un nombre de función de la lista, puedes hacer doble clic con el ratón o resaltar el nombre (con el ratón o las teclas de flecha) y pulsar la tecla Tab. Excel inserta la función en la fórmula e incluye un paréntesis de apertura. El programa facilita ayuda para las funciones en una lista desplegable en forma de información en pantalla (mira la figura 5-1). En cada una hay un resumen del uso de la función.

Después de escribir el nombre de la función manualmente (incluidos los paréntesis de apertura) o de seleccionar la función en la lista desplegable, aparece más ayuda. Esta ayuda te permite determinar el número y orden de los argumentos en la función. Aparece una información en pantalla por debajo de la función que estás escribiendo. La ayuda en pantalla incluye el nombre de la función seguido de los nombres de todos los argumentos obligatorios y opcionales entre paréntesis. Para abrir una ventana de Ayuda para la función, clica en el nombre de la función en la ayuda en pantalla.

Lee en el capítulo 4 el apartado "Introducir fórmulas manualmente".

Utilizar la herramienta Autosuma

La herramienta Autosuma facilita un método rápido para añadir las funciones más comunes.

Para utilizar esta herramienta:

1. Clica en una celda situada debajo o a la derecha de un rango de números que haya que sumar.

Σ ▾ *2.* Y después:

- Para sumar el rango, clica en el botón Autosuma en la ficha Inicio de la Cinta de opciones o en la ficha Fórmulas. Excel coloca una *marquesina* (también conocida como *las hormiguitas*) alrededor de las celdas que piensa que hay que sumar. Si el rango de celdas enmarcado no es el que quieres sumar, utiliza el ratón para resaltar otro rango. Vuelve a clicar en el botón Autosuma o pulsa Entrar para terminar la operación.

- Para calcular la media, contar números o determinar el máximo y el mínimo del rango, clica en la flecha del botón Autosuma para ver un menú con esas operaciones. Clica en la que quieras realizar y sigue el procedimiento descrito para sumar un rango después de que Excel coloque la marquesina alrededor de las celdas.

 Excel coloca automáticamente una marquesina alrededor de la primera región que esté encima o a la izquierda de la celda de la fórmula. Una *región* es un rango con celdas que no están en blanco. Para seleccionar varias regiones al utilizar la herramienta Autosuma en el segundo paso, mantén pulsada la tecla Ctrl mientras arrastras el ratón sobre cada región. Se explica cómo en el capítulo 4, en el apartado "Seleccionar celdas y rangos".

Utilizar la Biblioteca de funciones

La Biblioteca de funciones permite escribir fácilmente una función y sus argumentos. Es muy útil cuando no sabes exactamente qué función estás buscando y quieres explorar las diversas opciones. Para facilitar la búsqueda, Excel agrupa las funciones disponibles en categorías fáciles de reconocer, como financieras o texto.

Para añadir una función mediante la Biblioteca de funciones:

1. Activa la celda en la que pondrás la fórmula. Si añades la función a una fórmula existente, clica en el lugar de la fórmula en el que haya que añadir la función.

2. Si añades una función al lado de otra función en una fórmula, tienes que añadir un operador (por ejemplo, +, −, o *) o una coma en ese punto para delimitar las dos funciones.

3. Clica en la ficha Fórmulas de la Cinta de opciones y, después, en una categoría de función en el grupo Biblioteca de funciones. Clica en el botón Más funciones si no encuentras la categoría que buscabas en el grupo Biblioteca de funciones.

4. Selecciona la función buscada en el menú. Aparece el cuadro de diálogo Argumentos de función, como puedes ver en la figura 5-2. Este cuadro de diálogo explica cada argumento de función seleccionado. Puedes añadir argumentos manualmente o señalarlos en la hoja de cálculo si son referencias de celda. El cuadro de diálogo Argumentos de función muestra el resultado.

Para obtener ayuda con la función, clica en Ayuda sobre esta función en el cuadro de diálogo Argumentos de función. Aparece la ventana de Ayuda para la función.

5. Una vez concretados todos los argumentos, clica en Aceptar.

Figura 5-2

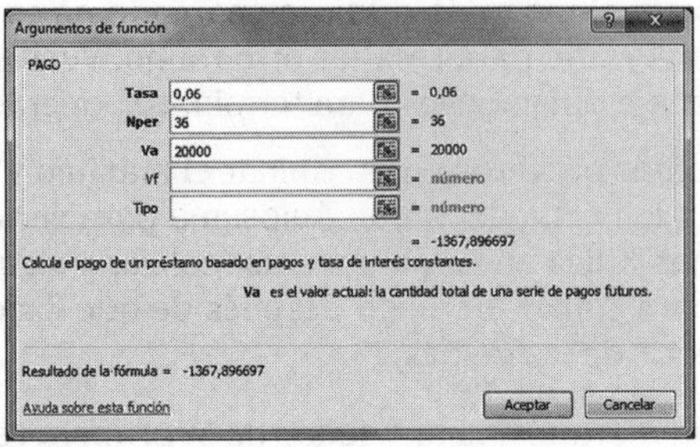

Cambiar una referencia de rango utilizada en una función

Si editas una celda con una fórmula, Excel pone códigos de colores a las referencias de la fórmula y un contorno alrededor de cada celda o rango a la que haga referencia la fórmula. El color del contorno corresponde al color que aparece en la fórmula. Cada celda o rango resaltado tiene *controladores de relleno* (un cuadradito en cada esquina de la celda o rango resaltado). Lo verás en la figura 5-3.

Figura 5-3

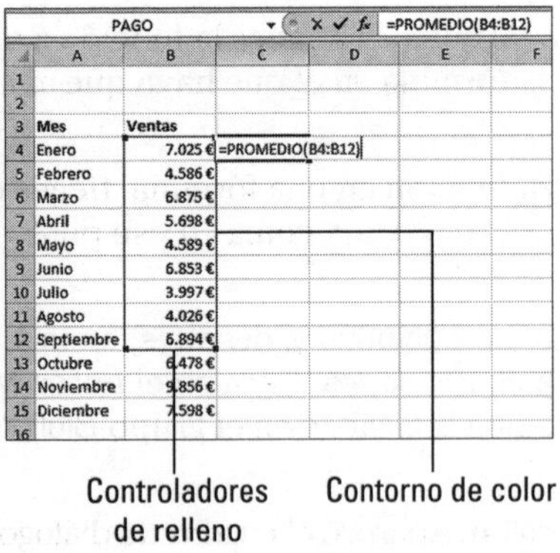

Controladores   Contorno de color
de relleno

Si la fórmula tiene una función que utiliza un argumento de rango, puedes modificar fácilmente el rango de referencia así:

1. Para empezar a editar la fórmula, pulsa F2 o haz un doble clic en la celda. Te ayudará *leer* en el capítulo 4 el apartado "Editar el contenido de una celda".

2. Busca el rango que utiliza la función (el rango aparece con un contorno).

3. Arrastra un controlador de relleno para ampliar o reducir el rango. También puedes clicar en un borde del rango destacado y mover el contorno a un rango nuevo. En cualquier caso, Excel cambia la referencia de rango en la fórmula.

4. Pulsa Entrar.

Recuerda: Las fórmulas que tienen referencias de nombre ponen un contorno de color alrededor de la celda o rango mencionado. El contorno no tiene controladores de relleno, pero puedes mover este tipo de referencia con un clic en el borde del contorno.

Hacer referencia a celdas o rangos en otros libros

Las referencias externas a otros libros también reciben el nombre de *vínculos*. El libro con las fórmulas de vínculo (fórmulas con referencias externas) es el libro *de destino*. El libro de donde provienen los datos utilizados por la fórmula de referencia externa es el libro *de origen*. El libro de origen no tiene que estar abierto mientras se trabaja con el libro de destino.

Hacer referencia a celdas de otros libros

Si la fórmula tiene que hacer referencia a una celda de otro libro, utiliza el formato siguiente en la fórmula:

```
=[NombreLibro]NombreHoja!DirecciónCelda
```

La dirección de la celda está precedida por el nombre del libro (entre paréntesis), el nombre de la hoja y un signo de exclamación. Esta fórmula se conoce a veces como *fórmula de vínculo* o *referencia externa*.

Recuerda: Si el nombre del libro o de la hoja de cálculo tiene espacios, hay que ponerlos entre comillas simples. Por ejemplo, la siguiente fórmula hace referencia a una celda en la Hoja1 del libro Presupuesto 2005:

```
=A1*'[Presupuesto 2005]Hoja1'!A1
```

Si una fórmula hace referencia a celdas de otro libro, este no tiene que permanecer abierto. Si el libro está cerrado, hay que añadir la ruta completa a la referencia. Por ejemplo:

```
=A1* 'C:\Mis Documentos\Excel\[Presupuesto 2005]Hoja1'!A1
```

 Lo más fácil para introducir fórmulas con vínculos es señalar. Para ello, los libros de origen tienen que estar abiertos. *Lee* en el capítulo 2, el apartado "Organización automática de las ventanas" y el apartado "Introducir fórmulas señalando" en el capítulo 4.

Para evitar problemas en las fórmulas del libro de destino al insertar o eliminar filas, columnas o celdas o al mover celdas o rangos vinculados de los libros de origen, es recomendable que utilices los nombres de celdas o rangos de los libros de origen.

Administrar vínculos

Al trabajar con referencias externas en una hoja de cálculo, a veces es necesario realizar algunas tareas de administración. Para ello está el cuadro de diálogo Modificar vínculos.

Para abrirlo (mira la figura 5-4), clica en el botón Modificar vínculos en la ficha Datos de la Cinta de opciones. El botón está desactivado si el libro no tiene vínculos (referencias externas) a otros libros.

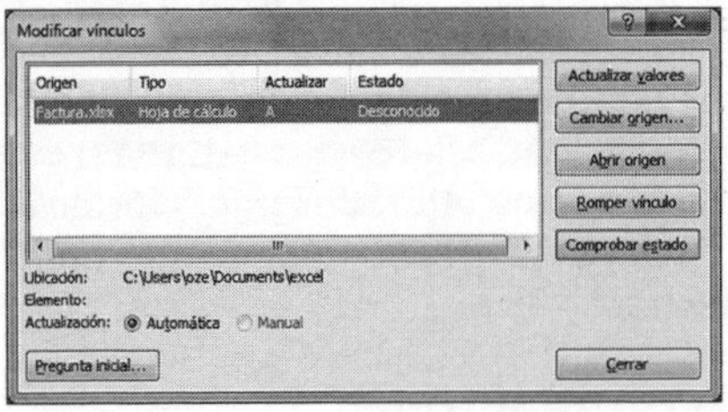

Figura 5-4

La ventana del cuadro de diálogo Modificar vínculos incluye todos los libros de origen a los que está conectado el libro de destino. Puedes realizar las operaciones siguientes en este cuadro de diálogo:

✓ **Actualizar valores.** Con este botón puedes actualizar los valores de los libros externos durante la sesión de trabajo.

Selecciona el libro o libros de origen en la ventana y clica en Actualizar valores.

✓ **Cambiar origen.** Si cambia la ubicación o el nombre de un libro de origen hay que actualizar la información del vínculo.

En la ventana, selecciona el libro de origen cuyo nombre haya cambiado y clica en Cambiar origen. En el cuadro de diálogo Cambiar origen, navega hasta la ubicación del nuevo archivo de origen, selecciónalo y clica en Aceptar.

✓ **Abrir origen.** El cuadro de diálogo Modificar vínculos es el lugar adecuado para abrir libros de origen.

En la ventana, selecciona el libro o libros que quieras abrir y clica en Abrir origen. Se abren todos los libros seleccionados.

✓ **Romper vínculo.** Para mantener los valores actuales (no las fórmulas) de uno o más libros de origen y deshacer los vínculos a los libros de origen.

En la ventana, selecciona el libro o libros y clica en Romper vínculo. El programa te pedirá confirmación ya que esta operación no puede deshacerse. Clica Romper vínculo en el mensaje de confirmación para romper definitivamente el enlace.

✓ **Comprobar estado.** Al abrir el cuadro de diálogo, este estado aparece siempre como Desconocido. El estatus de los vínculos no aparece automáticamente.

Clica en el botón Comprobar estado para ver el estatus de los vínculos. Un estatus, `El origen está abierto`, o `Valor actualizado de <nombre del archivo>` indica que no tienes que hacer nada. Sin embargo, si aparece un mensaje de advertencia o de error, debes actualizar los valores, cambiar o abrir el origen. El mensaje de advertencia o de error indica lo que tienes que hacer.

✓ **[Cambiar] Pregunta inicial.** Si los libros no están abiertos, al abrir uno con referencias externas (el libro de destino) aparece de forma predeterminada una ventana para actualizar los vínculos (se actualizan automáticamente al abrir los libros de origen). Pero puedes controlar esta función.

Clica en el botón Pregunta inicial. Aparece un cuadro de diálogo con estas tres opciones:

- Permitir que los usuarios elijan mostrar o no la alerta. Después de seleccionar esta opción, el usuario tiene que activar o desactivar la advertencia: clica en la ficha Archivo y, después, en el botón Opciones. En el cuadro de diálogo Opciones de Excel, clica en la categoría Avanzadas y baja hasta la sección General. Por último, activa o desactiva la casilla Consultar al actualizar vínculos automáticos.

  Si desactivas esta casilla los vínculos se actualizan automáticamente sin que aparezca un mensaje de confirmación al abrir un libro dependiente. Esta opción se aplica exclusivamente al usuario actual y a los libros dependientes que abra. No afecta a los demás usuarios con los que compartas el libro.

- No mostrar la alerta ni actualizar los vínculos automáticos. Esta opción se explica por sí misma y afecta a todos los usuarios que compartan el libro.

- No mostrar la alerta y actualizar vínculos. Esta opción se explica por sí misma y afecta a todos los usuarios que compartan el libro.

Hacer referencia a celdas o rangos en otras hojas de cálculo

Si la fórmula tiene que hacer referencia a una celda en otra hoja de cálculo del mismo libro, utiliza el formato siguiente en la fórmula:

```
Nombre Hoja!Dirección Celda
```

La dirección de la celda está precedida por el nombre de la hoja de cálculo con un signo de exclamación.

Recuerda: Si el nombre de la hoja de cálculo tiene espacios, tienes que ponerlo entre comillas simples. La siguiente fórmula hace referencia a una celda de la hoja "Todos los departamentos":

```
=A1*'Todos los departamentos'!A1
```

Una manera fácil de introducir una referencia de rango en otra hoja de cálculo es señalar con el ratón. Te será útil *leer* en el capítulo 4 el apartado "Introducir fórmulas señalando".

Si la referencia es a un rango 3-D, el formato es el siguiente:

```
=NombreFunción(PrimeraHoja:ÚltimaHoja!ReferenciaRango)
```

Por ejemplo:

```
=SUMA(Hoja2:Hoja4!$A$1:$A$10)
```

Las reglas siguientes se aplican a las referencias de rango 3-D:

✓ El rango incluye todas las hojas entre los primeros y últimos nombres, ambos incluidos.

✓ Si añades una hoja entre la primera y la última, se incluirá automáticamente en la referencia.

✓ En el rango de referencia puedes utilizar referencias absolutas o relativas.

✓ Puedes utilizar cualquier nombre válido para las hojas, pero si hay un espacio, debes utilizar comillas simples para delimitar los nombres de la referencia. Por ejemplo

```
=SUMA('Dep Ingeniería:Dep RRHH'!$A$1:$A$10)
```

Recuerda: Las referencias a rangos 3-D son compatibles con menos del 10 % de las funciones de Excel y la mayoría de ellas son de la categoría de estadísticas.

Puedes utilizar el ratón para señalar y crear una referencia 3-D. Primero coloca el puntero del ratón en la función que recibirá la referencia. A continuación, selecciona la celda o el rango en la primera hoja que se incluirá en la referencia. Después, mantén pulsada la tecla Mayús y clica en la ficha de la última hoja de la referencia. Pulsa Entrar para completar el procedimiento.

Crear y utilizar nombres

Trabajar con las direcciones de celdas y rangos puede ser confuso. Por suerte, puedes asignar nombres que representen a las celdas y rangos. Por ejemplo, una celda puede llamarse Intereses o un rango VentasJulio.

En esta parte...

✓ **Asignar nombres a referencias de celdas existentes**

✓ **Crear, eliminar y editar nombres**

✓ **Administrar nombres**

✓ **Asignar nombres a constantes y fórmulas**

✓ **Pegar nombres en una fórmula**

Ventajas de asignar nombres a celdas y rangos

Las ventajas de asignar nombres a celdas y rangos son:

✓ Un nombre de rango representativo (por ejemplo, Ingresos) es mucho más fácil de recordar que una dirección de rango (A1: A21).

✓ Después de seleccionar una celda o rango con nombre, este aparece en el cuadro de nombres.

✓ Para ir rápidamente a una zona de la hoja de cálculo te basta con seleccionar un nombre en el cuadro de nombres.

✓ Crear fórmulas es más fácil porque puedes pegar el nombre de una celda o un rango en una fórmula.

✓ Los nombres hacen que las fórmulas se entiendan mejor y sean más fáciles de utilizar. Por ejemplo: `=Ingresos-Impuestos` es más intuitivo que `=D20-D40`.

Aunque Excel es flexible en lo que respecta a los nombres que puedes poner, hay algunas reglas:

✓ Deben empezar por una letra o guión bajo (_).

✓ No pueden tener espacios en blanco. El guión bajo o el punto pueden servir para simular un espacio (por ejemplo Total_Año o Total.Año).

✓ Se pueden combinar letras y números, pero el nombre no puede empezar por un número (por ejemplo, `3er_Trimestre`) o parecerse a una referencia de celda (por ejemplo, `T3`).

✓ La mayoría de los símbolos no se admiten en los nombres; algunos sí, como el guión bajo (_), el punto (.), la barra diagonal inversa (\) y los signos de interrogación (¿?).

✓ No pueden tener más de 255 caracteres.

Excel se reserva algunos nombres para uso interno, por lo que debes evitarlos: `Print_Area`, `Print_Titles`, `Consolidate_Area`, y `Sheet_Title`.

Asignar nombres a referencias de celdas existentes

Si creas un nombre nuevo para una celda o un rango, no se utiliza automáticamente el nombre en lugar de la referencia de la fórmula. Por ejemplo, si le asignas un nombre a la celda A1 de la fórmula = A1* 20, la fórmula sigue mostrando A1 (no el nombre nuevo). Sustituir las referencias de celdas o rangos por sus nombres correspondientes es bastante fácil.

Para asignar nombres a las referencias de celdas en las fórmulas existentes:

1. Selecciona el rango con la fórmula que quieras cambiar.

2. Clica en la ficha Fórmulas de la Cinta de opciones, y después, en la flecha del botón Asignar nombre. Selecciona Aplicar nombres en el menú y aparece el cuadro de diálogo Aplicar nombres, como puedes ver en la figura 6-1.

Figura 6-1

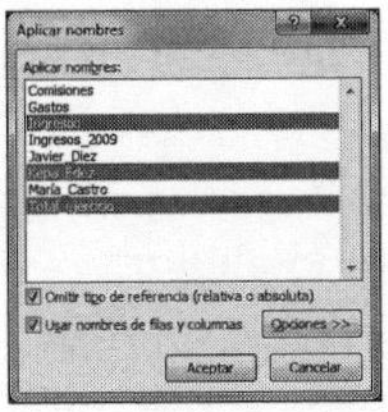

3. Selecciona los nombres que quieras aplicar con un clic en cada uno.

4. Clica en Aceptar. Se sustituyen las referencias de rango por los nombres en las celdas seleccionadas.

Si seleccionas una celda sin fórmula en el primer paso, Excel le aplica el nombre a todas las fórmulas aplicables de la hoja de cálculo.

Crear nombres

Hay varios métodos muy útiles para crear nombres. El método que elijas depende de una elección personal y de las técnicas para ahorrar tiempo.

Crear nombres con el cuadro de diálogo Nombre nuevo

Para asignarle un nombre a un rango con el cuadro de diálogo Nombre nuevo:

1. Selecciona la celda o rango al que quieras asignar un nombre.

2. Clica en la ficha Fórmulas de la Cinta de opciones, y después, en el botón Asignar nombre (o haz un clic derecho en el rango y selecciona Definir nombre en el menú contextual). Aparece el cuadro de diálogo Nombre nuevo, como puedes ver en la figura 6-2.

Figura 6-2

3. En el cuadro de texto Nombre, escribe un nombre (o utiliza el que se propone, si lo hay).

4. Si es necesario, escribe algo en el cuadro Comentario. Puede servir para describir o detallar el nombre para futuros usuarios, por ejemplo.

5. Comprueba si la dirección que aparece en el cuadro Hace referencia a es correcta. Para hacer referencia a otra dirección, elimina la dirección y escribe la dirección de la nueva celda o rango (con un signo igual delante) o utiliza el puntero del ratón para seleccionar una celda o rango en la hoja de cálculo.

6. Clica en Aceptar.

Para crear varios nombres de una sola vez, utiliza el Administrador de nombres en lugar del método Asignar nombre. Clica en el botón Administrador de nombres en la ficha Fórmulas. En el cuadro de diálogo Administrador de nombres, clica en Nuevo para añadir un nombre. Una vez añadido, se vuelve al cuadro de diálogo Administrador de nombres, donde se puede repetir el proceso para añadir más nombres.

Crear un nombre con el cuadro de nombres

El cuadro de nombres está en la parte izquierda de la barra de fórmulas, como puedes ver en la figura 6-3.

Cuadro de nombres
Divisor del cuadro de nombres

Figura 6-3

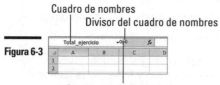

Cursor para redimensionar

Para crear un nombre con el cuadro de nombres:

1. Selecciona la celda o rango al que quieras ponerle un nombre.

2. Clica en el cuadro de nombres y escribe el nombre.

3. Pulsa Entrar para crear el nombre.

Recuerda: Si el nombre existe ya no puedes utilizar el cuadro de nombres para cambiar la referencia por el nombre. Si lo intentas, aparecerá el nombre existente.

Puedes ensanchar el cuadro de nombres para ver los nombres más largos. Arrastra a derecha o izquierda el divisor del cuadro de nombres (la zona alrededor de la marca en la figura 6-3).

Crear nombres a partir de las etiquetas de filas y columnas

Puede que en la hoja de cálculo haya filas y columnas con etiquetas y quieras aprovechar para nombrar celdas o rangos adyacentes. La figura 6-4 muestra un rango de datos con etiquetas de meses en la columna de la izquierda y países en la fila superior. Puedes crear un nombre para cada fila del rango con las etiquetas de la columna de la izquierda o crear un nombre para cada columna con las etiquetas de la fila superior. También puedes utilizar la fila superior y la columna izquierda para nombrar al mismo tiempo cada fila y cada columna del rango.

Figura 6-4

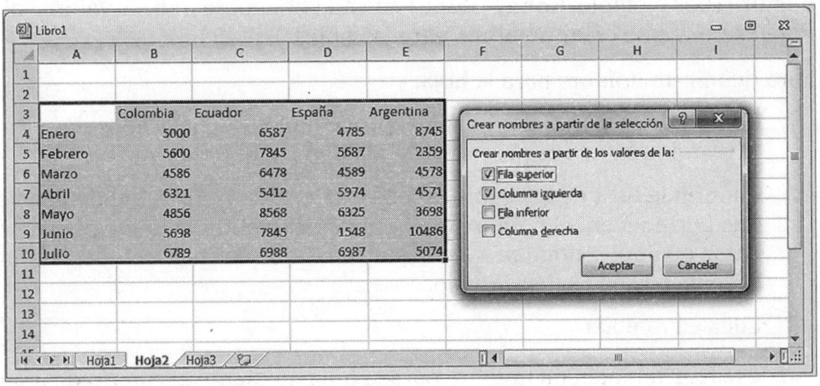

Para crear nombres con las etiquetas de filas y columnas adyacentes:

1. Selecciona el nombre de las etiquetas y celdas a las que quieras asignarles un nombre. Las etiquetas deben estar al lado de dichas celdas. En este caso no puedes realizar una selección múltiple.

2. Clica en la ficha Fórmulas de la Cinta de opciones, y después, en el botón Crear desde la selección. Aparece el cuadro de diálogo Crear nombres a partir de la selección. Excel supone cómo crear los nombres y selecciona las casillas adecuadas en Crear nombres a partir de los valores. Por ejemplo, si las etiquetas están a la izquierda de las celdas, se selecciona la opción Columna izquierda.

3. Si la selección no es la esperada, desactívala y selecciona la casilla adecuada.

4. Clica en Aceptar para crear los nombres.

Si creas nombres a partir de filas y columnas, puedes hacer referencia a una entrada en la tabla mediante la intersección de las etiquetas de fila y columna. Por ejemplo, en la figura 6-4, se han creado nombres en el rango a partir de las etiquetas de la fila superior y de la columna izquierda. Se puede crear una fórmula así: =A1*Marzo Colombia; Marzo Colombia equivale a 4586.

Recuerda: Si la etiqueta de una celda da como resultado un nombre no válido, Excel lo cambia para que lo sea. Si el programa encuentra un valor o una fórmula donde tendría que haber una etiqueta de texto no lo convierte en nombre válido, simplemente no crea un nombre.

Recuerda: Los nombres que creas no incluyen las celdas con las etiquetas.

Crear nombres para las hojas

Normalmente, un nombre puede utilizarse en cualquier lugar dentro de un libro. De forma predeterminada, los nombres son para los libros y no para las hojas. Pero, ¿qué pasa si hay varias hojas en un libro y se quiere utilizar el mismo nombre (por ejemplo, Total_Dept) en cada hoja para indicar valores distintos? Para eso hay que crear nombres para las hojas.

Para definir un nombre para la hoja:

1. Completa los pasos del 1 al 5 del procedimiento que acabas de ver en "Crear nombres con el cuadro de diálogo Nombre nuevo".

2. Clica en la lista desplegable Ámbito y selecciona el nombre de la hoja a la que pertenecerá el nombre que se está definiendo. Aunque puede seleccionarse cualquier nombre de hoja en la lista, lo normal será elegir la hoja con la celda o rango seleccionado.

3. Clica en Aceptar.

Puedes crear también un nombre para la hoja mediante el cuadro de nombres. Selecciona la celda o rango, clica en el cuadro de nombres y escribe el nombre precedido por el nombre de la hoja (con comillas simples si tiene espacios) y con un signo de exclamación. Por ejemplo, quieres crear un nombre para la hoja de la Total_Dept en una hoja llamada Recursos Humanos, escribe 'Recursos Humanos'!Total_Dept en el cuadro de nombres.

Recuerda: Si escribes una fórmula con un nombre para la hoja en la hoja en la que la defines, no hace falta que incluyas el nombre de la hoja en el nombre del rango (el cuadro de nombres tampoco muestra el nombre de la hoja de cálculo). Si utilizas el nombre en una fórmula de otra hoja, tienes que usar todo el nombre (nombre de la hoja, signo de exclamación y nombre).

Crear nombres multihoja

Los nombres pueden ampliarse a la tercera dimensión en un libro a través de varias hojas de cálculo. Los nombres multihoja incluyen hojas de cálculo contiguas y deben hacer referencia a la misma referencia de celda o rango en cada hoja de cálculo. Para crear un nombre multihoja:

1. Clica en la ficha Fórmulas de la Cinta de opciones, y después, en el botón Asignar nombre. Aparece el cuadro de diálogo Nombre nuevo.

2. En el cuadro de texto Nombre, escribe el nombre (o utiliza el que propone Excel, si lo hay).

3. En el cuadro de texto Hace referencia a, escribe la referencia (recuerda que debe empezar por el signo igual). El formato de una referencia multihoja es

   PrimeraHoja:ÚltimaHoja!ReferenciaRango

4. Clica en Aceptar.

La forma más fácil para añadir una referencia en el tercer paso es señalar. Sigue estos pasos hasta el segundo (de la lista anterior) para crear una referencia multihoja señalando y, a continuación:

1. Clica en la ficha de la primera hoja de cálculo del rango, si no está ya seleccionada.

2. Clica en el cuadro de texto Hace referencia a y borra la referencia propuesta (no suele ser la deseada).

3. Mantén pulsada la tecla Mayús y clica en la ficha de la última hoja de cálculo que haya que incluir en la referencia.

4. Selecciona la celda o rango de la primera hoja de cálculo que haya que incluir en el nombre de referencia. El rango multihoja aparece en el cuadro de texto Hace referencia a.

5. Clica en Aceptar.

Borrar nombres

Si ya no necesitas un nombre que has definido puedes borrarlo así:

1. Clica en la ficha Fórmulas de la Cinta de opciones, y después, en el botón Administrador de nombres. Aparece el cuadro de diálogo Administrador de nombres.

2. En la lista, selecciona el nombre que quieras eliminar y clica en el botón Eliminar. Excel pedirá que confirmes la eliminación.

3. Clica en Aceptar para eliminar.

Si cambias de opinión justo después de borrar el nombre, puedes deshacer la operación. Clica en el botón Deshacer en la Barra de herramientas de acceso rápido o pulsa Ctrl+Z. Con las versiones anteriores de Excel no se podía deshacer esta operación.

4. Selecciona otro nombre para eliminar o clica en Cerrar para salir del cuadro de diálogo Administrador de nombres.

Ten cuidado al borrar nombres. Si utilizas el nombre en una fórmula, al eliminarlo la fórmula dejar de ser válida (aparece #¿NOMBRE?).

Si eliminas filas o columnas con celdas o rangos con nombre, el nombre tiene una referencia no válida. Por ejemplo, si la celda A1 de la Hoja1 se llama Intereses y se elimina la fila 1 o la columna A, Intereses hará referencia a = Hoja1! # ¡REF! (es decir, una referencia errónea). Si usas el nombre Intereses en la fórmula aparecerá #REF.

Editar nombres

Editar nombres es muy fácil con el Administrador de nombres. Puedes modificar el nombre, el ámbito, el comentario o la referencia. Para editar un nombre en el libro:

1. Clica en la ficha Fórmulas de la Cinta de opciones, y después, en el botón Administrador de nombres. Aparece el cuadro de diálogo Administrador de nombres.

2. En la lista, selecciona el nombre que haya que cambiar y clica en el botón Editar. Aparece el cuadro de diálogo Editar nombre.

3. Escribe un nombre nuevo, comentario, referencia o ámbito para el nombre y clica en Aceptar.

4. Selecciona otro nombre para editar o clica en Cerrar para salir del cuadro de diálogo.

Administrar nombres

No es raro que un libro tenga decenas, cientos o incluso miles de nombres definidos. Esta situación hace que tareas como eliminar varios nombres, cambiar el nombre de los nombres y encontrar nombres rotos sea todo un reto. Con el cuadro de diálogo Administrador de nombres puedes ver y administrar los nombres definidos en la hoja de cálculo, como puedes ver en la figura 6-5. Para abrir el cuadro de diálogo Administrador de nombres, clica en la ficha Fórmulas de la Cinta de opciones y clica en el botón Administrador de nombres.

Figura 6-5

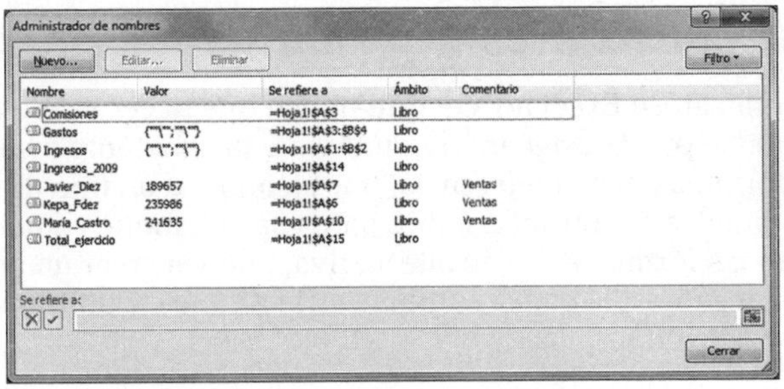

Figura 6-5

Con el Administrador de nombres puedes:

✓ Ver información sobre los nombres definidos, como su nombre, valor, ámbito, referencia y comentario. *Lee* el apartado anterior "Crear nombres para las hojas" para el tema del ámbito de un nombre.

✓ Crear nuevos nombres con un clic en el botón Nuevo, lo que abre el cuadro de diálogo Nombre nuevo.

✓ Editar los nombres existentes, para lo que tienes que seleccionar el nombre y clicar en el botón Editar; eso abre el cuadro de diálogo Editar nombre.

✓ Eliminar varios nombres a la vez; para eso tienes que seleccionar los nombres (mantén pulsada la tecla Mayús o Ctrl para seleccionar los nombres) y clicar en el botón Eliminar.

✓ Ordenar una columna con un clic en el encabezado de la columna.

✓ Cambiar el tamaño del cuadro de diálogo para ver más información. Arrastra la parte superior o inferior hacia fuera para que puedas ver más nombres. Arrastrar la parte derecha o izquierda hacia fuera te permite ver más información en la ventana del nombre y referencias más largas en el cuadro Hace referencia a.

✓ Filtrar la lista de nombres en función de criterios comunes; para eso debes clicar en el botón Filtrar y seleccionar una opción en el menú. El menú se divide en tres categorías de filtro y puedes seleccionar (a través de sucesivos clics del ratón) una opción de cada categoría.

Asignar nombres a constantes y fórmulas

Los nombres que se utilizan en Excel no siempre tienen que hacer referencia a una celda o a un rango. Se puede asignar un nombre a una constante e incluso a una fórmula. Si las fórmulas hacen referencia, por ejemplo, a un tipo de interés (como 0,075 o 7,5 %), puedes definir un nombre para esa constante en particular y utilizarlo después en las fórmulas. Como alternativa, puedes crear un nombre que haga referencia a una fórmula como =SUMA($A$1:$A$10) y utilizarlo en las fórmulas de la hoja de cálculo.

Para definir un nombre para una constante o una fórmula:

1. Clica en la ficha Fórmulas de la Cinta de opciones, y después, en el botón Asignar nombre. Aparece el cuadro de diálogo Nombre nuevo.

2. En el cuadro de texto Nombre, escribe un nombre para la constante o la fórmula.

3. Si es necesario, añade un comentario en el cuadro Comentario. El comentario puede servir para describir o detallar el nombre para futuros usuarios, por ejemplo.

4. En el cuadro de texto Hace referencia a, escribe el valor de la constante o la expresión de la fórmula. Normalmente, este campo tiene una referencia de celda o de rango, pero también se puede escribir un valor o una fórmula.

5. Clica en Aceptar.

Después de realizar estos pasos ya puedes utilizar el nombre en las fórmulas.

Pegar nombres en una fórmula

Si la fórmula utiliza celdas o rangos con nombre, puedes escribir el nombre en lugar de la dirección. Otro método consiste en seleccionar el nombre en una lista y hacer que Excel lo añada de forma automática donde está situado el cursor en la fórmula. Puedes hacerlo de dos maneras:

✓ Clica en la ficha Fórmulas de la Cinta de opciones, después en el botón Utilizar en la fórmula. A continuación, selecciona un nombre en la lista.

✓ Pulsa F3 para ver el cuadro de diálogo Pegar nombre, selecciona un nombre en la lista y clica en Aceptar.

Auditar el trabajo

Cuando las hojas de cálculo empiezan a ser más grandes y más complejas, garantizar la exactitud se hace más difícil. Por eso la auditoría es fundamental. *Auditar* hace referencia al proceso de localización de errores en la hoja de cálculo. En Excel hay una serie de herramientas interactivas de auditoría, además de otras herramientas, que son muy útiles a la hora de auditar los procesos (aunque estas otras herramientas no están diseñadas para este fin).

En esta parte. . .

✓ Comprobar errores concretos de cálculo

✓ Evaluar las partes de una fórmula

✓ Rastrear relaciones entre celdas

✓ Conocer los valores de error de las fórmulas

✓ Utilizar la Ventana Inspección

Comprobar errores concretos de cálculo

Excel puede alertar sobre determinados tipos de errores o posibles errores en la hoja de cálculo. El programa puede señalar los siguientes tipos de errores:

✓ Fórmulas con valores de error (por ejemplo, #¡DIV/0!, #¡VALOR!, o #N/A).

✓ Fechas de texto (es decir, fechas en formato texto o precedidas por un apóstrofo) que se escriben con dos dígitos.

✓ Números que se almacenan como texto (es decir, números con formato texto o precedidos por un apóstrofo).

✓ Fórmulas incompatibles con una región (es decir, fórmulas diferentes a las existentes en las celdas que están alrededor).

✓ Fórmulas que omiten celdas de una región (por ejemplo, una fórmula que suma un rango pero omite la última celda o celdas del rango).

✓ Celdas desbloqueadas con fórmulas en hojas de cálculo protegidas.

✓ Fórmulas con referencias a celdas en blanco.

Recuerda: Utiliza las sugerencias de Excel como guía ante posibles errores en la hoja de cálculo. Puede que el programa marque como erróneos datos que se añaden intencionadamente.

La función de alerta no es infalible. Debes combinarla con otras técnicas que verás en este capítulo.

Comprobar errores en segundo plano

De forma predeterminada, Excel comprueba en segundo plano si hay errores en la hoja de cálculo. Si identifica un error o un posible error, Excel muestra un indicador en la esquina superior izquierda de dicha celda. Después de clicar en la celda, aparece la etiqueta inteligente Mensajes de error en el lado izquierdo de la celda causante del problema. Al señalar esta etiqueta inteligente, aparece un mensaje en el que se indica la naturaleza del error, como puedes ver en la figura 7-1.

Figura 7-1

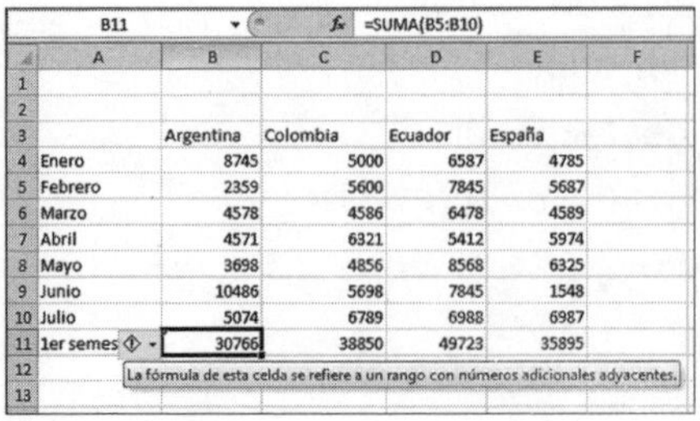

	B11	▼	*fx*	=SUMA(B5:B10)		
	A	B	C	D	E	F
1						
2						
3		Argentina	Colombia	Ecuador	España	
4	Enero	8745	5000	6587	4785	
5	Febrero	2359	5600	7845	5687	
6	Marzo	4578	4586	6478	4589	
7	Abril	4571	6321	5412	5974	
8	Mayo	3698	4856	8568	6325	
9	Junio	10486	5698	7845	1548	
10	Julio	5074	6789	6988	6987	
11	1er semes ◇ ▾	30766	38850	49723	35895	
12		La fórmula de esta celda se refiere a un rango con números adicionales adyacentes.				
13						

Para corregir el error o decirle al programa que no le haga caso, clica en la etiqueta inteligente y selecciona una de las opciones de la lista desplegable.

Lee el apartado que viene a continuación "Comprobar errores manualmente".

Comprobar errores manualmente

Si quieres evitar distracciones durante la comprobación automática de errores, una vez terminado el trabajo en la hoja de cálculo, puedes iniciar la tarea de comprobación manual.

Para desactivar la comprobación de errores en segundo plano:

1. Clica en la ficha Archivo, y después, en el botón Opciones.

2. En el cuadro de diálogo Opciones de Excel, clica en la ficha Fórmulas.

3. En la sección Comprobación de errores, desactiva la casilla Habilitar comprobación de errores en segundo plano.

4. Clica en Aceptar.

Para comprobar manualmente si hay errores en la hoja de cálculo:

1. Selecciona la hoja de cálculo en la que quieras comprobar si hay errores.

2. Clica en la ficha Fórmulas de la Cinta de opciones, y después, en el botón Comprobación de errores, en el grupo Auditoría de fórmulas. Excel muestra el cuadro de diálogo Comprobación de errores y coloca el puntero de celda en la primera que tenga un error o un posible error. El cuadro de diálogo indica la naturaleza del error de la celda; puedes verlo en la figura 7-2.

Figura 7-2

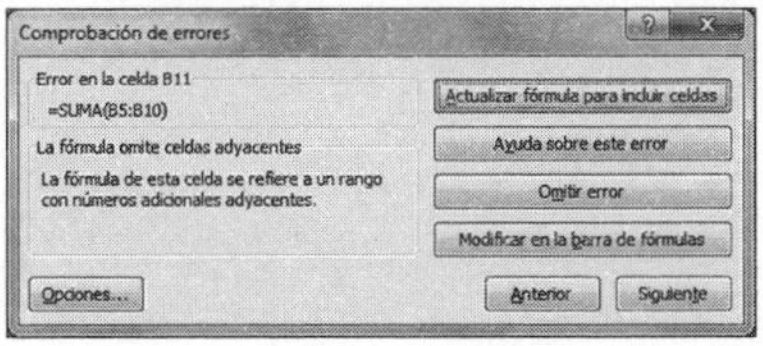

Comprobación de errores
Error en la celda B11
=SUMA(B5:B10)
La fórmula omite celdas adyacentes
La fórmula de esta celda se refiere a un rango con números adicionales adyacentes.
Actualizar fórmula para incluir celdas
Ayuda sobre este error
Omitir error
Modificar en la barra de fórmulas
Opciones...
Anterior Siguiente

3. Clica en uno de los cuatro botones de opción en el lado derecho del cuadro de diálogo.

4. Clica en Siguiente para pasar a la siguiente celda con un error o con un posible error.

Una alternativa a este procedimiento es activar la comprobación de errores en segundo plano después de completar el modelo de hoja de cálculo, para lo que debes utilizar el procedimiento descrito anteriormente, "Comprobar errores en segundo plano", en cada celda en la que se marque un error.

Puedes controlar qué tipos de errores debe señalar el programa (automáticamente o mediante el procedimiento manual). Clica en la ficha Archivo y luego en el botón Opciones. Clica en la sección Fórmulas del panel izquierdo del cuadro de diálogo y activa o desactiva las opciones del área Reglas de verificación de Excel.

Comprobar la ortografía

Excel utiliza un corrector ortográfico que funciona igual que el de los procesadores de texto. Para acceder al corrector ortográfico:

✓ Clica en la ficha Revisar de la Cinta de opciones y clica en botón Ortografía.

✓ Pulsa F7.

El alcance de la corrección ortográfica depende de lo que se seleccione antes de acceder al cuadro de diálogo.

Si seleccionas	Excel selecciona
Una celda	Toda la hoja de cálculo, incluyendo el contenido de las celdas, notas, texto en objetos gráficos y tablas, encabezados y pies de página
Un rango de celdas	Sólo el rango
Un grupo de caracteres	Sólo los caracteres de la barra de fórmulas

Si Excel encuentra una palabra que no está en el diccionario o está mal escrita, ofrece una lista de sugerencias en las que puedes clicar para responder.

Crear una tabla de nombres

Puedes crear una lista con todos los nombres y con todas las referencias de nombre asociadas al libro. Este procedimiento puede ser útil para localizar errores o para documentar el trabajo.

Para crear una tabla de nombres:

1. Mueve el puntero de celda a un área vacía de la hoja de cálculo o añade una nueva hoja de cálculo (Excel crea la tabla donde esté la celda activa).

2. Clica en la ficha Fórmulas de la Cinta de opciones, después en la flecha del botón Utilizar en la fórmula y selecciona Pegar nombres al final de la lista; o simplemente pulsa F3, aparece el cuadro de diálogo mencionado.

3. Clica en el botón Pegar lista y Excel crea la tabla de nombres.

La lista se pega encima de cualquier celda, por lo que tienes que asegurarte de que la celda activa está en una zona en blanco de la hoja de cálculo.

Mostrar las fórmulas en la hoja de cálculo

Una de las formas de revisar la hoja de cálculo es mostrar las fórmulas en lugar de sus resultados. Así puedes examinar las fórmulas sin tener que seleccionar las celdas una por una.

Para mostrar las fórmulas en lugar de sus resultados, clica en la ficha Fórmulas de la Cinta de opciones, y después, en el botón Mostrar fórmulas en el grupo Auditoría de fórmulas (o pulsa Ctrl+°).

Quizá tengas que crear una ventana nueva para el libro antes de ejecutar este comando. Así puedes ver las fórmulas en una ventana y los resultados en otra. *Consulta* en el capítulo 2 el apartado "Crear ventanas múltiples (vistas) en un libro".

Evaluar las partes de una fórmula

Existe una herramienta para evaluar (es decir, calcular) partes de una fórmula y localizar los antecedentes de partes de dicha fórmula (*los antecedentes* son celdas referenciadas en la parte de la fórmula que se está evaluando). Esta función puede ser muy útil para localizar errores. Para evaluar las partes de una fórmula:

1. Clica en la celda con la fórmula.

2. Clica en la ficha Fórmulas de la Cinta de opciones y, después, en el botón Evaluar fórmula en el grupo Auditoría de fórmulas. Aparece el cuadro de diálogo Evaluar fórmula. En el área Referencia, aparece la referencia de celda. El cuadro de vista previa Evaluación muestra la fórmula con la primera expresión o referencia de celda subrayada.

3. Para mostrar el valor de la expresión subrayada, clica en Evaluar. Excel enfatiza con letra cursiva el resultado de la expresión.

4. Repite el tercer paso tantas veces como sea necesario para evaluar todas las expresiones de la fórmula.

5. Utiliza el botón Paso a paso para entrar para evaluar la fórmula que representa la referencia de la celda subrayada en la expresión. Utiliza el botón de Paso a paso para salir para evaluar la referencia actual y volver a la referencia anterior (mira la figura 7-3).

6. Clica en Cerrar cuando hayas terminado la evaluación de la fórmula.

Figura 7-3

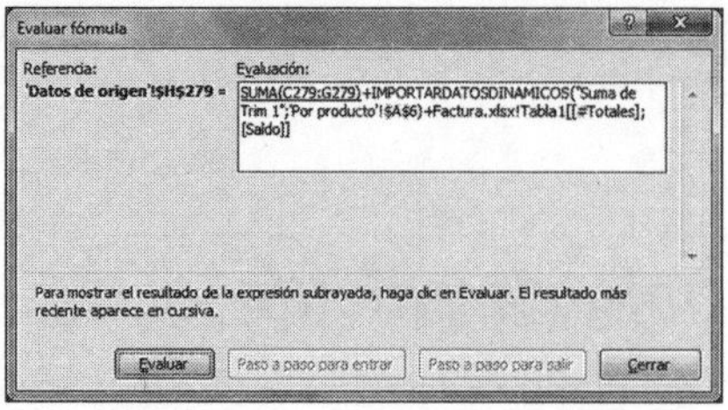

> Evaluar fórmula
>
> Referencia: Evaluación:
> 'Datos de origen'!$H$279 =   SUMA(C279:G279)+IMPORTARDATOSDINAMICOS("Suma de
>   Trim 1";'Por producto'!$A$6)+Factura.xlsx!Tabla1[[#Totales];
>   [Saldo]]
>
> Para mostrar el resultado de la expresión subrayada, haga clic en Evaluar. El resultado más
> reciente aparece en cursiva.
>
>   Evaluar   Paso a paso para entrar   Paso a paso para salir   Cerrar

Recuerda: El botón Paso a paso para entrar no está disponible si la referencia de celda está en otro libro.

La función Evaluar fórmula es una excelente herramienta que debes utilizar cuando la fórmula devuelve un valor de error, porque te permite examinar y corregir la parte de la fórmula que genera el error.

Una manera rápida de evaluar las partes de una fórmula es entrar en el modo de edición (doble clic en la celda o pulsar F2); resalta la parte de la fórmula que quieras evaluar y pulsa F9. Aparece el resultado de la parte de la fórmula. Pulsa Esc para cancelar. No *pulses* Entrar; si lo haces, Excel sustituirá de forma permanente la parte de la fórmula por el valor resultante.

Buscar datos concretos

Si las hojas de cálculo tienen gran cantidad de datos, localizar un dato en concreto puede resultar más que complicado. Excel puede encontrar esos datos por ti. Para localizar un valor o una secuencia de texto en concreto:

1. Clica en el botón Buscar y seleccionar en la ficha Inicio de la Cinta de opciones y selecciona Buscar en el menú (o pulsa Ctrl+B). Aparece el cuadro de diálogo Buscar y Reemplazar con la ficha Buscar seleccionada, como puedes ver en la figura 7-4.

Figura 7-4

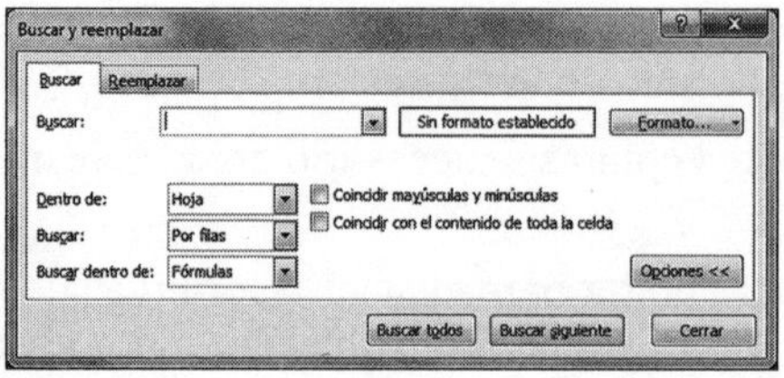

> Buscar y reemplazar
>
> Buscar   Reemplazar
>
> Buscar: [   ] Sin formato establecido   Formato...
>
> Dentro de: Hoja   ▾   ☐ Coincidir mayúsculas y minúsculas
> Buscar: Por filas ▾   ☐ Coincidir con el contenido de toda la celda
> Buscar dentro de: Fórmulas ▾   Opciones <<
>
>   Buscar todos   Buscar siguiente   Cerrar

2. En el cuadro de la lista desplegable Buscar, escribe los caracteres que quieras buscar. En esta lista también puedes seleccionar elementos que ya se buscaron antes.

3. Para buscar haciendo que coincidan mayúsculas y minúsculas, selecciona la casilla correspondiente. Si no aparece esta casilla, clica en el botón Opciones.

4. Para buscar datos con un formato específico:

   a. Clica en el botón Aplicar formato (si no aparece ese botón, clica en el botón Opciones). Aparece el cuadro de diálogo Buscar formato.

   b. Clica en las fichas adecuadas y, en cada una de ellas, especifica el formato que estás buscando.

   c. Una vez hecha la selección, clica en Aceptar.

Si la celda de la hoja de cálculo ya tiene todo el formato que quieras utilizar en la búsqueda, clica en la flecha del botón Formato y selecciona Elegir formato de celda. Aparece un icono en forma de cuentagotas en el cursor. Clica en la celda con el formato buscado.

5. En el cuadro de la lista desplegable Dentro de, selecciona lo que quieras buscar en la hoja activa o en todo el libro (si no se ve ese cuadro, clica en el botón Opciones).

6. En el cuadro de la lista desplegable Buscar, selecciona la dirección que quieras buscar, así:

   • Selecciona Por filas para buscar en las filas.

   • Selecciona Por columnas para buscar en las columnas.

Por lo general, la búsqueda va más rápida si se selecciona Por columnas.

7. En el cuadro de lista desplegable Buscar dentro de, especifica dónde quieres que busque: en fórmulas, en valores o en comentarios.

8. Clica en Buscar siguiente o Buscar todos. Si clicas en el botón Buscar siguiente, Excel selecciona las celdas que tienen lo que estás buscando. Si clicas en el botón Buscar todos, aparece una ventana desplegable que muestra todas las referencias a los datos encontrados, ya sea en la hoja activa o en todo el libro, depende de lo elegido en el quinto paso. Clica en una referencia en la ventana para ir directamente a esa celda.

9. Clica en el botón Cerrar para terminar la búsqueda.

Para realizar búsquedas aproximadas, utiliza *caracteres comodín*. El asterisco representa cualquier grupo de caracteres en una determinada posición. Un signo de interrogación representa cualquier carácter individual en una determinada posición. Por ejemplo, si escribes *c*n*, esas letras representan cualquier texto que empiece por *c* y termine por *n*. Asimismo, **p?n** coincide con palabras de tres letras como *pan, pin* o *pon*.

Recuerda: Para buscar celdas con un formato específico pero sin unos datos en concreto, sáltate el segundo paso.

Lee en el capítulo 4 el apartado "Buscar datos para sustituirlos".

Gestionar las referencias circulares

Al escribir fórmulas, puede que aparezca un mensaje de Excel similar al de la figura 7-5. Este mensaje indica que la fórmula que acabas de escribir producirá una referencia circular. La *referencia circular* se produce si una fórmula hace referencia a su propio valor (ya sea directa o indirectamente).

Figura 7-5

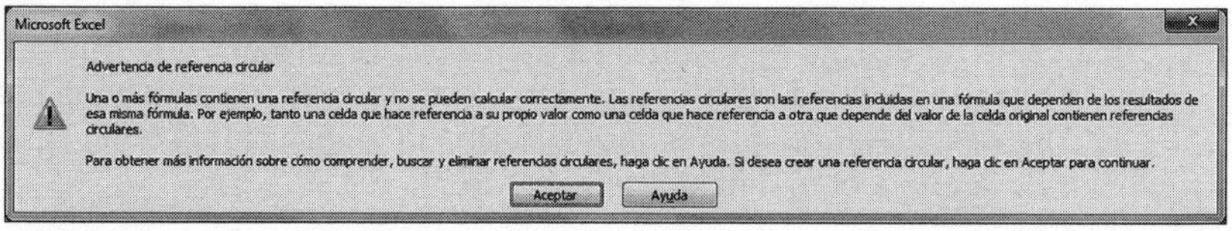

Si Excel se encuentra con una referencia circular después de escribir una fórmula, muestra un mensaje en el que se puede corregir la fórmula o dejarla tal cual. Si se deja una fórmula con una referencia circular, aparece un mensaje en la barra de estado para recordar que existe una referencia circular. La mayoría de las veces, una referencia circular indica que hay un error que tienes que corregir. En este caso, hay que clicar en Aceptar después de que aparezca el mensaje.

Después de clicar en Aceptar, aparecen las flechas *precedentes* directas e indirectas en la hoja que vuelven a la celda con la referencia circular. Estas flechas sirven para trazar la ruta de la referencia circular. Aparece también una ventana de ayuda para localizar los problemas derivados. Aparece también el visor de ayuda (ventana de ayuda) con temas de ayuda relacionados con las referencias circulares.

Si recibes un libro con referencias circulares, aparece un mensaje en la barra de estado, como ya sabes. Para corregir el problema:

1. Clica en la ficha Fórmulas de la Cinta de opciones.

2. En el grupo Auditoría de fórmulas, clica en la flecha del botón Comprobación de errores y selecciona Referencias circulares en el menú. Aparece una lista en la que aparecen las celdas con referencia circular (mira la figura 7-6).

Figura 7-6

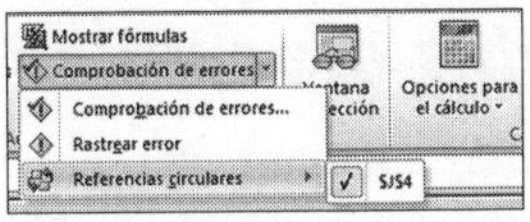

3. Clica en una referencia de celda en la lista. Excel coloca el puntero de celda activa en la celda.

4. Para trazar la ruta de la referencia circular, clica en el botón Rastrear precedentes en la ficha Fórmulas de la Cinta de opciones. Aparece una flecha en la hoja de cálculo que señala la procedencia de la celda.

5. Vuelve a clicar en el botón Rastrear precedentes para añadir el primer precedente indirecto de la celda (es decir, el precedente del precedente directo); vuelve a clicar para añadir el segundo precedente indirecto (es decir, el precedente del primer precedente), etc. Finalmente, las flechas precedentes vuelven a la celda con la referencia circular.

La técnica de rastrear precedentes puede ser muy útil a la hora de resolver problemas con las referencias circulares.

Te ayudará *leer* el apartado "Rastrear relaciones entre celdas".

Después de resolver el problema de la referencia circular de una celda, si hay más celdas con el mismo problema, el mensaje relativo a esta situación sigue en la barra de estado.

Si los valores de iteración están activados, el mensaje sobre referencias circulares no aparece. Puedes comprobar esa función con un clic en la ficha Archivo, después en el botón Opciones y por último en la sección Fórmulas del panel izquierdo. La opción Habilitar cálculo iterativo está en el área Opciones de cálculo, en la parte derecha del cuadro de diálogo. Si la iteración está activada (es decir, si se selecciona la opción Habilitar cálculo iterativo), Excel realiza el cálculo circular el número de veces especificado en el cuadro de texto Iteraciones máximas (o hasta que el valor cambie a menos de 0,001, o sea cual sea el valor del el cuadro de texto Cambio máximo).

Recuerda: Son muy pocas las ocasionas (conocidas por los usuarios avanzados) en las que se realizan referencias circulares de manera intencionada, en esos casos, el cálculo iterativo debe estar activado. Sin embargo, es mejor mantenerlo desactivado para que Excel avise si hay referencias circulares.

Localizar errores seleccionando celdas especiales

La capacidad de Excel para seleccionar celdas concretas puede ser muy útil a la hora de auditar el trabajo. Por ejemplo, puedes seleccionar todas las celdas de la hoja de cálculo que tengan fórmulas (Excel resalta dichas celdas). Si quedan algunas celdas sin resaltar en un área donde hay otras resaltadas (por ejemplo, una fila o columna de fórmula), significa que sin darte cuenta sobrescribiste (o lo hizo otra persona) la celda con un valor estático.

Para seleccionar celdas que cumplan tus criterios:

1. Clica en el botón Buscar y seleccionar en la ficha Inicio de la Cinta de opciones y selecciona una opción en la parte media del menú. Las opciones son Fórmulas, Comentarios, Formato condicional, Constantes y Validación de datos. Excel resalta todas las celdas que coincidan con los criterios de búsqueda.

2. Para utilizar otros criterios:

   a. Selecciona Ir a especial en el menú Buscar y seleccionar. Aparece el cuadro de diálogo Ir a especial.

   b. Selecciona una de las opciones.

   c. Para obtener ayuda sobre las opciones del cuadro de diálogo, clica en el botón de ayuda (el icono con el signo de interrogación) en la barra de título del cuadro de diálogo. Aparece la ventana de ayuda. Clica en Aceptar para cerrar la ventana.

3. Clica en Aceptar. Excel selecciona todas las celdas que coincidan con los criterios de búsqueda.

Para tener una visión general de la estructura de la hoja de cálculo cuando se están seleccionando celdas especiales y se quieren localizar posibles errores, haz un zoom hacia atrás en la hoja de cálculo. Si no sabes cómo, *lee* en el capítulo 3 el apartado "Hacer zoom en una hoja de cálculo".

Lee el apartado que viene a continuación "Rastrear relaciones entre celdas".

Rastrear relaciones entre celdas

Las herramientas de auditoría de Excel te ayudan a localizar errores en la hoja de cálculo mediante flechas (lo que se conoce como *rastreador de celdas*) dirigidas a las celdas precedentes y dependientes. Los *precedentes directos* de una celda son aquellas celdas que aparecen en la fórmula. Un *precedente indirecto* es una celda que no se utiliza directamente en la fórmula pero que utiliza una de las celdas de la fórmula. Las celdas *dependientes* tienen fórmulas que hacen referencia a una celda en concreto, directa o indirectamente.

Rastrear precedentes y dependientes

Para rastrear los precedentes o dependientes de una celda:

1. Clica en la celda que haya que rastrear.

2. Clica en la ficha Fórmulas de la Cinta de opciones y elige una de esas opciones:

   • Clica en el botón Rastrear precedentes en el grupo Auditoría de fórmulas. Aparecen flechas desde todas las celdas precedentes directas.

   • Clica en el botón Rastrear dependientes en el grupo Auditoría de fórmulas. Aparecen flechas desde todas las celdas dependientes *directas*. En la figura 7-7 hay un ejemplo.

Figura 7-7

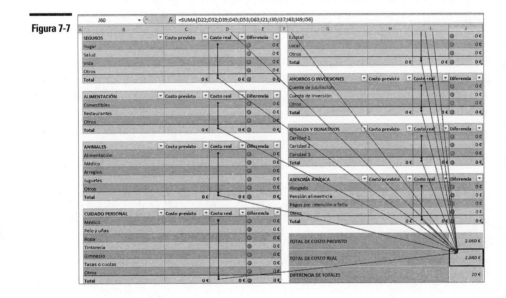

3. Repite el segundo paso (clica en el botón Rastrear precedente o Rastrear dependiente) cuantas veces sea necesario para que aparezcan las flechas de las celdas precedentes o dependientes indirectas.

4. Haz un doble clic en una flecha para mover el puntero de celda a una celda precedente o dependiente. Si aparece una flecha discontinua que señala un icono en miniatura de una hoja, significa que la celda precedente está en otra hoja de cálculo. Con un doble clic en la línea discontinua se abre el cuadro de diálogo Ir a. Clica en una referencia de celda en el cuadro de diálogo Ir a, y después, en Aceptar.

5. Clica en la ficha Fórmulas de la Cinta de opciones (si es preciso), y después, en el botón Quitar flechas en el grupo Auditoría de fórmulas una vez localizada la fuente del error.

Si estás creando una hoja de cálculo grande, este tipo de rastreo interactivo es más relevante si haces un zoom hacia atrás para obtener una visión de conjunto. Si no sabes, ve a mirar en el capítulo 3 el apartado "Hacer zoom en una hoja de cálculo".

Mira el apartado que viene a continuación "Rastrear valores de fórmula erróneos".

Rastrear valores de fórmula erróneos

A menudo los errores en una celda (por ejemplo, `#¡DIV/0!`, `#¡VALOR!` `#N/A`) se producen por un error en una celda precedente. Excel ayuda a identificar la celda o las celdas que hacen que aparezca el valor de error.

Para rastrear la fuente del valor de error:

1. Clica en la celda con el error.

2. Clica en la ficha Fórmulas de la Cinta de opciones, y después, en la flecha del botón Comprobación de errores en el grupo Auditoría de fórmulas. Selecciona Rastrear error en el menú. Excel dibuja flechas a todas las celdas precedentes directas.

3. Repite el segundo paso tantas veces como sea necesario para dibujar flechas a las celdas precedentes indirectas.

4. Haz un doble clic en una flecha para mover el puntero a una celda precedente.

5. Clica en la ficha Fórmulas de la Cinta de opciones (si es preciso), y después, en el botón Quitar flechas en el grupo Auditoría de fórmulas una vez localizada la fuente del error.

Mira el apartado que viene a continuación "Conocer los valores de error de las fórmulas" y el anterior "Rastrear precedentes y dependientes".

Conocer los valores de error de las fórmulas

Los errores en las fórmulas se señalan con un mensaje que empieza con el signo almohadilla (#). Esto indica que la fórmula devuelve un valor de error. Tienes que corregir la fórmula (o corregir la celda a la que hace referencia) para deshacerte del mensaje de error.

Recuerda: Si sólo aparecen almohadillas en la celda significa que no es lo suficientemente ancha para mostrar el valor (haya o no haya error).

La siguiente tabla muestra los tipos de valores de error que pueden aparecer en una celda con fórmula.

Valor de error	Explicación
#¡DIV/0!	La fórmula intenta dividir por cero (operación que no está permitida en este planeta). Este error también se produce si intentas dividir la fórmula por una celda en blanco.
#¿NOMBRE?	La fórmula utiliza un nombre que Excel no reconoce. Puede ocurrir si borras un nombre utilizado por la fórmula o si pones mal las comillas.
#N/A	Este error se produce si, por ejemplo, la fórmula hace referencia (directa o indirectamente) a una celda que utiliza #N/A o la función NA() para señalar que los datos no están disponibles. El error aparecerá también si omites un argumento necesario en una función de hoja de cálculo. Las posibles causas de este error se salen del ámbito de este libro.
#¡NULO!	La fórmula utiliza una intersección de dos rangos que no se cruzan.
#¡NUM!	Hay un problema con un valor. Por ejemplo, has puesto un valor negativo cuando Excel esperaba uno positivo.
#¡REF!	La fórmula hace referencia a una celda que no es válida. Este error puede ocurrir si has eliminado la celda de la hoja de cálculo.
#¡VALOR!	La fórmula tiene una función con un argumento no válido, o la fórmula utiliza un operando incorrecto (por ejemplo, un texto cuando Excel esperaba un valor).

Recuerda: Un error en una celda puede afectar a otras muchas con fórmulas que dependen de esa celda.

Vuelve al apartado anterior "Rastrear valores de fórmula erróneos".

Utilizar los comentarios de celda

Con la función Comentario de celda puedes añadir comentarios a las celdas. Los comentarios son muy útiles para documentar un determinado valor ya que aportan instrucciones de entrada a los usuarios o ayudan a recordar lo que hace una fórmula. Al llevar el puntero del ratón a una celda con comentario, aparece un recuadro con dicho comentario (puedes verlo en la figura 7-8).

Figura 7-8

Añadir un comentario a una celda

Para añadir un comentario a una celda:

1. Selecciona la celda.

2. Clica en la ficha Revisar de la Cinta de opciones y clica en botón Nuevo comentario (también puedes hacer un clic derecho en la celda y seleccionar Nuevo comentario en el menú contextual o pulsar Mayús+F2)

3. En el cuadro de texto, escribe el texto del comentario.

4. Al terminar, clica en cualquier celda.

En la celda aparece un triangulito rojo que indica que tiene un comentario.

Editar el comentario de una celda

Para editar un comentario:

1. Selecciona la celda con el comentario.

2. Clica en la ficha Revisar de la Cinta de opciones y clica en botón Modificar comentario (también puedes hacer un clic derecho en la celda y seleccionar Modificar comentario en el menú contextual o pulsar Mayús+F2).

3. Edita el comentario en el cuadro de texto que aparece.

4. Al terminar, clica en cualquier celda.

Ver los comentarios de las celdas

Las celdas con un comentario tienen un triangulito rojo en la esquina superior derecha; si pasas el ratón por encima aparece el comentario.

Para ver todos los comentarios de la hoja de cálculo, clica en la ficha Revisar y luego en el botón Mostrar todos los comentarios. Vuelve a clicar en Mostrar todos los comentarios para quitarlos.

CONSEJO

Haz un zoom hacia atrás para ver el conjunto de comentarios. Se explica en el apartado “Hacer zoom en una hoja de cálculo” del capítulo 3.

Utilizar la Ventana Inspección

Si intentas localizar problemas en hojas de cálculo grandes, es muy práctica la posibilidad de abrir una ventana que muestre el valor de las fórmulas si sus precedentes anidados están en otras partes de la hoja, en otras hojas e incluso en otros libros abiertos. Por ejemplo, te puede ser muy útil si no estás seguro de los resultados que Excel está generando en ciertas fórmulas de celda tras haber cambiado los valores en celdas precedentes (es decir, las celdas a las que hace referencia la fórmula directa o indirectamente). De esta manera, si realizas cambios en las celdas precedentes, podrás ver el resultado de las fórmulas de inmediato. Para controlar estas situaciones está la Ventana Inspección.

Ver y añadir celdas a la Ventana Inspección

Para ver y añadir celdas a la Ventana Inspección:

1. Selecciona la celda que quieras ver.
2. Clica en la ficha Fórmulas de la Cinta de opciones y, después, en el botón Ventana Inspección en el grupo Auditoría de fórmulas. Excel muestra la Ventana Inspección.
3. Clica en Agregar inspección. Aparece el cuadro de diálogo Agregar inspección con las referencias de celda seleccionadas en el primer paso.
4. Clica en el botón Agregar. Excel añade las referencias de celda a la Ventana Inspección, como puedes ver en la figura 7-9.

Figura 7-9

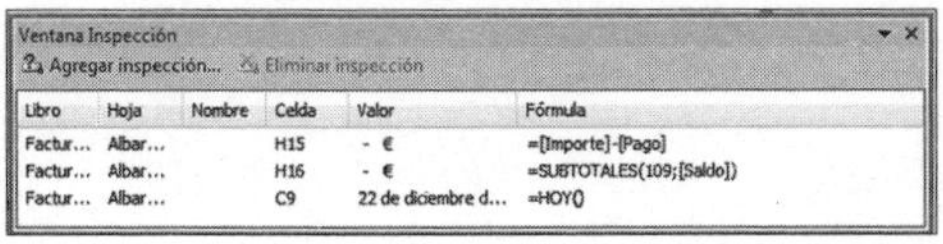
Ventana Inspección
Agregar inspección...
Eliminar inspección
Libro
Hoja
Nombre
Celda
Valor
Fórmula
Factur...
Albar...
H15
- €
=[Importe]-[Pago]
Factur...
Albar...
H16
- €
=SUBTOTALES(109;[Saldo])
Factur...
Albar...
C9
22 de diciembre d...
=HOY()

5. Para mover el puntero de celda activa a la celda a la que hace referencia la entrada de la Ventana Inspección, haz un doble clic en la entrada de la ventana.

6. Para añadir celdas de otras hojas de cálculo o libros abiertos, cambia a esa otra hoja de cálculo o libro y repite los pasos 1 a 4.

7. Para cerrar u ocultar la Ventana Inspección, clica en el botón Cerrar o en el botón Ventana Inspección en la ficha Fórmulas de la Cinta de opciones.

En vez de cerrar la Ventana Inspección, puedes acoplarla a un lado de la pantalla. Clica en la barra de título de la Ventana Inspección y arrástrala a cualquier lado de la pantalla.

Para cambiar el ancho de una columna en la Ventana Inspección, arrastra el límite del lado derecho del encabezado de columna (el puntero del ratón se convierte en una cruz con una flecha de doble punta). Para cambiar el tamaño de la Ventana Inspección, arrastra cualquier lado de la ventana (el puntero del ratón se convierte en una flecha de doble punta).

Recuerda: Las celdas con enlaces a otro libro aparecen en la Ventana Inspección si el otro libro está abierto.

Para seleccionar todas las celdas con fórmulas de una hoja de cálculo: en el primer paso, clica en el botón Buscar y seleccionar de la ficha Inicio de la Cinta de opciones; entonces selecciona Fórmulas en el cuadro de diálogo Ir a especial y clica en Aceptar.

Eliminar celdas de la Ventana Inspección

Para eliminar celdas de la Ventana Inspección:

1. Selecciona las referencias de celda que quieras eliminar de la Ventana Inspección. Para seleccionar referencias de celda contiguas, clica en la primera, pulsa y mantén pulsada la tecla Mayús y clica en la última referencia. Para seleccionar referencias discontinuas, pulsa Ctrl y clica en las celdas.

2. Clica en Eliminar inspección

Dar formato a los datos

El aspecto de la información que se introduce en una celda es perfectamente controlable. Cambiar el aspecto del contenido de una celda es lo que se denomina *dar formato*, lo que hace que la hoja de cálculo sea más presentable y fácil de leer. En esta parte presentaremos las diversas opciones de formato de Excel.

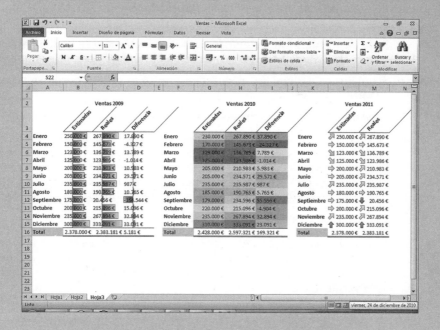

En esta parte. . .

- ✓ Cambiar el aspecto del contenido de las celdas
- ✓ Dar formato según los contenidos de la celda o del rango
- ✓ Dar formato a números
- ✓ Dar formato a rangos con visualizaciones comparadas
- ✓ Utilizar estilos de celda

Poner bordes a celdas o a rangos

Es frecuente utilizar los bordes para agrupar un rango con celdas similares o simplemente para delimitar filas y columnas con fines estéticos. Para ponerle bordes a una celda o a un rango:

1. Selecciona la celda o rango.

2. Clica en la flecha del botón Bordes en la ficha Inicio de la Cinta de opciones. Aparece el menú Bordes.

3. Selecciona un estilo de borde en el menú. Excel aplica el borde seleccionado. Además, el icono del botón Bordes cambia y muestra el borde seleccionado.

Para seleccionar más opciones si los estilos del menú no se ajustan a lo que esperabas:

1. En la parte inferior del menú de Bordes, selecciona Más bordes. Aparece el cuadro de diálogo Formato de celdas con la ficha Bordes seleccionada.

2. Si quieres cambiar el color, selecciona un color para el borde en la paleta desplegable Color.

3. En el área Estilo del cuadro de diálogo, selecciona un estilo de línea.

4. Selecciona la posición del borde o de los bordes con un clic en la ventana Texto o con un clic en los botones que están alrededor de la ventana texto. Para anular la selección de una línea en la ventana de texto, clica en la línea. Puedes poner bordes diagonales que se extienden por filas y columnas. Los borden diagonales dan la impresión de que la celda está "tachada".

5. Clica en Aceptar para poner el borde o bordes en la selección.

Si aplicas un formato a los bordes, es lógico que quieras desactivar la visualización de la cuadrícula para resaltar dichos bordes. Clica en la ficha Vista de la Cinta de opciones y después en la opción Líneas de la cuadrícula para quitar la marca de verificación.

Alinear el contenido de las celdas

La alineación predeterminada hace que los contenidos de las celdas aparezcan en la parte inferior, los números a la derecha, los textos a la izquierda y los valores lógicos (Verdadero o Falso) centrados. Puedes utilizar las herramientas de alineación para cambiar las opciones predeterminadas que se aplican a las celdas. La figura 8-1 muestra algunas opciones de alineación que verás en este apartado.

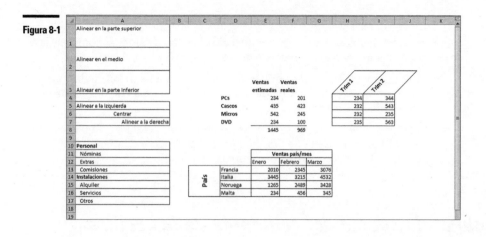

Figura 8-1

Para aplicar una opción de alineación normal, selecciona la celda o el rango que quieras alinear y, después, selecciona una de las opciones siguientes en el grupo Alineación en la ficha Inicio de la Cinta de opciones (señala una de las opciones de alineación para ver la información en pantalla de la opción).

✓ **Alineación vertical.** Las opciones son Alinear en la parte superior, en el medio o en la parte inferior. Mira las celdas A1:A3 en la figura 8-1.

✓ **Alineación horizontal.** Las opciones son izquierda, centro y derecha. Mira las celdas A5:A7 en la figura 8-1.

✓ **Sangría.** Las opciones son Aumentar sangría o Disminuir sangría. La sangría aumenta o disminuye al clicar en estos botones. Mira las celdas A11:A13 y A15:A17 en la figura 8-1.

✓ **Orientación.** Clica en el botón Orientación para ver el menú de orientaciones predeterminadas. Excel ajusta la altura de la fila para que entre todo el texto. Si no se quieren estos ajustes, puedes utilizar primero la función Combinar (descrita brevemente) para no tener filas demasiado anchas. Mira las celdas H3:I3 en la figura 8-1.

✓ **Ajustar texto.** Selecciona esta opción cuando una entrada de texto larga tenga que ocupar menos espacio horizontal en la hoja de cálculo. Mira las celdas E3:F3 en la figura 8-1.

✓ **Combinar y centrar.** Puedes combinar varias celdas en una única gran celda. Con esta función puedes tener celdas con distinto tamaño. Por ejemplo, en una tabla con seis columnas, puedes combinar las seis celdas de la parte superior para formar una gran celda para el título. En la figura 8-1, las celdas E11:G11 están combinadas horizontalmente y las celdas C13:C16 verticalmente. Ten en cuenta las siguientes reglas a la hora de combinar celdas:

- Puedes combinar celdas horizontal o verticalmente.

- Si una selección tiene más de una celda con contenido, al combinarlas, todas adoptarán el formato de la celda superior izquierda.

- Es fundamental entender que lo que se combinan son las celdas, no sus contenidos. Al combinar celdas, si el rango tiene más de una celda con contenido, aparece una advertencia.

Si no quieres que los datos se centren al combinar celdas, o si quieres separar las celdas, clica en la flecha del botón Combinar y centrar y selecciona la opción correspondiente en el menú.

Cambiar el aspecto del contenido de las celdas

Toda la información que se añade a una hoja de cálculo utiliza de forma predeterminada la fuente Calibri tamaño 11. No obstante, si quieres resaltar partes concretas de la hoja de cálculo, como los encabezados de una lista, puedes aplicar un estilo de fuente distinto, otro tamaño, color, fondo o atributo.

Para aplicar un formato estándar, selecciona la celda o rango y después una de las opciones del grupo Formato en la ficha Inicio de la Cinta de opciones:

✓ **Fuente.** Selecciona una fuente en la lista desplegable del selector de fuentes. Para ver los cambios en la celda o el rango seleccionados antes de aplicarlos, señala la lista de fuentes.

✓ **Tamaño de fuente.** Selecciona un tamaño de fuente en la lista desplegable del selector de fuentes. Para ver los cambios en la celda o el rango seleccionados antes de aplicarlos, señala la lista del tamaño de fuentes.

✓ **Aumentar/Disminuir tamaño de fuente.** Estos botones aumentan o disminuyen 1 o 2 puntos el tamaño de la celda o del rango seleccionados.

✓ **Estilo de fuente.** Las opciones son Negrita, Cursiva o Subrayado. Clica en la flecha del botón Subrayado si hay que aplicar un subrayado doble a los contenidos de la celda o del rango seleccionados.

Las siguientes combinaciones de teclas sirven para aplicar un estilo de fuente estándar: Ctrl+N para negrita Ctrl+K para cursiva y Ctrl+S para subrayado.

Recuerda: Los botones de la Cinta de opciones y las combinaciones de teclas puedes utilizarlos indistintamente. Por ejemplo, para activar o desactivar la negrita, pulsa varias veces Ctrl+N (o clica en el botón Negrita).

✓ **Color de fuente.** Clica en el botón Color de fuente para aplicar el color que se ve a la fuente de la celda o del rango seleccionados. Para elegir otro color, clica en la flecha del botón.

✓ **Color de relleno.** Clica en el botón Color de relleno para aplicar al fondo de la celda el color que se ve en el botón. Para elegir otro color, clica en la flecha del botón.

Recuerda: si seleccionas fuentes o colores que forman parte de un tema, cambian si cambias el tema del libro. *Consulta* en el capítulo 1 "Dar formato con temas" para tener más información sobre fuentes y colores de tema y *consulta* a continuación "Utilizar estilos de celda".

Copiar formatos

La forma más rápida de copiar el formato de una celda a otra o a un rango es utilizar el botón Copiar formato en la ficha Inicio de la Cinta de opciones. Sigue estos pasos:

1. Selecciona la celda o el rango con los atributos de formato que quieras copiar.

2. Clica en el botón Copiar formato. El puntero del ratón se transforma en una brocha.

3. Selecciona (pinta) las celdas a las que quieras aplicar el formato.

4. Al soltar el botón del ratón se copia el formato.

Si haces un doble clic en el botón Copiar formato, el puntero mantiene la brocha después de que sueltes el botón del ratón. Eso te permite pintar varias zonas de la hoja de cálculo con el mismo formato. Para salir de este modo, clica otra vez en el botón Copiar formato (o pulsa Esc).

Dar formato según los contenidos de la celda o del rango

Además de aplicar un formato estático a las celdas y los rangos de la hoja de cálculo, puedes aplicarles un formato según sus contenidos. La función de *formato condicional* permite aplicar formatos a las celdas según sus valores, o puedes aplicar un formato a un rango según sus valores relativos. Por ejemplo, si quieres identificar de un vistazo celdas que sobrepasen un valor determinado o si quieres resaltar las que tengan valores duplicados.

Puedes aplicar cualquier combinación de las siguientes opciones de formato estándar siempre y cuando se cumplan los criterios de formato de la celda: Número, Fuente, Borde y Relleno. Busca las explicaciones en el apartado anterior "Cambiar el aspecto del contenido de las celdas".

Formato basado en valores de una celda

Hay varios criterios de formato para celdas individuales. El formato de una celda puede basarse en:

- ✓ El valor de la celda.

- ✓ Una fórmula. La fórmula debe devolver un valor Verdadero o Falso para que se aplique la condición. Por ejemplo, para aplicar un formato a la celda C3 si la suma de los valores de las celdas A1:A10 es mayor de 2500, escribe la siguiente fórmula condicional:

  `=SUMA($A$1:$A$10)>2500`

  La fórmula devuelve Verdadero si la suma de las celdas A1:A10 es mayor de 2500 y Falso en caso contrario.

  En Excel 2010, las fórmulas de formato condicional pueden tener referencias a celdas o rangos de una hoja de cálculo a la que no se le ha aplicado el formato.

- ✓ Las celdas que tienen un texto en concreto, o no lo tienen o empiezan por él o terminan por él. Por ejemplo, en una lista de referencias, puedes resaltar determinados caracteres de dichas referencias.

- ✓ Las celdas con fechas que coinciden con condiciones dinámicas, como ayer, hoy, mañana, los últimos siete días, la semana pasada, esta semana, la semana que viene, el mes pasado, este mes o el mes que viene. Excel calcula la fecha basándose en el reloj interno del ordenador, por lo que no hay que actualizar la condición manualmente.

- ✓ Las celdas en blanco o con contenido.

- ✓ Las celdas con errores o sin ellos.

Para aplicar un formato condicional a una celda o a un rango:

1. Selecciona la celda o el rango a los que quieras aplicar un formato condicional.

2. Clica en el botón Formato condicional en la ficha Inicio de la Cinta de opciones. Aparece el menú de las opciones de formato condicional.

3. Selecciona Resaltar reglas de celdas; después, en el menú flotante, selecciona cualquiera de las opciones excepto Duplicar valores. Por ejemplo, para aplicar un formato a una celda o a un rango de celdas si sus valores sobrepasan un valor determinado, selecciona en el menú flotante Es mayor que.

4. En el cuadro de diálogo que aparece (lo ves en la figura 8-2), escribe un valor (o valores si es la opción Entre) en el cuadro de la izquierda (la etiqueta del cuadro cambia en función de lo elegido en el tercer paso). En lugar de escribir un valor en el cuadro Aplicar formato a las celdas que son, puedes clicar con el ratón en dicho cuadro y señalar una celda en la hoja de cálculo.

Figura 8-2

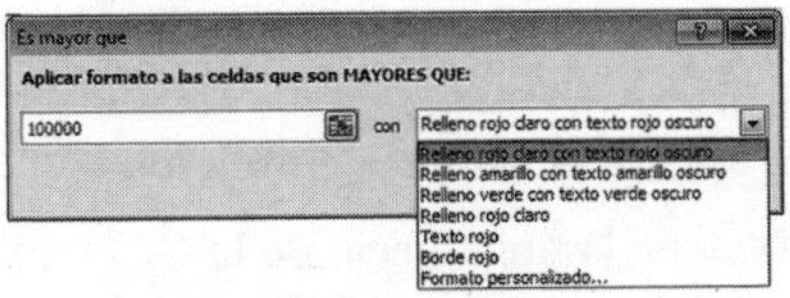

Es mayor que
Aplicar formato a las celdas que son MAYORES QUE:
100000   con   Relleno rojo claro con texto rojo oscuro

Relleno rojo claro con texto rojo oscuro
Relleno amarillo con texto amarillo oscuro
Relleno verde con texto verde oscuro
Relleno rojo claro
Texto rojo
Borde rojo
Formato personalizado...

5. Si una de las opciones de la lista desplegable te parece adecuada, selecciónala y clica en Aceptar para aplicar el formato condicional.

6. Si ninguna te parece adecuada:

   a. Selecciona Formato personalizado al final de la lista desplegable. Aparece el cuadro de diálogo Formato de celdas.

   b. Selecciona en las opciones Número, Fuente, Borde, Relleno, según corresponda.

   c. Clica en Aceptar para cerrar el cuadro de diálogo y vuelve a clicar en Aceptar para aplicar el formato condicional.

Recuerda: Si la celda no concuerda con la condición especificada, adoptará el formato estándar de celda.

Si copias una celda con formato condicional, dicho formato se aplica a todas las copias.

Formato basado en los valores de un rango

Excel 2010 dispone de varios criterios para dar formato a las celdas según una comparación de los valores de celda de un rango. Puedes dar formato a las celdas de un rango según:

✓ Valores únicos o duplicados

✓ N superiores (valores); N es un número por especificar

✓ $N\%$ de valores superiores; N es un número por especificar

✓ N inferiores (valores); N es un número por especificar

✓ $N\%$ de valores inferiores; N es un número por especificar

✓ Por encima del promedio

✓ Por debajo del promedio

✓ Mayor o igual al promedio

✓ Menor o igual al promedio

✓ De uno a tres por encima de la desviación estándar del promedio

✓ De uno a tres por debajo de la desviación estándar del promedio

Para aplicar a un rango de celdas un formato condicional que se basa en una comparación de las celdas del rango:

1. Selecciona el rango al que quieras aplicar el formato condicional.

2. Clica en el botón Formato condicional en la ficha Inicio de la Cinta de opciones. Aparece el menú de las opciones de formato condicional.

3. Selecciona una de las opciones siguientes:

   • Para resaltar valores únicos o duplicados en el rango, selecciona Resaltar reglas de celdas; después, en el menú flotante, selecciona Duplicar valores.

   • Para resaltar las *N* celdas con rango superior, con el *N*% superior, etc., selecciona Reglas superiores e inferiores; después, en el menú flotante, selecciona una de las opciones.

4. En el cuadro de diálogo que aparece (como en la figura 8-3), selecciona el valor en la parte izquierda.

Figura 8-3

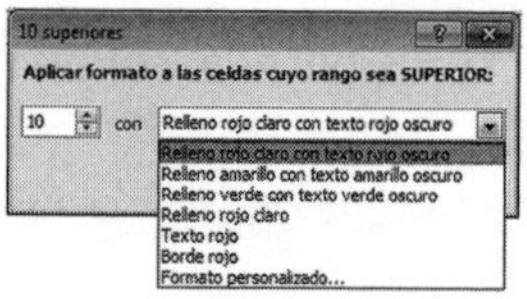

5. Si una de las opciones de la lista desplegable te parece adecuada, selecciónala y clica en Aceptar para aplicar el formato condicional.

6. Si ninguna te parece adecuada:

   a. Selecciona Formato personalizado al final de la lista. Aparece el cuadro de diálogo Formato de celdas.

   b. Selecciona en las opciones Número, Fuente, Borde, Relleno, según corresponda.

   c. Clica en Aceptar para cerrar el cuadro de diálogo y vuelve a clicar en Aceptar para aplicar el formato condicional.

Aplicar varios formatos condicionales a una celda o a un rango

Puedes aplicar más de un formato condicional a una celda. Por ejemplo, puedes tener varios formatos en una celda en función de sus valores.

En Excel 2007 y en las versiones posteriores, el número de formatos condicionales por celda está limitado únicamente por la memoria del ordenador. Además, Excel 2010 permite aplicar varios formatos condicionales a una celda si más de una de las condiciones es Verdadero. Por ejemplo, si un formato condicional aplica una negrita cuando la condición de formato es Verdadero y otro pone el fondo de color rojo cuando la condición de formato es también Verdadero, se aplican ambos formatos si las dos condiciones se evalúan como Verdadero. Si hay algún conflicto de formato (por ejemplo, una fuente roja y una verde), se aplica solo la primera regla que cumpla la condición.

Para añadir otro formato condicional a una celda o a un rango:

1. Selecciona una celda o un rango con formato condicional.

2. Clica en el botón Formato condicional en la ficha Inicio de la Cinta de opciones y selecciona Administrar reglas (parte inferior del menú). Aparece el cuadro de diálogo Administrador de reglas de formato condicionales, como puedes ver en la figura 8-4.

Figura 8-4

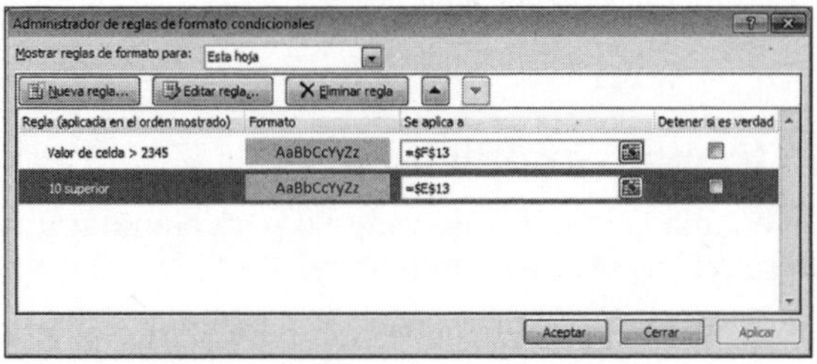

De forma predeterminada, las reglas de formato condicional aplicadas a la selección actual aparecen en la parte inferior del cuadro de diálogo. Si no estás muy seguro del rango del primer paso, clica en la lista desplegable Mostrar reglas de formato y selecciona Esta hoja (u otras hojas del libro). La ventana de reglas muestra todas las reglas de formato condicional y a qué rangos se aplica. Toma nota del rango al que hay que aplicarle la nueva regla, sal del cuadro de diálogo y vuelve a empezar por el primer paso.

3. En el cuadro de diálogo, clica en el botón Nueva regla. Aparece el cuadro de diálogo Nueva regla de formato.

4. Selecciona un tipo de regla en la lista Seleccionar un tipo de regla. Para aplicar opciones de formato condicional estándar (número, fuente, borde o tramas), no selecciones la primera opción de la ventana (Dar formato a las celdas según sus valores). Los controles que aparecen en la sección Editar una descripción de regla dependen del tipo de regla seleccionada.

5. Selecciona una opción en la lista desplegable de la parte superior izquierda de la sección Editar una descripción de regla (válido para todas las opciones del cuarto paso excepto Utilice una fórmula que determine las celdas para aplicar formato). En función de lo seleccionado, aparecen controles nuevos a la derecha de esa lista desplegable. Completa los requisitos de los controles (por ejemplo, escribir un valor, una referencia de celda o seleccionar en una lista).

6. Clica en Formato para abrir el cuadro de diálogo Formato de celdas y selecciona las opciones correspondientes.

7. Clica en Aceptar para salir del cuadro de diálogo y vuelve a clicar en Aceptar para salir del cuadro de diálogo Nueva regla de formato. Se vuelve al cuadro de diálogo Administrador de reglas de formato condicionales.

8. Las reglas de formato condicional se evalúan siguiendo el orden de la lista del cuadro de diálogo Administrador de reglas de formato condicionales. Para cambiar dicho orden, selecciona la regla y clica en la flecha correspondiente situada a la derecha del botón Eliminar regla.

9. Clica en Aceptar.

Editar o eliminar un formato condicional

Para editar una condición en una celda o en un rango o para eliminar una condición en una celda o en un rango con varias condiciones:

1. Selecciona la celda o el rango con el formato condicional que quieras editar o eliminar.

2. Clica en el botón Formato condicional en la ficha Inicio de la Cinta de opciones y selecciona Administrar reglas (parte inferior del menú). Aparece el cuadro de diálogo Administrador de reglas de formato condicionales.

3. Selecciona la condición que quieras editar o borrar.

4. Haz lo siguiente:

   • Para eliminar la condición, clica en Eliminar regla.

   • Para editar la condición, clica en Editar regla. Realiza los cambios necesarios en el cuadro de diálogo Editar regla de formato y clica en Aceptar.

5. Clica en Aceptar.

Para eliminar rápidamente (borrar) todas las reglas de formato condicional de una celda o de un rango, selecciona la celda o el rango y clica en el botón Formato condicional en la ficha Inicio de la Cinta de opciones, selecciona Borrar reglas y en el menú flotante que aparece selecciona Borrar reglas de las celdas seleccionadas. Para eliminar rápidamente (borrar) todas las reglas de formato condicional de la hoja de cálculo activa, selecciona en el menú flotante Borrar reglas de toda la hoja.

Dar formato a un número

Excel almacena internamente todos los números y fechas de la hoja de cálculo sin formato. Los formatos de fecha y hora integrados sirven para mejorar la legibilidad y comprensión de los datos. Asimismo, si uno de los formatos predeterminados no se adapta a tus necesidades, puedes crear un formato de número personalizado.

Formatos de número predeterminados

Excel es bastante listo y puede dar formato a algunos números de forma automática. Por ejemplo, si escribes en una celda **9,6 %**, sabe que quieres utilizar un formato de porcentaje y se lo aplica automáticamente. De igual forma, si pones punto para separar los millares (**123.456**) o el símbolo del euro para indicar la moneda (€**123,45**), se aplica el formato adecuado automáticamente.

Utiliza los botones del grupo Número en la ficha Inicio de la Cinta de opciones para aplicar rápidamente los formatos de número más comunes. Tras clicar en uno de esos botones, la celda activa adopta ese formato de número.

$ ▾   Para seleccionar el tipo de moneda, clica en la flecha del botón Formato de número de contabilidad del grupo Número en la ficha Inicio de la Cinta de opciones y selecciona uno de los símbolos en el menú.

Para disponer de más formatos de números, clica en la flecha de la lista desplegable Formato de número, que está encima de los botones de formato de número y selecciona una opción.

Si ninguna de las opciones corresponde a la buscada, tienes que abrir el cuadro de diálogo Formato de celdas. Para seleccionar una opción en el cuadro de diálogo Formato de celdas:

1. Selecciona una celda o un rango de celdas para darle formato.

2. Clica en la flecha de la lista desplegable Formato de número y selecciona Más formatos de número al final de la lista; o clica en el selector que está en la esquina inferior derecha del grupo Número. Aparece el cuadro de diálogo Formato de celdas con la ficha Número seleccionada.

3. Selecciona una de las categorías en el cuadro de lista Categoría. Cuando la hayas seleccionado, la parte derecha del cuadro de diálogo mostrará las opciones adecuadas.

4. Selecciona una opción en la parte derecha del cuadro de diálogo. La parte superior del cuadro de diálogo muestra un ejemplo del aspecto que tendrá la celda activa con el formato de número seleccionado.

5. Clica en Aceptar para aplicar el formato de número a todas las celdas seleccionadas.

Recuerda: Si sólo aparecen almohadillas en la celda (####), significa que la columna no es lo suficientemente ancha para mostrar el valor con el formato seleccionado. La solución es ensanchar la columna. Te será útil *leer* el apartado que está más adelante "Cambiar el ancho de columna".

Crear formatos de número personalizados

Hay numerosos formatos predefinidos, pero si ninguno es el adecuado, puedes crear un formato de número personalizado. Sigue estos pasos:

1. Sigue los tres primeros pasos para acceder al cuadro de diálogo Formato de celdas, como se explica en el apartado anterior, pero en el tercer paso, selecciona Personalizada en el cuadro de lista.

2. Selecciona una opción del cuadro de lista de la derecha para crear un formato de número o especifica una serie de códigos en el cuadro de texto Tipo (encima del cuadro de lista). En Tipo, también puedes cambiar un código seleccionado en el cuadro de lista. En el área Muestra aparece una vista previa de la celda activa con el código especificado en el cuadro de texto Tipo.

3. Clica en Aceptar para almacenar el formato de número y aplicárselo a las celdas seleccionadas. El formato de número personalizado puedes utilizarlo con las demás celdas del libro.

Para obtener más información sobre los códigos de formato personalizados, *consulta* los recursos en línea que te ofrece esta web:
`http://office.microsoft.com/es-es/excel-help/number-format-codes-HP005198679.aspx?redir=0`

Tras leer la información en línea tendrás más claro como crea Excel los formatos de número integrados. Clica en una celda con un formato predeterminado, abre el cuadro de diálogo Formato de celdas como describimos anteriormente y selecciona la opción personalizada en el cuadro de lista Categoría. El cuadro de texto que está a la derecha muestra el código del formato predeterminado. Puedes crear un formato personalizado a partir de un formato predeterminado.

Recuerda: Excel guarda los formatos de número personalizados con el libro. Para que los demás libros puedan utilizarlo, tienes que copiar una celda con dicho formato personalizado en esos libros.

Dar formato a un rango mediante visualizaciones comparativas

Las visualizaciones comparativas sirven para comparar visualmente los valores relativos de un rango. Excel utiliza un formato condicional especial en cada celda para realizar la comparación relativa. Las comparaciones visuales son muy útiles si tienes que analizar muchos datos ya que puedes detectar rápidamente anomalías o valores atípicos (valores muy distintos a los del conjunto de datos), puedes comparar resultados (bueno, malo o neutral), etc. Hay tres tipos de herramientas para comparar los valores relativos de un rango:

✓ **Barra de datos.** Utiliza barras horizontales para comparar los tamaños relativos de los valores de un rango.

✓ **Escala de color.** Utiliza degradados de color (varias tonalidades de rojo, ámbar y verde) para comparar la variación de valores de un rango.

✓ **Conjunto de iconos.** Utiliza un conjunto de iconos (por ejemplo, flechas arriba, abajo y horizontales) para comparar valores en un rango.

En la figura 8-5 puedes ver un ejemplo de cada tipo de visualización.

Figura 8-5

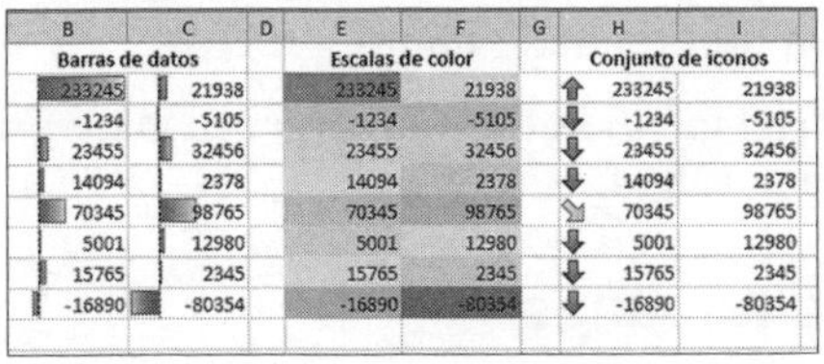

B	C	D	E	F	G	H	I
Barras de datos			Escalas de color			Conjunto de iconos	
233245	21938		233245	21938		233245	21938
-1234	-5105		-1234	-5105		-1234	-5105
23455	32456		23455	32456		23455	32456
14094	2378		14094	2378		14094	2378
70345	98765		70345	98765		70345	98765
5001	12980		5001	12980		5001	12980
15765	2345		15765	2345		15765	2345
-16890	-80354		-16890	-80354		-16890	-80354

Utilizar una visualización para comparar los valores de un rango

Para utilizar una visualización para comparar los valores de un rango:

1. Selecciona el rango.

2. Clica en el botón Formato condicional en la ficha Inicio de la Cinta de opciones. Aparece el menú de las opciones de formato condicional.

3. Selecciona una de las opciones siguientes:

- **Barras de datos.** selecciona una barra de color en el menú flotante. Excel utiliza de forma predeterminada el mayor y el menor valor del rango para dibujar la barra más larga y la más corta.

Las barras tienen un relleno degradado o un relleno sólido (con borde o sin él). Además, en Excel 2010, las barras de datos son proporcionales al valor de la celda. Si el valor es cero no hay barra; si es negativo la barra aparece en dirección opuesta a las barras de los valores positivos.

El comportamiento de las barras de datos es distinto a la versión 2007. En ella, la longitud de las barras no era proporcional al valor de las celdas. Por ejemplo, con un valor de cero sí aparecía una barra y las barras de los valores negativos estaban en la misma dirección que las barras de las celdas con valores positivos. En Excel 2007 no se podían utilizar las barras para comparar los valores de un rango de celdas.

- **Escalas de color.** Selecciona una escala de color en el menú flotante. Para determinar los degradados de color, se utiliza el valor máximo, mínimo y medio de forma predeterminada.

- **Conjuntos de iconos.** Selecciona un conjunto de iconos en el menú flotante. Puedes seleccionar conjuntos con tres, cuatro o cinco iconos. Para determinar el límite entre iconos, se utilizan porcentajes de forma predeterminada. Por ejemplo, con un conjunto de tres iconos, se asigna el 33 % y el 67 % como límite entre los tres iconos.

En Excel 2010 puedes mezclar iconos de diversos conjuntos y decidir si aparece o no un icono en cada límite del rango de números. Por ejemplo, puedes decidir que aparezca un icono solo cuando el valor de un rango esté por debajo de un determinado límite.

Si señalas una de las opciones del menú flotante, aparece la vista previa de la visualización que se aplicará al rango.

Cambiar la visualización de un rango

Después de crear una visualización de un rango, puedes editar de varias formas. Puedes utilizar una visualización distinta, cambiar el tipo de comparación entre los valores del rango o mostrar la visualización sin los valores de la celda.

Para editar la visualización de un rango:

1. Selecciona el rango con la visualización que quieras editar.

2. Clica en el botón Formato condicional en la ficha Inicio de la Cinta de opciones y selecciona Administrar reglas (parte inferior del menú). Aparece el cuadro de diálogo Administrador de reglas de formato condicionales.

3. En el cuadro de diálogo, clica en el botón Editar regla. Si un rango tiene más de una regla de formato condicional, selecciona la regla que quieras editar en la ventana antes de clicar en el botón Editar regla. Aparece el cuadro de diálogo Editar regla de formato. Puedes verlo en la figura 8-6.

Figura 8-6

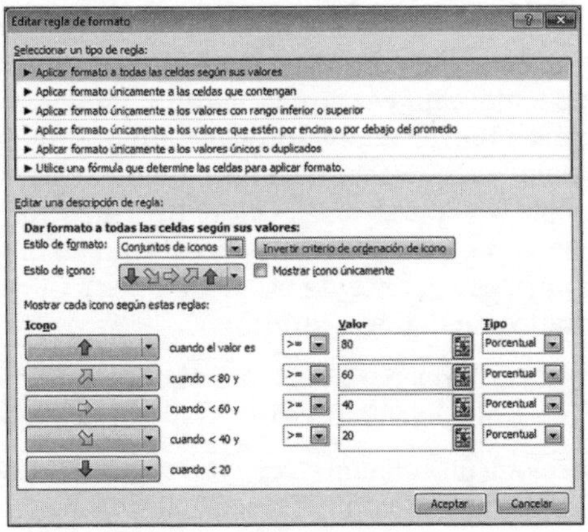

4. Asegúrate de que está seleccionado Aplicar formato a todas las celdas según sus valores en la lista Seleccionar un tipo de regla.

5. Para cambiar la visualización del rango seleccionado, selecciona otra opción en la lista Estilos de formato.

6. Si hay que realizar otro tipo de comparación, selecciona primero en la lista desplegable Tipo. Las opciones son Valor más alto o más bajo (aplicable a las barras de datos y a las escalas de colores), Número, Porcentual, Percentil y Fórmula.

7. A continuación, escribe los valores para el tipo de comparación seleccionado. La opción Valor no está disponible si el tipo de comparación que se ha seleccionado es Valor más alto o Valor más bajo. El significado de los valores varía en función de la visualización seleccionada. En las barras de datos, los valores y el tipo de comparación se combinan para determinar la extensión de la barra de cada valor del rango seleccionado. En las escalas de color, los valores y el tipo de comparación se combinan para determinar el color asignado a cada valor del rango seleccionado. En los conjuntos de iconos, los valores y el tipo de comparación se combinan para determinar el icono asignado a cada valor del rango seleccionado.

8. Selecciona las opciones de vista en función del tipo de visualización seleccionado en el quinto paso (Barra de datos, Escala de color o Conjunto de iconos):

Barras de datos. Selecciona las opciones de apariencia de la barra en el cuadro desplegable apropiado. Puedes cambiar el Relleno (degradado o sólido), el Color, el Borde (sin borde o borde sólido), el Color del borde (para bordes sólidos) y la Dirección de la barra (Contexto, Izquierda a derecha, Derecha a izquierda).

Clica en el botón Valor negativo y eje para ver el cuadro de diálogo Valor negativo y configuración del eje. Una vez aquí, puedes cambiar el color del relleno y del borde de las barras con valores negativos, además de la posición del eje de las celdas, que se utiliza para delinear barras de valores negativos y positivos. Puedes seleccionar no mostrar los ejes, de esa forma las barras positivas y negativas estarán en la misma dirección (lo que no siempre es la mejor de las elecciones). Clica en Aceptar para volver al cuadro de diálogo anterior.

Escalas de color. Selecciona colores para el valor máximo, mínimo y punto medio (solo para la escala de 3 colores).

Conjuntos de iconos. Selecciona un conjunto "base" en la galería desplegable Estilo. Si quieres cambiar el tipo de icono, clica en la flecha desplegable de las galerías Icono. Selecciona el icono en la galería No hay icono de celda.

Si quieres que aparezca el icono o las barras de datos en el rango sin los valores asociados, selecciona la casilla Mostrar sólo barra o Mostrar icono únicamente (los tendrás disponibles al seleccionar un estilo de formato de barra de datos o de iconos).

9. Clica en Aceptar para volver al cuadro de diálogo Administrador de reglas y vuelve a clicar en Aceptar para salir y aplicar los cambios.

Ocultar contenidos de las celdas

Puedes ocultar el contenido de las celdas con cualquiera de las opciones de formato siguientes:

✓ Aplicar un formato de número personalizado formado por tres puntos y comas (; ; ;). *Si lo necesitas vuelve al apartado* "Crear formatos de número personalizados".

✓ Poner el texto del mismo color que el fondo. Si lo necesitas vuelve al apartado "Cambiar el aspecto del contenido de las celdas".

Ambas técnicas tienen el mismo defecto: si el puntero de celda activa está en la celda, el contenido aparece en la barra de fórmulas. Para evitarlo y hacer que el contenido sea realmente invisible tienes que proteger la hoja después de haber optado por una de las opciones anteriores; hallarás las pistas para hacerlo en el apartado "Proteger una hoja de cálculo" del capítulo 3.

Ocultar y mostrar filas y columnas

Ocultar filas y columnas es muy útil para que otros usuarios no vean cierta información o si no quieres imprimir una parte. Otra posibilidad es mostrar filas o columnas para destacar determinada información.

Ocultar filas y columnas

Para ocultar una o más filas o columnas, selecciona una de las opciones siguientes:

✓ Selecciona una celda en la hoja de cálculo en la fila o columna que quieras ocultar. En la ficha Inicio de la Cinta de opciones, selecciona Formato; clica en Ocultar y mostrar y elige Ocultar columnas. O bien selecciona la secuencia Formato, Ocultar y mostrar, Ocultar filas.

✓ Selecciona el encabezado de la fila o de la columna que quieras ocultar; si lo necesitas, vuelve a *leer* el apartado "Seleccionar filas y columnas completas" del capítulo 4. En la ficha Inicio de la Cinta de opciones, selecciona Formato; clica en Ocultar y mostrar y elige Ocultar columnas. O bien selecciona la secuencia Formato, Ocultar y mostrar, Ocultar filas. Otra posibilidad es hacer un clic derecho en el encabezado de la fila o de la columna y seleccionar Ocultar en el menú contextual.

✓ Arrastra el borde derecho de una columna hasta el izquierdo o el borde inferior de una fila hasta el superior.

Recuerda: La altura o la anchura de una fila o de una columna oculta es 0 (cero). Si utilizas las teclas de flechas para mover el puntero de celda activa, no tienes en cuenta las celdas de las filas o columnas ocultas. Dicho de otra forma, no puedes utilizar las teclas de flecha para ir a una celda oculta. No dejes de *leer* el apartado que viene a continuación "Mostrar filas y columnas".

Mostrar filas y columnas

Mostrar una fila o una columna oculta puede resultar un tanto complicado porque no puedes seleccionar directamente una fila o una columna oculta. Para mostrar una o más filas o columnas, elige una de las opciones siguientes:

✓ Selecciona las celdas que estén antes de la fila o columna que quieras mostrar y después de ella. Por ejemplo, en la figura 8-7, si hay que mostrar las columnas E y F, selecciona cualquier fila y las columnas D y G. En la ficha Inicio de la Cinta de opciones, selecciona Formato; clica en Ocultar y mostrar y elige Mostrar columnas. O bien selecciona la secuencia Formato, Ocultar y mostrar, Mostrar filas.

✓ Selecciona el encabezado de las filas o columnas que estén antes de la fila o columna que quieres mostrar y después de ella. Si lo necesitas, *consulta* en el capítulo 4 el apartado "Seleccionar filas y columnas completas". En la ficha Inicio de la Cinta de opciones, selecciona Formato; clica en Ocultar y mostrar y elige Mostrar columnas. O bien selecciona la secuencia Formato, Ocultar y mostrar, Mostrar filas. Otra posibilidad es hacer un clic derecho en el encabezado de la fila o de la columna y seleccionar Mostrar en el menú contextual.

Figura 8-7

	A	B	C	D	G	H
1	Comisión	3,50%		Comisión por venta		
2	Objetivo ventas	15%		Mejora respecto mes anterior		
3	Bonus	2%		Si alcanza objetivo ventas		
4						
5	Rerpesentante	Mes pasado	Mes corriente	Diferencia	Comisión	
6	Manuel B.	23.456 €	26.989 €	3.533 €	945 €	
7	Begoña D.	27.984 €	29.099 €	1.115 €	1.018 €	
8	Uxía C.	24.087 €	25.341 €	1.254 €	887 €	
9	Pedro H.	25.679 €	24.503 €	-1.176 €	858 €	
10	Total	101.206 €	105.932 €		3.708 €	
11						

Para mostrar todas las filas o columnas ocultas, selecciona toda la hoja de cálculo (pulsa Ctrl+A o clica en el botón Seleccionar todo, en la intersección de los encabezados de filas y columnas). A continuación, selecciona Formato; clica en Ocultar y mostrar y elige Mostrar columnas. O bien selecciona la secuencia Formato, Ocultar y mostrar, Mostrar filas.

Cambiar el tamaño de las celdas

Si el ancho de una columna no es lo suficientemente ancho (indicado con una serie de almohadillas ######) lo más seguro es que tengas que cambiarlo, o quizá tengas que espaciar las celdas horizontalmente. Cambiar la altura de las filas es muy útil a la hora de espaciar, incluso mejor que añadir filas en blanco entre las filas y los datos.

Cambiar el ancho de columna

Para cambiar el ancho de una o más columnas, selecciona una de las opciones siguientes:

✓ Selecciona una celda de la columna que quieras modificar. En la ficha Inicio de la Cinta de opciones, clica en el botón Formato, selecciona Ancho de columna en el menú y escribe un valor en el cuadro de diálogo que aparece. Otra posibilidad es seleccionar Autoajustar en el menú. Este comando ajusta el ancho de la columna seleccionada para que quepa la entrada más ancha.

✓ Arrastra el borde derecho del encabezado de columna hasta que alcance el ancho deseado. Al arrastrar, aparece una información en pantalla que muestra el ancho de la columna (míralo en la figura 8-8). Si seleccionas varios encabezados de columnas, al arrastrar el borde derecho de una de ellas, todas se adaptan.

Figura 8-8

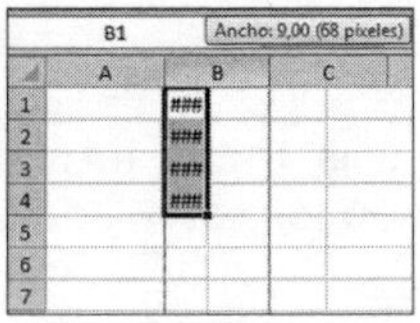

✓ Haz un doble clic en el borde derecho de un encabezado de columna para que se adapte automáticamente a la entrada más ancha. Si seleccionas varios encabezados de columnas, al hacer un doble clic en el borde derecho de una de ellas, todas se adaptan automáticamente a la entrada más ancha.

✓ Selecciona el encabezado de la columna o columnas que quieres modificar. Haz un clic derecho en el encabezado, selecciona Ancho de columna en el menú contextual y escribe un valor en el cuadro de diálogo que aparece.

Para cambiar el ancho predeterminado de todas las columnas, clica en el botón Formato y selecciona Ancho predeterminado en el menú. Aparece el cuadro de diálogo Ancho estándar, en el que puedes escribir un nuevo ancho de columna predeterminado. Aquellas columnas que no se modificaron adoptarán el nuevo ancho.

Cambiar la altura de fila

La altura de las filas se mide en *puntos* (una unidad de medida estándar en el ámbito de las publicaciones impresas; 28 puntos equivalen a 1 cm). Para cambiar la altura de una o más filas, selecciona una de las opciones siguientes:

✓ Selecciona una celda de la fila que quieres modificar. En la ficha Inicio de la Cinta de opciones, clica en el botón Formato, selecciona Alto de fila en el menú y escribe un valor en el cuadro de diálogo que aparece.

✓ Arrastra el borde inferior del encabezado de fila hasta que alcance la altura deseada. Al arrastrar, aparece una información en pantalla que muestra la altura de la fila. Si seleccionas varios encabezados de filas, al arrastrar el borde inferior de una de ellas, todas se adaptan.

✓ Selecciona el encabezado de la fila o filas que quieres modificar. Haz un clic derecho en el encabezado, selecciona Alto de fila en el menú contextual y escribe un valor en el cuadro de diálogo que aparece.

Recuerda: Excel ajusta la altura de la fila automáticamente y se adapta a la entrada más alta.

Utilizar estilos de celda

Si aplicas siempre la misma combinación de fuentes, líneas, tonos, formato de número, etc. a las celdas o a los rangos de la hoja, usando los estilos de celda ahorrarás mucho tiempo.

En la galería de Estilos de celda hay varios estilos predefinidos (mira la figura 8-9). Con los estilos predefinidos puedes editar o crear desde cero. La galería de Estilos de celda tiene estilos para títulos y encabezados y categorías de Estilos de celda temáticos que cambian si cambias el tema del libro. La fuente predeterminada utilizada para los estilos en las demás categorías predefinidas de la galería concuerda con la fuente de cuerpo del tema seleccionado, y cambia al cambiar el tema. Hay más información en el apartado "Dar formato con temas" del capítulo 1.

Figura 8-9

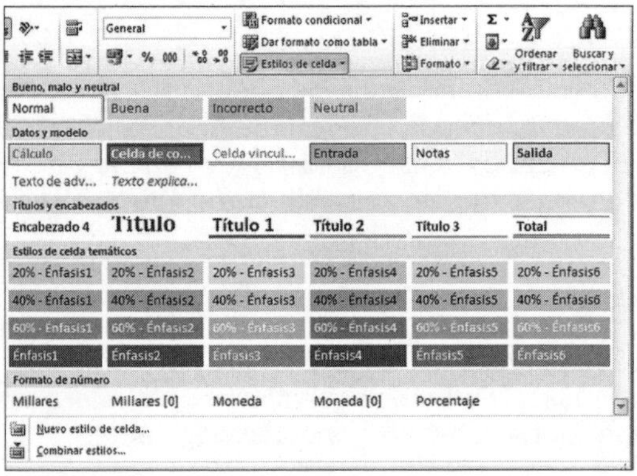

Un estilo de celda puede combinar los elementos de formato siguiente:

- ✓ Formato de número
- ✓ Fuente (tipo, tamaño y color)
- ✓ Alineación (vertical y horizontal)
- ✓ Borde
- ✓ Trama
- ✓ Protección (bloquear y ocultar)

Aplicar un estilo de celda predefinido

Para aplicar un estilo de celda predefinido:

1. Selecciona la celda o el rango al que quieras aplicar el estilo. Puedes seleccionar rangos contiguos y discontinuos. Si no sabes cómo hacerlo, *lee* en el capítulo 4 el apartado "Seleccionar celdas y rangos".

2. Clica en el botón Estilos de celda en la ficha Inicio de la Cinta de opciones. Aparece la galería de estilos predefinidos.

3. Selecciona un estilo de la galería para aplicarlo inmediatamente. Cuando señalas uno de los estilos, aparece una vista previa del estilo en la celda o el rango seleccionado. No se aplicará hasta que cliques en él.

La galería de Estilos de celda tiene varias categorías con estilos que te pueden servir de guía para representar algunos tipos de datos. Por ejemplo, los estilos Buena, Incorrecto y Neutral se utilizan para resaltar datos de la hoja considerados así. Los estilos Datos y modelo se utilizan para las celdas de entrada, celdas con cálculos (fórmulas), etc. Estas dos categorías de estilos utilizan una fuente de tema y colores sin tema. Si seleccionas un tema nuevo para el libro, la fuente cambia para adaptarse al tema nuevo pero los colores no cambian.

Selecciona un tema de la categoría Estilos de celda temáticos si quieres dar formato a un rango para que coincida con los demás elementos de la hoja que utilizan estilos temáticos (un gráfico, por ejemplo). Si cambias el tema aplicado al libro, el formato del rango cambia para adaptarse al tema nuevo. Puedes volver a *leer* en el capítulo 1 el apartado "Dar formato con temas".

Cambiar un estilo existente

La galería de Estilos de celda es un ejemplo del enfoque dirigido a obtener resultados de la Cinta de opciones, ya que los diseños predefinidos pueden resultar más que suficientes. Sin embargo, si ninguno de los estilos es exactamente el que deseas pero no anda lejos, es preferible que cambies uno de los que tienes ahí antes que crearlo desde cero. Por ejemplo, el estilo de fuente y el color de fondo te gustan, pero el formato de número no; o te gusta el formato de número y de fuente pero no te gusta el color de fondo.

Para cambiar un estilo existente:

1. Clica en el botón Estilos de celda en la ficha Inicio de la Cinta de opciones, haz un clic derecho en un estilo y selecciona Modificar en el menú. Aparece el cuadro de diálogo Estilo.

2. Si es preciso, escribe un nombre nuevo en el cuadro Nombre de estilo.

3. En la sección El estilo incluye, clica para activar las casillas de las opciones de formato que quieras incluir en el estilo modificado o desactivar las que no quieras.

4. Clica en el botón Aplicar formato. Aparece el cuadro de diálogo Formato de celdas.

5. Selecciona las fichas y las opciones de formato adecuadas.

6. Clica en Aceptar para salir del cuadro de diálogo Formato de celdas y vuelve a clicar en Aceptar para cerrar el cuadro de diálogo Estilo. El estilo de la galería se actualiza con los cambios realizados.

Crear un estilo de celda personalizado

Si ninguno de los estilos de la galería Estilos de celda es de tu agrado, aunque lo cambies, puedes crear un estilo partiendo de cero. Para crear un estilo de celda personalizado:

1. Clica en el botón Estilos de celda en la ficha Inicio de la Cinta de opciones y selecciona Nuevo estilo de celda (en la parte inferior de la galería). Aparece el cuadro de diálogo Estilo.

2. En el cuadro Nombre del estilo, escribe un nombre.

3. Sigue los pasos del 3 al 6 del apartado anterior "Cambiar un estilo existente". El estilo aparece en la galería de Estilos de celda en una nueva sección Personalizada.

Copiar (combinar) estilos de celda de otros libros

Si cambias los estilos o creas estilos personalizados para un libro, quizá quieras aplicarlos a otros libros. Combinar estilos procedentes de otros libros ahorra una gran cantidad de tiempo porque no hay que volver a crear los estilos manualmente en cada libro nuevo.

Para combinar un estilo de otro libro:

1. El libro donde están los estilos que quieres combinar debe estar abierto.

2. Activa el libro que recibirá los estilos.

3. Clica en el botón Estilos de celda en la ficha Inicio de la Cinta de opciones y selecciona Combinar estilos (en la parte inferior de la galería). Aparece el cuadro de diálogo Combinar estilos.

4. En el cuadro de lista Combinar estilos, selecciona el libro donde está el estilo que quieras combinar y clica en Aceptar.

5. Excel pide que confirmes si quieres combinar los estilos con los mismos nombres de los estilos del libro al que estás copiando. La mayoría de las veces es No. Los estilos se combinan en el libro activo.

6. Para ver los estilos combinados, clica en el botón Estilos de celda.

Vista previa e impresión del trabajo

Muchas de las hojas de cálculo que se elaboran con Excel están diseñadas para ser utilizadas como informes impresos. Imprimir con Excel es sencillo, ya que permite crear informes atractivos con poco esfuerzo. En este capítulo verás las numerosas opciones de impresión que tiene el programa.

En esta parte. . .

✓ Ajustar la configuración de página y de impresión
✓ Cambiar el modo de visualización de la hoja de cálculo
✓ Insertar encabezado y pie de página
✓ Configurar el área de impresión

Ajustar la configuración de página y de impresora

Excel 2010 une las configuraciones de página y de impresora en la ficha Imprimir de la vista Backstage, sobre la que puedes *leer* en el capítulo 1. La figura 9-1 muestra las opciones de la ficha Imprimir. La mayoría de ellas incluye un breve texto explicativo o bien se explican por sí mismas.

Ajustar opciones de página y de impresora

Clica en la ficha Archivo de la Cinta de opciones para entrar en la vista Backstage. A continuación clica en la ficha Imprimir. Para ajustar las opciones de impresión, utiliza las siguientes opciones de la ficha Imprimir. Si la impresora no reconoce una función en concreto, la opción no aparecerá en la cinta (por ejemplo, si no reconoce la impresión a doble cara, no se verá dicha opción). Por lo tanto, la lista que aparecerá dependerá de las funciones de cada impresora:

✓ **Copias.** Utiliza el control de número de copias para especificar el número de copias que hay que imprimir.

✓ **Impresora.** El botón de galería desplegable de la impresora muestra la impresora seleccionada en ese momento. Pulsa el botón para elegir otra impresora.

✓ **Propiedades de impresora.** Clica en el enlace de propiedades de impresora situado debajo del botón de galería desplegable para visualizar y modificar las propiedades de la impresora seleccionada.

✓ **Área de impresión.** Este botón de galería desplegable muestra de forma predeterminada la opción Imprimir hojas activas. Clica en el botón para seleccionar otra opción en el menú de la galería.

Normalmente, si tienes áreas de impresión seleccionadas en una o más hojas de cálculo, Excel solo imprimirá las áreas de impresión seleccionadas (la información que quede fuera del área de impresión no se imprimirá). Para omitir la configuración del área de impresión, selecciona la opción Omitir en el área de impresión, situada en la parte inferior del menú de la galería. Excel coloca una marca de verificación al lado de la opción para indicar que dicha opción está activada. Selecciona de nuevo la opción para desactivarla. *Lee* también el apartado "Configuración del área de impresión".

✓ **Páginas.** Utiliza los controles de número de páginas para especificar el intervalo de páginas que hay que imprimir.

✓ **Impresión a una o dos caras.** Este botón de galería desplegable muestra de forma predeterminada la opción Imprimir a una cara. Si es preciso, clica en Imprimir a doble cara.

✓ **Intercalación.** Este botón de galería desplegable muestra de forma predeterminada la opción Intercaladas. También puedes clicar en el botón para seleccionar la opción Sin intercalar.

✓ **Orientación de la página.** Este botón de galería desplegable muestra de forma predeterminada la opción Orientación vertical. También puedes clicar en el botón para seleccionar la opción Orientación horizontal.

✓ **Tamaño de la página.** Este botón de galería desplegable muestra de forma predeterminada la opción Carta. Clica en el botón para seleccionar uno de los distintos tamaños que aparecen en el menú de la galería.

Si el tamaño de papel deseado no aparece en la lista, seleccionas la opción Más tamaños de papel. Selecciona un tamaño en la lista despegable Tamaño del papel en el cuadro de diálogo que aparece.

✓ **Márgenes.** Este botón de galería desplegable muestra de forma predeterminada la opción Márgenes normales. Clica en el botón para seleccionar una de las opciones que aparecen en el menú de la galería.

Si es necesario un control más preciso de los márgenes, o centrar la impresión, selecciona Márgenes personalizados en la parte inferior del menú de la galería. Aparece el cuadro de diálogo para configurar una página con la ficha de márgenes seleccionada. Utiliza los controles de número para cambiar los valores de los márgenes y las casillas de verificación para centrar la impresión en la página.

✓ **Ajuste de escala.** Este botón de galería desplegable muestra de forma predeterminada la opción Sin escalado. Clica en el botón para seleccionar una de las opciones que aparecen en el menú de la galería.

Si es necesario un control más preciso en el ajuste de escala, selecciona Personalizar opciones de escala en el menú de la galería. Aparece el cuadro de diálogo para configurar una página con la ficha de página seleccionada. Configura los ajustes en la sección de ajuste de escala de la etiqueta.

Vista previa de las páginas

La ficha Imprimir incluye un área de vista previa de la impresión, como puedes ver en la figura 9-1. Utiliza las flechas de la parte inferior izquierda para navegar entre las páginas o escribe un número de página en el cuadro de página actual y pulsa Entrar para ver una página en concreto.

En la parte inferior derecha del área de vista preliminar se encuentran los botones Mostrar márgenes y Toda la página. Clica en el botón Mostrar márgenes para activar y desactivar la visualización de las líneas de los márgenes. Cuando las líneas de los márgenes están visibles, puedes ajustar los márgenes arrastrando las líneas con el ratón. Hay dos tipos de líneas de margen horizontal: una ajusta los márgenes del encabezado y de la parte superior y la otra ajusta los márgenes del pie de página y de la parte inferior de la página para el área de impresión.

Clica en el botón Toda la página para alejar la página y verla entera o para acercarla y ver con mayor detalle su contenido. Dependiendo del tamaño de la página y de la resolución de la pantalla, puede que no aprecies mucha diferencia entre ambos modos del zoom. Al hacer zoom hacia atrás, puedes utilizar la barra de desplazamiento para desplazarte por todas las páginas que se van a imprimir. Al hacer zoom hacia adelante, la barra de desplazamiento permite mayor detalle de la página, siempre que el tamaño de la página sea lo suficientemente grande o la resolución de la pantalla sea relativamente baja, o ambos.

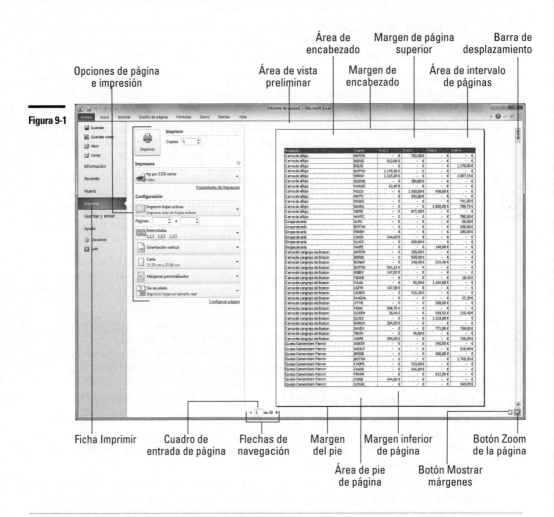

Figura 9-1

Cambiar el modo de visualización de la hoja de cálculo

Excel cuenta con dos modos de visualización especiales a la hora de imprimir documentos:

✓ **Vista previa de salto de página.** Este modo de visualización muestra una vista aérea de la hoja de cálculo, con líneas que indican la posición de los saltos de página y las marcas de agua que indican el número de página. Dicho modo de visualización te será útil si quieres configurar o ajustar manualmente los saltos de página.

✓ **Vista diseño de página.** La nueva vista de diseño de página muestra el trabajo en el contexto de la página impresa (puedes verlo en la figura 9-2). Las características de este modo de visualización son:

- Muestra páginas individuales con encabezados, pies de página, márgenes, orientación de la página y configuraciones de impresión habituales de la hoja de cálculo (como los encabezados de fila y columna o rótulos de datos de fila y columna si se seleccionan).

- La vista es totalmente editable, así que puedes utilizar este modo en vez del modo de visualización normal para cualquier documento que quieras imprimir. Sin embargo, con este modo aparecerán menos datos en la pantalla que en el modo de visualización normal.

- Las páginas que no se van a imprimir aparecerán con sombreado y tendrán la frase "Haga clic para agregar datos".

Para cambiar fácilmente el modo de visualización, sólo tienes que clicar en el botón de modo de visualización en la parte derecha de la barra de estado (mira la figura 9-2) o clicar en un botón de modo en la ficha Vista de la Cinta de opciones.

Administración de los saltos de página

Controlar los saltos de página suele ser muy importante a la hora de imprimir informes con muchas páginas, por ejemplo, para evitar que quede una única fila impresa en una página. Excel administra automáticamente los saltos de página. Tras imprimir o previsualizar la hoja de cálculo, aparecen líneas discontinuas en la hoja de cálculo en modo de visualización normal para indicar donde se encuentran los saltos de página. A veces tienes que forzar un salto de página vertical u horizontal. Si por ejemplo la hoja de cálculo tiene varias áreas definidas, puedes imprimir cada área en una hoja distinta.

Insertar saltos de página manuales

Para cancelar la función automática de los saltos de página, debes insertar manualmente uno o más saltos de página. Para insertar un salto de página horizontal:

1. Mueve el puntero de celda hacia la fila donde quieras empezar una nueva página. Hay que asegurarse de que el puntero de celda está en la columna A, de lo contrario se inserta un salto de página vertical y uno horizontal.

2. Clica en la ficha Diseño de página de la Cinta de opciones y en el botón Saltos. Selecciona Insertar salto de página en el menú. Excel inserta el salto de página en la fila situada encima del puntero de celda.

Figura 9-2

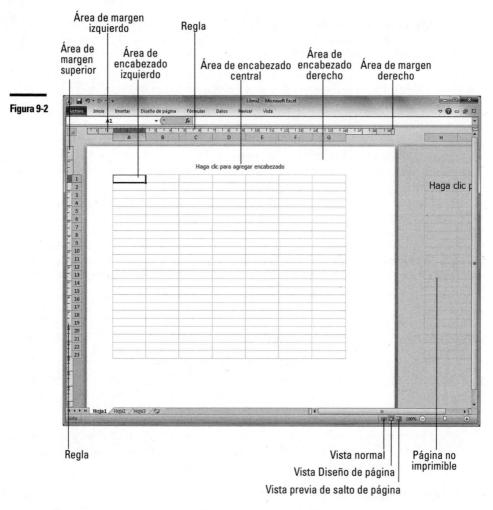

Para insertar un salto de página vertical:

1. Mueve el puntero de celda hacia la columna donde quieras empezar una nueva página. Tienes que asegurarte de que el puntero se encuentra en la fila 1, de lo contrario se inserta un salto de página vertical y uno horizontal.

2. Clica en la ficha Diseño de página de la Cinta de opciones y en el botón Saltos. Selecciona Insertar salto de página en el menú. Excel inserta el salto de página en la columna situada a la izquierda del puntero de la celda.

Puedes obtener una mejor perspectiva de dónde insertar los saltos de página en la hoja de cálculo si creas tus propios saltos de página en el modo de vista previa de salto de página. Para completar la información, *lee* el apartado que viene a continuación "Vista previa y ajuste de los saltos de página".

Quitar saltos de página manuales

Para quitar un salto de página manual:

1. Coloca el puntero de celda en cualquier parte de la primera fila que esté debajo de un salto de página horizontal o de la primera columna a la derecha de un salto de página vertical.

2. Clica en la ficha Diseño de página de la Cinta de opciones y en el botón Saltos. Selecciona Quitar salto de página en el menú.

Para quitar todos los saltos de página de la hoja de cálculo, clica en la ficha Diseño de página que aparece en la Cinta de opciones, clica en el botón Saltos y selecciona Restablecer todos los saltos de página en el menú.

Vista previa y ajuste de los saltos de página

Clica en el botón Vista previa de salto de página situado en la parte derecha de la barra de estado o clica en el botón Ver salto de página en la ficha Vista de la Cinta de opciones para acceder al modo vista previa de salto de página. Este modo muestra la hoja de cálculo de tal manera que permite mover los saltos de página simplemente arrastrándolos con el ratón (mira la figura 9-3). Esta vista no muestra una vista previa verdadera de la página ya que no muestra ni encabezados ni pies de página. Sin embargo, es una manera fácil de asegurarse de que los saltos de página se encuentran en el sitio adecuado.

Figura 9-3

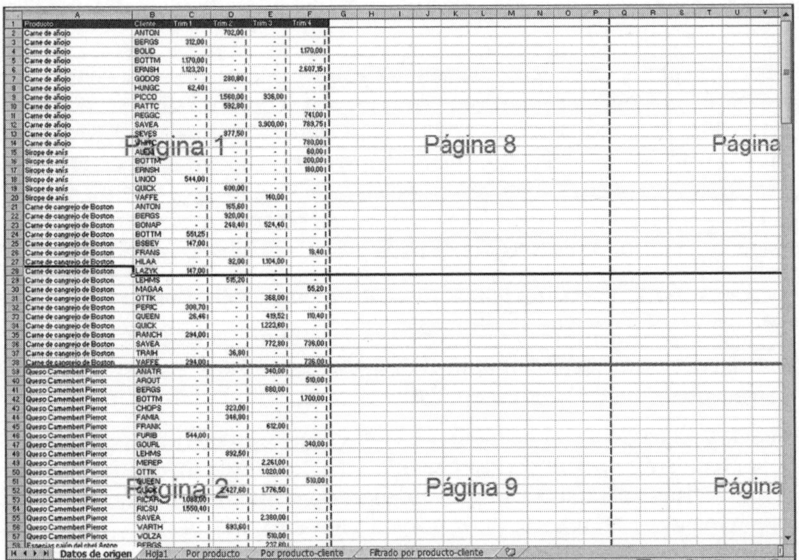

Recuerda los puntos siguientes al utilizar el modo de vista previa de saltos de página:

✓ Excel hace zoom hacia atrás para que se vean más cosas en pantalla. Puedes determinar el nivel de zoom deseado mediante los controles de zoom de la barra de estado.

✓ Si especificas un área de impresión (en lugar de toda la hoja de cálculo), dicha área de impresión aparece en blanco y el resto de las celdas aparecen en un color más oscuro.

✓ Puedes ajustar un salto de página si arrastras la línea que identifica dónde se encuentra el salto.

✓ En este modo de visualización, los saltos de página manuales aparecen como líneas continuas y los saltos automáticos como líneas discontinuas.

✓ Mientras se visualizan los saltos de página, hay acceso total a todos los comandos de Excel.

Recuerda: Si aumentas la información que hay que imprimir en una página donde hay un salto manual, Excel ajusta automáticamente lo que se va a imprimir para que quepa en la página.

Insertar encabezado y pie de página

El *encabezado* es la información que aparece en la parte superior de cada hoja impresa. El *pie de página* es la información que aparece en la parte inferior de cada página impresa.

Los encabezados y pies de página tienen tres secciones: izquierda, centro y derecha. Por ejemplo, puedes insertar un encabezado con el nombre alineado a la izquierda, el nombre de la hoja de cálculo centrado y el número de página alineado a la derecha. Lo más sencillo para insertar un encabezado o pie de página es hacerlo en las áreas de encabezado y pie de página del modo vista de diseño de la página (mira la figura 9-4). Para acceder a este modo, clica en el botón Diseño de página, situado en parte derecha de la barra de estado o en la ficha Vista de la Cinta de opciones.

Las áreas de encabezado y pie de página en modo vista del diseño de la página tienen las características siguientes:

✓ Las secciones aparecen inmediatamente en la parte superior e inferior del área de datos de la hoja de cálculo.

✓ Si las áreas de encabezado o pie de página están en blanco, aparece una marca de agua en el centro de cada área. La marca de agua del encabezado pone "Haga clic para agregar encabezado". La marca de agua del pie de página pone "Haga clic para agregar pie de página".

✓ Si colocas el puntero del ratón en el área de encabezado o de pie de página, dicha área queda ensombrecida y muestra el área que cubre la sección. Para añadir información, simplemente clica en una sección.

✓ Aparece de forma predeterminada el mismo encabezado y pie de página en todas las páginas.

✓ La información del encabezado o del pie de página aparece tal y como aparecería en una página impresa.

Figura 9-4

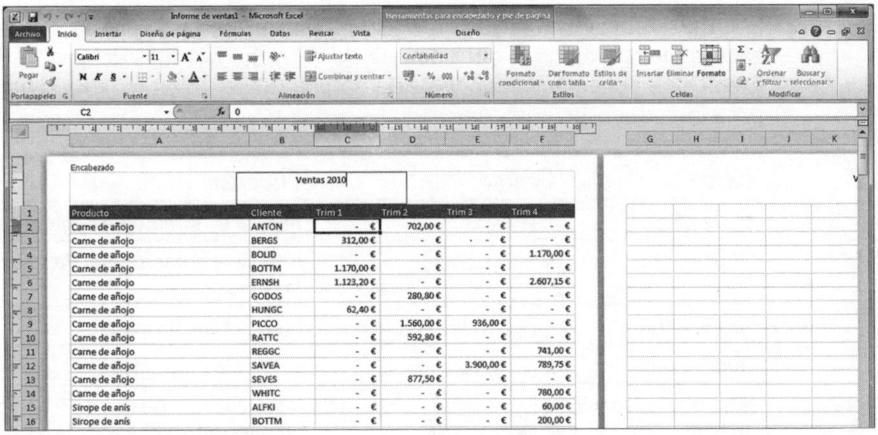

Recuerda: Si no escribes información en el encabezado o pie de página, Excel no inserta automáticamente encabezados ni pies de página en las páginas impresas.

Seleccionar encabezados o pies de página predefinidos

Para seleccionar un encabezado o pie de página predefinido:

1. Clica en el botón Vista de diseño de página en la barra de estado o en la ficha Vista de la Cinta de opciones.

2. Clica en el área de encabezado o pie de página. La Cinta de opciones muestra las herramientas para encabezado y pie de página situadas en el encabezado de la ficha contextual de la barra de títulos. Debajo de este encabezado aparece la ficha Diseño.

3. Si es necesario, clica en la ficha Diseño para que aparezcan las herramientas de encabezado y pie de página en la Cinta de opciones.

4. Clica en el botón Encabezado o Pie de página y selecciona una opción en el menú.

5. Clica en cualquier parte de la hoja de cálculo para dejar de ver las herramientas de encabezado o pie de página de la Cinta de opciones. Excel inserta en la página el encabezado o pie de página seleccionado.

Recuerda: Al insertar un encabezado o un pie de página en cualquier página del documento, se insertará automáticamente en todas las demás páginas. *Completa* esta información con el apartado siguiente: "Uso de múltiples encabezados y pies de página en los informes".

Insertar encabezados o pies de página personalizados

Para insertar un encabezado o pie de página:

1. Sigue los pasos 1 a 3 del apartado "Seleccionar encabezados o pies de página predefinidos".

2. Escribe la información que quieras en una o en todas las áreas del encabezado o pie de página, o clica en uno de los ocho botones del grupo Elementos del encabezado y pie de página (descrito en la tabla siguiente) para introducir un código especial.

Botón	*Código*	*Función*
Nº de página	&[Página]	Inserta el número de página.
Nº de páginas	&[Páginas]	Inserta el número total de páginas a imprimir.
Fecha actual	&[Fecha]	Inserta la fecha actual.
Hora actual	&[Hora]	Inserta la hora actual.
Ruta de acceso del archivo	&[Ruta de acceso] &[Archivo]	Inserta la ruta de acceso y nombre de archivo del libro.
Nombre de archivo	&[Archivo]	Inserta el nombre del libro.
Nombre de la hoja de cálculo	&[Ficha]	Inserta el nombre de la hoja de cálculo.
Figura	&[Figura]	Permite elegir una Figura para insertarla en el encabezado o pie de página.

Si clicas fuera del área donde has escrito un código, Excel convierte ese código en la información que aparecerá en la página impresa.

3. Para dar formato al texto del encabezado o pie de página, clica en la ficha Inicio de la Cinta de opciones y utiliza las herramientas que aparecen en el grupo Fuente.

4. Clica en cualquier parte de la hoja de cálculo para dejar de ver las herramientas de encabezado o pie de página de la Cinta de opciones.

El botón Dar formato a la Figura, del grupo Elementos del encabezado y pie de página, solo aparecerá si se inserta una imagen en el encabezado o en el pie de página. Clica en este botón y aparecerá el cuadro de diálogo Dar formato a la imagen, donde están las opciones para cambiar el tamaño, rotar, encuadrar, recortar y ajustar la imagen.

Combina texto y códigos, o inserta todos los códigos que quieras en cada sección. Si el texto que se escribe tiene un ampersand (&), debes escribirlo dos veces, porque Excel utiliza ese símbolo para señalar un código. Por ejemplo, para insertar las palabras *Investigación & Desarrollo* en un encabezado o pie de página, escribe **Investigación && Desarrollo**.

Escribe todas las líneas que quieras en el encabezado o pie de página. Quizá quieras ajustar los márgenes superiores o inferiores para evitar que el encabezado o pie de página invada el área de la hoja de cálculo. Coloca el puntero del ratón donde quieras añadir otra línea o ajusta la línea existente y pulsa Entrar.

Recuerda: Si insertas un encabezado o pie de página en cualquier página del documento, aparecerá automáticamente en todas las demás páginas. Completa esta información con la de apartado que viene a continuación "Uso de múltiples encabezados y pies de página en los informes".

Uso de múltiples encabezados y pies de página en los informes

Para insertar varios encabezados o pies de página en los informes, tienes las opciones siguientes:

✓ Puedes especificar un encabezado o pie de página distinto para la primera página. Esta opción es útil, por ejemplo, para informes que requieran distintos encabezados o pies de página en la página de título o tabla de contenidos.

✓ Puedes especificar un encabezado o pie de página distinto para las páginas pares e impares. Esta opción es útil, por ejemplo, si creas informes estilo libro. Además, si especificas un encabezado o pie de página en la primera página, el encabezado o pie de página de las páginas impares empieza a contar a partir de la segunda página del informe.

Para insertar un encabezado o pie de página en la primera página o para insertar encabezados o pies de página distintos en las páginas pares o impares del informe:

1. Sigue los pasos 1 a 3 del apartado "Seleccionar encabezados o pies de página predefinidos" de este mismo capítulo.

2. Selecciona una o ambas opciones:

   • Para especificar un encabezado o pie de página en la primera página, selecciona la casilla Primera página diferente en el grupo Opciones de la ficha Diseño del encabezado y pie de página.

   • Para especificar un encabezado o pie de página en páginas pares e impares, selecciona la casilla Páginas pares e impares diferentes en el grupo de Opciones de la ficha Diseño del encabezado y pie de página.

3. Para escribir la información en el encabezado o pie de página en cada una de las páginas:

   • Si solo has especificado la opción Primera página diferente, escribe en la primera página del documento la información del encabezado o pie de página. Después escribe la información del encabezado o pie de página del resto de las páginas en la segunda página del documento.

   • Si sólo has especificado la opción Páginas pares e impares diferentes, escribe el encabezado o pie de página de todas las páginas impares en la primera página del documento. Después escribe la información del encabezado o pie de página de todas las páginas pares en la segunda página del documento.

- Si has especificado ambas opciones, escribe la información del encabezado o pie de página de la primera página en la primera página del documento. Después escribe el encabezado o pie de página de todas las páginas impares en la segunda página del documento y el encabezado o pie de página de todas las páginas pares en la tercera página del documento.

Recuerda: Si colocas el puntero del ratón sobre el encabezado o pie de página, se muestra el tipo de encabezado o pie de página con el que estás trabajando (normal, primera página, página par o impar) en la parte superior del encabezado o en la parte inferior del pie de página.

Configuración del área de impresión

Al imprimir una hoja de cálculo activa o varias hojas de cálculo, se imprimirá toda la hoja u hojas, o sólo la zona llamada Área_de_impresión. Cada hoja de cálculo puede tener una zona llamada así. Una vez configurada, se crea automáticamente el nombre de Área_de_impresión, que es un nombre estándar para una zona determinada, pero también puedes editar manualmente el nombre de la zona. Completa esta información con el apartado "Editar nombres" del capítulo 6.

Para configurar el área de impresión:

1. Selecciona la zona que quieres imprimir. Mantén pulsado Ctrl para seleccionar zonas no adyacentes.

2. Clica en la ficha Diseño de página en la Cinta de opciones y en el botón de Área de Impresión. Clica Establecer área de impresión en el menú.

Recuerda: Si especificas un área de impresión, se utilizará dicha área de forma predeterminada en todas las impresiones posteriores. Para borrar el área de impresión (e imprimir automáticamente toda la hoja de cálculo), clica en el botón Área de impresión y selecciona Borrar área de impresión en el menú. Si no quieres borrar las áreas de impresión normales creadas, pero quieres ignorarlas en algunas ocasiones (para imprimir toda la hoja de cálculo), selecciona la opción Omitir el área de impresión en el menú del botón Imprimir de la vista Backstage. Si lo necesitas, vuelve al apartado anterior "Ajustar opciones de página y de impresora".

Especificar las opciones de impresión de hoja de cálculo

En la mayoría de los casos hay que imprimir la hoja de cálculo que aparece en pantalla. Otras veces lo que quieres hacer es controlar cómo o qué elementos se imprimen. Excel tiene diversas opciones que permiten controlar la apariencia de las copias impresas de las hojas de cálculo.

Imprimir líneas de división o de encabezados de fila o columna

Para controlar la impresión de líneas de división o de encabezados de fila o columna:

1. Clica en la ficha Diseño de página situada en la Cinta de opciones.

2. Selecciona una o ambas opciones:

   • Para imprimir la impresión de las líneas de división, activa la casilla de verificación situada debajo del encabezado Líneas de la cuadrícula en el grupo Opciones de la hoja. Para no imprimirlas, desactiva la casilla.

   • Para imprimir o desactivar la impresión de los encabezados de fila y columna, activa la casilla de verificación Imprimir situada en el grupo Opciones de la hoja. Para no imprimirlas, desactiva la casilla.

Imprimir rótulos de datos de fila o columna en cada página

Los datos de la hoja de cálculo normalmente están configurados mediante rótulos (títulos) en la primera fila y, a veces, mediante nombres descriptivos en la primera columna. Si la hoja de cálculo necesita más de una página para la impresión total de su contenido, la lectura de las páginas siguientes puede ser difícil, porque el texto de la primera fila o columna o ambos no se imprime en las páginas siguientes. Hay una opción que te permite imprimir rótulos de fila y columna (títulos) en cada página.

Para seleccionar los rótulos de fila o columna que aparecerán en cada página:

1. Clica en la ficha Diseño de página en la Cinta de opciones y el botón Imprimir títulos. Aparecerá el cuadro de diálogo Configurar página con la ficha Página seleccionada.

2. Clica en la casilla apropiada del área Imprimir títulos y señala las fila o columnas de la hoja de cálculo que quieras repetir en cada página. También puedes hacerlo manualmente. Por ejemplo, para especificar las filas 1 y 2 como filas repetidas, escribe **"1:2"**.

3. Clica en Aceptar para cerrar el cuadro de diálogo Configurar página.

Recuerda: No confundas títulos de impresión con encabezados, son dos conceptos distintos. Los encabezados aparecen en la parte superior de cada página y contienen información, como por ejemplo el nombre de la hoja de cálculo, fecha o número de página. Los títulos de impresión describen la información que se está imprimiendo, como por ejemplo los nombres de campo de la tabla.

Puedes especificar distintos títulos de impresión para cada hoja de cálculo en el libro. Excel recuerda títulos de impresión mediante la creación de nombres de nivel de hoja (Títulos_de_impresión).

Seleccionar varias opciones de impresión de la hoja de cálculo

Hay algunas opciones de impresión de la hoja de cálculo que sólo utilizarás muy de vez en cuando. Para acceder a esas opciones:

1. Clica en la ficha Diseño de página en la Cinta de opciones y en el botón de selección del cuadro de diálogo en la parte inferior derecha del grupo Opciones de la hoja. *Lee* en el capítulo 1 "Presentación de la Cinta de opciones" para más información acerca del cuadro de diálogo. Aparece el cuadro de diálogo Configurar página con la ficha Hoja seleccionada.

2. Selecciona una de las opciones siguientes:

   - **Blanco y negro.** Si la hoja de cálculo es en color, pero la impresora sigue anclada en el mundo monocromático, observarás que las hojas de cálculo no quedan bien en blanco y negro. En tal caso, puedes utilizar esta opción para ignorar los colores en la impresión.

   - **Calidad de borrador.** Si seleccionas esta casilla, no se imprimirán los gráficos incrustados ni los objetos de dibujo o bordes. Este modo suele reducir el tiempo de impresión y es útil para impresiones rápidas.

   - **Comentarios.** Si hay un comentario de celda en una o varias celdas de la hoja de trabajo, puedes imprimirlos junto con la hoja de cálculo. Para ello, selecciona una opción de la lista desplegable Comentarios. Los comentarios no vienen seleccionados de forma predeterminada.

   - **Errores de celda como.** Con esta opción puedes imprimir los valores de error según aparezcan en la hoja de cálculo o sustituir cada valor de error por un carácter predefinido en la copia impresa. Los valores de error son #¡NUM!, #¡DIV/0!, #¡REF!, #N/A, #¡VALOR!, #¿NOMBRE? y #¡NULO! Selecciona una opción en la lista desplegable Errores de celda. Los errores se imprimen de forma predeterminada tal y como aparecen.

   - **Orden de las páginas.** Si una hoja de cálculo se extiende a través de diversas columnas y filas, probablemente terminará con múltiples saltos de página verticales, horizontales o ambos. En tal caso, puedes imprimir la hoja de cálculo de izquierda a derecha o de arriba abajo. En el apartado Orden de las páginas clica en Hacia abajo, luego hacia la derecha o en Hacia la derecha, luego hacia abajo. Excel imprime de forma predeterminada con la opción Hacia abajo, luego hacia la derecha.

3. Clica en Aceptar para cerrar el cuadro de diálogo Configurar página.

Representar datos gráficamente

Un gráfico es la representación visual de una tabla de números. Los gráficos ayudan, por ejemplo, a revisar de un vistazo tendencias, modelos, anomalías, o a comparar la contribución de varios datos. Excel tiene una serie de herramientas que permiten representar gráficamente los datos.

En esta parte. . .

- ✓ Añadir series de datos a un gráfico
- ✓ Añadir contexto a números con minigráficos
- ✓ Cambiar el tipo de gráfico de un gráfico existente o una serie de datos
- ✓ Crear y añadir elementos a un gráfico
- ✓ Dar formato a un elemento del gráfico
- ✓ Modificar el eje de un gráfico

Estructura de un gráfico

Antes de crear el primer gráfico en Excel, es mejor que conozcas bien sus elementos. La figura 10-1 muestra los elementos más comunes de un gráfico. Al crear un gráfico, es aconsejable incluir sólo los elementos necesarios para ilustrar la información. Si se incluye demasiada información, el gráfico será difícil de leer y por lo tanto de menor utilidad.

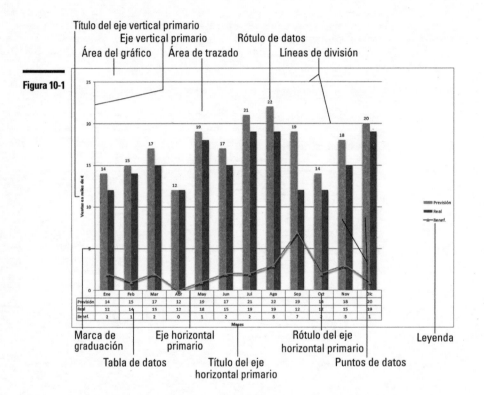

Figura 10-1

Lee atentamente esta descripción de los elementos que aparecen en la figura 10-1:

✓ **Eje horizontal.** En la mayoría de los gráficos, este elemento muestra rótulos de categorías. Una *categoría* es un elemento sin importancia numérica. Mes, trimestre y producto son ejemplos de categorías. Para la categoría mes, los rangos pueden ser enero, febrero, marzo, etc. El gráfico muestra los rangos distribuidos a intervalos equidistantes en el eje. En la barra X Y dispersión y en los gráficos de burbujas, el eje horizontal muestra una escala de valor. Un gráfico puede tener un eje horizontal primario y otro secundario (no aparece en la figura 10-1).

✓ **Título del eje horizontal.** Muestra el nombre de la categoría representada.

✓ **Eje vertical.** En la mayoría de los gráficos, este eje muestra una escala de valor para las series de datos representadas. En los gráficos de barras, el eje vertical muestra rótulos de categorías. Un gráfico puede tener un eje vertical primario y otro secundario.

✓ **Título del eje vertical.** Muestra el nombre de la escala de valores contra la cual se representa una serie.

✓ **Series de datos.** Un grupo de valores (punto de datos) asociado a una categoría; por ejemplo, las ventas previstas y las ventas actuales son dos series asociadas con la categoría mes.

✓ **Puntos de datos.** Valores asociados a rótulos de categoría; por ejemplo, las ventas previstas y las actuales para enero representan puntos de datos.

✓ **Rótulos de datos.** Rótulos asociados a puntos de datos en un gráfico; por ejemplo, las etiquetas pueden ser los valores de los puntos de datos.

✓ **Tabla de datos.** Las series de datos representadas en forma tabular y colocadas justo debajo del eje horizontal.

✓ **Título del gráfico.** El título de un gráfico.

✓ **Leyenda.** Un grupo de teclas y el texto que identifica a cada serie de datos en el gráfico.

✓ **Líneas de división.** Líneas que aparecen en el gráfico y ayudan a leer el valor de los puntos de datos o a dividir las etiquetas de categoría. Estas líneas pueden distraer la atención, por lo tanto, es mejor que las uses con moderación. Si utilizas líneas de división, es recomendable que les des un color pálido y discreto.

✓ **Marcas de graduación.** Estas líneas cortas marcan intervalos en el eje.

✓ **Área de trazado.** El área del gráfico, definida por los límites de los ejes, donde se representan las series de datos.

✓ **Área del gráfico.** El área total donde se incluyen todos los elementos de un gráfico.

Activar un gráfico

Antes de empezar a trabajar con un gráfico, hay que activarlo de la manera siguiente:

✓ Para activar un gráfico en una hoja de gráfico, clica en la ficha Gráficos.

✓ Para activar un gráfico incrustado en una hoja de cálculo, clica en el área del borde del gráfico.

Tras activar un gráfico incrustado o un gráfico en una hoja de gráfico, aparece la ficha contextual Herramientas de gráfico de la Cinta de opciones. Al hacer doble clic en un gráfico, automáticamente aparece la ficha Diseño de la Cinta de opciones.

Añadir contexto a números con minigráficos

Un *minigráfico* es un gráfico en miniatura que ocupa una celda de la hoja de cálculo. Los minigráficos no muestran los detalles que normalmente aparecen en un gráfico de Excel, sino que sirven para visualizar un gráfico de un vistazo y ayudan a añadir contexto a los números.

Figura 10-2

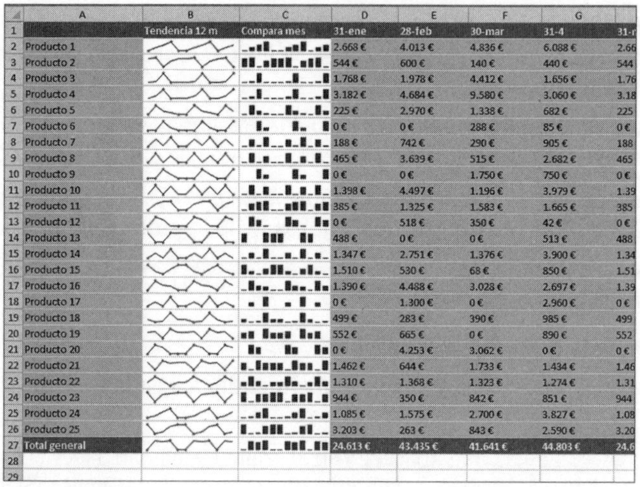

	A	B (Tendencia 12 m)	C (Compara mes)	D (31-ene)	E (28-feb)	F (30-mar)	G (31-4)	31-r
2	Producto 1			2.668€	4.013€	4.836€	6.088€	2.66
3	Producto 2			544€	600€	140€	440€	544
4	Producto 3			1.768€	1.978€	4.412€	1.656€	1.76
5	Producto 4			3.182€	4.684€	9.580€	3.060€	3.18
6	Producto 5			225€	2.970€	1.338€	682€	225
7	Producto 6			0€	0€	288€	85€	0€
8	Producto 7			188€	742€	290€	905€	188
9	Producto 8			465€	3.639€	515€	2.682€	465
10	Producto 9			0€	0€	1.750€	750€	0€
11	Producto 10			1.398€	4.497€	1.196€	3.979€	1.39
12	Producto 11			385€	1.325€	1.583€	1.665€	385
13	Producto 12			0€	518€	350€	42€	0€
14	Producto 13			488€	0€	0€	513€	488
15	Producto 14			1.347€	2.751€	1.376€	3.900€	1.34
16	Producto 15			1.510€	530€	68€	850€	1.51
17	Producto 16			1.390€	4.488€	3.028€	2.697€	1.39
18	Producto 17			0€	1.300€	0€	2.960€	0€
19	Producto 18			499€	283€	390€	985€	499
20	Producto 19			552€	665€	0€	890€	552
21	Producto 20			0€	4.253€	3.062€	0€	0€
22	Producto 21			1.462€	644€	1.733€	1.434€	1.46
23	Producto 22			1.310€	1.368€	1.323€	1.274€	1.31
24	Producto 23			944€	350€	842€	851€	944
25	Producto 24			1.085€	1.575€	2.700€	3.827€	1.08
26	Producto 25			3.203€	263€	843€	2.590€	3.20
27	Total general			24.613€	43.435€	41.641€	44.803€	24.6
28								
29								

En la figura 10-2, los minigráficos de líneas muestran la tendencia mensual de las ventas para las categorías de productos y los gráficos de columnas muestran los valores individuales durante el mismo periodo.

Los minigráficos son útiles en vista panel. En un panel típico, solo se muestra el valor actual y un minigráfico asociado para el contexto histórico. Por ejemplo, un panel que incluye las ventas de productos de la figura 10-2, mostrará los 5 o 10 productos principales con minigráficos de líneas de los meses.

Recuerda: No puedes seleccionar el minigráfico de una celda igual que seleccionas el texto de una celda. En este apartado, cuando leas seleccionar un minigráfico, debes entender la acción de seleccionar la celda o el rango que contiene uno o varios minigráficos.

Crear un minigráfico

Para crear un minigráfico:

1. Clica en la ficha Insertar de la Cinta de opciones y selecciona uno de los siguientes tipos de minigráfico: Línea, Columna, Ganancia o Pérdida (+/-). A continuación aparece el cuadro de diálogo Crear grupo minigráfico. Si tienes que crear un minigráfico en una hoja de cálculo distinta a la hoja de cálculo que contiene el rango de datos, debes realizar este paso en la hoja de cálculo donde se incluirá el minigráfico.

2. Clica en el cuadro Rango de datos e indica el rango de datos del minigráfico. Puedes escribir el rango manualmente o utilizar el ratón para seleccionar el rango en la hoja de cálculo.

   - Para crear un minigráfico simple, selecciona los datos en una única columna o fila.

   - Para crear minigráficos múltiples, selecciona más de una columna o fila.

3. Clica en el cuadro Ubicación. Si aparece una ubicación de rango no deseada, bórrala.

   - Si has seleccionado una única fila o columna en el segundo paso, inserta una única celda para el minigráfico.

   - Si has seleccionado más de una fila o columna en el segundo paso, selecciona un rango para los minigráficos. El rango tiene que estar en una única fila o columna. El número de celdas del rango tiene que ser igual al número de filas o de columnas en el rango de datos. Si el número de celdas de un rango es igual al número de filas de datos, los minigráficos del grupo se crearán a partir de datos de los datos de las filas. Si el número de celdas de un rango es igual al número de columnas de datos, los minigráficos del grupo se crearán a partir de los datos de las columnas. Si el número de celdas de un rango no es igual al número de filas o columnas de un rango de datos, aparecerá un mensaje de error.

     En la figura 10-2, verás que se ha seleccionado un rango de columna para los minigráficos, y el número de celdas del rango es igual al número de filas de datos. Por lo tanto, cada minigráfico ha utilizado la información de las filas.

4. Tras especificar la ubicación del rango de un minigráfico, clica en Aceptar.

Al seleccionar un minigráfico, aparece la ficha Herramientas para minigráfico - Diseño de la Cinta de opciones.

Agrupar y desagrupar minigráficos

Al crear minigráficos múltiples en el cuadro de diálogo Crear grupo minigráfico, Excel junta los minigráficos resultantes en un grupo. Si clicas en cualquier minigráfico del grupo, aparece un elemento azul que rodea el grupo. El grupo sirve para que una configuración determinada, como cambios de formato, abarque todos los minigráficos del grupo simultáneamente.

Para quitar uno o varios minigráficos de un grupo, hay dos opciones:

✓ Selecciona los minigráficos que quieras desagrupar. Clica en la ficha Herramientas para minigráfico - Diseño de la Cinta de opciones y luego en el botón Desagrupar.

✓ Selecciona los minigráficos que quieras desagrupar. Haz un clic derecho en cualquiera de los minigráficos seleccionados y selecciona Minigráficos y luego en el botón Desagrupar en el menú.

En la figura 10-2, se ha creado un grupo de minigráficos que incluye una fila Total. Para comparar entre minigráficos de ventas de productos, se configuran los valores máximo y mínimo del eje de igual manera para todos los minigráficos. Completa esta información con la del apartado "Utilizar opciones del eje de los minigráficos". Debido al hecho de que los valores en la zona de los totales es una orden de magnitud mayor que los valores del producto individuales, los minigráficos de los totales no mostrarán correctamente las variaciones en sus valores de datos. Por eso hay que desagrupar los minigráficos de la fila Total.

Para agrupar minigráficos, simplemente selecciona los minigráficos que quieras agrupar y clica en el botón Agrupar en la ficha Herramientas para minigráfico - Diseño.

Cambiar el rango de datos o ubicación de un minigráfico

Tras crear un minigráfico, puedes cambiar su rango de datos o ubicación. Selecciona el minigráfico y clica en la ficha Herramientas para minigráficos - Diseño de la Cinta de opciones.

En el extremo izquierdo de la ficha Diseño aparece el grupo de minigráficos con un botón que pone Editar datos. Si clicas la flecha del botón aparece un menú que permite lo siguiente:

✓ Cambiar el rango fuente o ubicación de un grupo de minigráficos.

✓ Cambiar el rango fuente de un minigráfico individual.

✓ Seleccionar de qué manera hay que tratar los datos ocultos o ausentes en un rango de datos de un minigráfico.

✓ Cambiar el rango de datos utilizado por los minigráficos de un grupo de filas a un grupo de columnas o viceversa. Al crear un grupo de minigráficos, si el número de filas y columnas de datos es el mismo, cada minigráfico del grupo se crea de forma predeterminada a partir de los datos de las filas. Puedes utilizar la opción Cambiar fila/columna para que los minigráficos del grupo utilicen los datos de las columnas.

Puedes mover un minigráfico o un grupo de minigráficos a otro punto de la hoja de cálculo. Para ello, basta que selecciones y arrastres, o puedes hacerlo mediante la operación de cortar y pegar. Si lo necesitas, *consulta* el apartado "Mover celdas y rangos" del capítulo 4.

Añadir elementos adicionales a los minigráficos

Puedes añadir elementos adicionales a los minigráficos. Selecciona un minigráfico y clica en la ficha Herramientas para minigráficos de la Cinta de opciones. Selecciona los elementos que quieras incluir mediante las correspondientes casillas de verificación del grupo Mostrar. La opción Marcadores solo es aplicable a los minigráficos de línea.

Dar formato y cambiar el tipo de minigráfico

Puedes cambiar el color de un minigráfico y de los elementos añadidos. También puedes cambiar el tipo de minigráfico. Selecciónalo y clica en la ficha Herramientas para minigráficos - Diseño de la Cinta de opciones. En el grupo Tipo puedes cambiar el tipo de minigráfico. Las opciones que aparecen son: Línea, Columna y Ganancia o Pérdida. En el grupo Estilo puedes seleccionar estilos de color predefinidos en la galería. Verás que los elementos resaltados que se activan en el grupo Mostrar aparecen con colores predefinidos del grupo Estilo.

Si no te gusta ninguno de los estilos predefinidos, puedes seleccionar el color y el grosor (o ambos en el caso de un minigráfico de línea) en el menú Color de minigráfico. Puedes seleccionar el color de varios elementos resaltados mediante la elección de un color en el menú de Color de minigráfico.

Utilizar opciones del eje de los minigráficos

Al igual que en un diseño estándar de Excel, los minigráficos tienen ejes verticales y horizontales, pero normalmente están ocultos. Hay diversas opciones de eje para este recurso. Selecciona un minigráfico, clica en la ficha Herramientas para minigráfico - Diseño y el botón Eje para ver la lista de opciones siguiente para los ejes verticales y horizontales respectivamente:

✓ **Opciones de eje horizontal**. Estas opciones permiten cambiar el comportamiento predeterminado del eje horizontal.

- Se utiliza de forma predeterminada el Tipo de eje general. Esto equivale a la categoría de eje de un gráfico estándar de Excel. Todos los minigráficos de un grupo comparten un único eje horizontal. Realmente no se selecciona un rango para el tipo de eje horizontal general, sino que el eje se deduce del rango de datos. En la figura 10-2, las etiquetas de columna del rango de datos son fechas, no solo etiquetas de meses o años, así que puedes utilizarlas como eje horizontal. Selecciona Tipo de eje de fecha en el menú, clica en el cuadro de diálogo que aparece y selecciona las etiquetas de fecha. La diferencia entre el eje general y el eje de fecha es la siguiente: si en la figura 10-2, faltaran una o varias columnas de mes, el eje de fecha mostraría los meses que faltan como espacios en blanco en el minigráfico. Con el eje general, no habría espacios en blanco en el minigráfico.

- Puedes ver el eje horizontal en un minigráfico mediante la opción Mostrar eje en el menú. El eje sólo se muestra si hay, al menos, un valor negativo en un rango de datos de un minigráfico. Por lo tanto, el eje es útil para ver el punto de cruce cero en un minigráfico de línea.

- Al seleccionar un rango de datos de un minigráfico, los datos se representan de forma predeterminada de izquierda a derecha o de arriba abajo. Si quieres representar los datos en dirección inversa, tienes que elegir Trazar datos de derecha a izquierda en el menú. En la figura 10-1, el rango de datos está en orden invertido de fecha, es decir, la fecha más actual aparece a la izquierda del rango. Sin embargo, el contexto es histórico, así que hay que elaborar el minigráfico con el valor de la fecha más antigua primero y la fecha más actual al final. Por lo tanto, terndrías que elegir la opción Trazar datos de derecha a izquierda.

✓ **Opciones de valor máximo y mínimo del eje vertical.** Estas opciones permiten cambiar el comportamiento predeterminado del eje vertical.

No puedes mostrar un eje vertical en un minigráfico (sería inapropiado), pero puedes hacer cambios en un eje implícito. Las opciones de valor máximo y mínimo son aplicables a los grupos de minigráficos.

Los valores máximos y mínimos del eje vertical vienen configurados de forma predeterminada independientemente para cada minigráfico del grupo. Esta opción es apropiada si los rangos de datos del minigráfico tienen distintos órdenes de magnitud, o si las comparaciones entre minigráficos no son importantes. Sin embargo, si los rangos de datos tienen el mismo orden de magnitud y la comparación entre los minigráficos es importante, puedes configurar los valores máximo y mínimo igual para todos ellos mediante la opción Igual para todos los minigráficos en el menú.

Añadir nuevas series de datos a un gráfico

Para añadir nuevas series de datos a un gráfico:

1. Activa el gráfico, clica en la ficha contextual Diseño y en el botón Seleccionar datos. Aparecerá el cuadro de diálogo Seleccionar origen de datos (mira la figura 10-3)

Figura 10-3

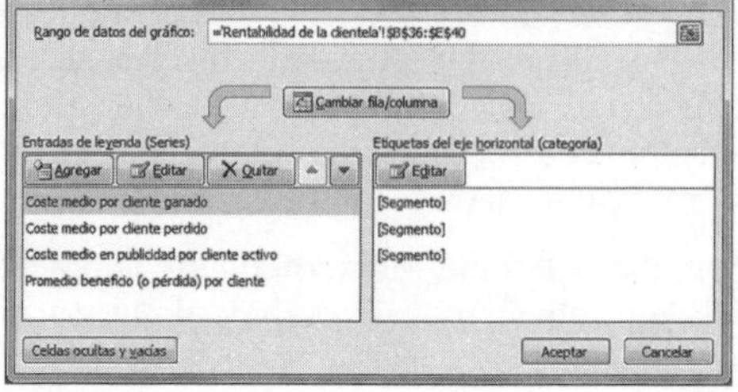

2. Clica en el botón Agregar. Aparece el cuadro de diálogo Modificar serie.

3. Si la referencia en el cuadro Nombre de la serie es incorrecta, borra la entrada predeterminada y escribe un nombre para la serie o clica en la celda de la hoja de cálculo que contiene el nombre de serie. También puedes dejar el cuadro en blanco.

4. Si la referencia en el cuadro Valores de la serie es incorrecta, borra la entrada predeterminada y selecciona el rango de datos de serie en la hoja de cálculo.

5. Clica en Aceptar para volver al cuadro de diálogo Seleccionar origen de datos. El nuevo nombre de serie (o un título genérico, si no se ha escrito un nombre en el paso 3) aparece en la ventana Entradas de leyenda (series). En la ventana de la parte derecha del cuadro de diálogo, aparecen etiquetas de categoría numeradas para las series. Estas etiquetas puedes ignorarlas. Excel solo añade las nuevas series al gráfico mediante el uso de las etiquetas de categoría existentes.

6. Clica en Aceptar.

 Para añadir una serie de datos nueva al gráfico, selecciona el rango que quieras añadir (incluyendo cualquier etiqueta para el nombre de la serie) y clica en el botón Copia en la ficha Inicio de la Cinta de opciones. Activa el gráfico, clica en la flecha del botón Pegar y selecciona Pegado especial en el menú. A continuación, aparece el cuadro de diálogo Pegado especial. Si es necesario, modifica la configuración predeterminada y clica en Aceptar.

Añadir un título al gráfico

El título del gráfico aparece normalmente en la parte superior del gráfico. Al crear un gráfico, puedes seleccionar la presentación que se incluye en el cuadro de título del gráfico. Para añadir un título a un gráfico existente:

1. Activa el gráfico y clica en la ficha Presentación para ver las herramientas de presentación del gráfico de la Cinta de opciones.

2. Clica en el botón Título del gráfico y selecciona una opción en el menú. Excel añade un cuadro de título al gráfico.

3. Clica en el cuadro de título y escribe un título para el gráfico.

4. Si quieres darle formato a un título, puedes utilizar las opciones de dar formato estándar en el grupo Fuente de la ficha Inicio de la Cinta de opciones o puedes utilizar WordArt especial, así como otras opciones de formato en la ficha Formato.

Cambiar el tipo de gráfico de un gráfico existente o series de datos

Excel tiene una gran variedad de tipos de gráficos (gráficos de línea, de columna, etc.). Al crear un gráfico hay que elegir qué tipo de gráfico representa mejor los datos. También puedes crear un gráfico combinado mediante la selección de un tipo de gráfico distinto para cada serie de datos. Por ejemplo, puedes crear un gráfico con una serie de datos representados como un gráfico de línea y otra serie como un gráfico de columna (mira la figura 10-1).

Para cambiar el tipo de gráfico de un gráfico existente o de una serie de datos de un gráfico:

1. Activa el gráfico y clica en la ficha Diseño para ver las herramientas de diseño del gráfico de la Cinta de opciones.

2. Para cambiar el tipo de gráfico de un gráfico entero (para todas las series de datos de un gráfico), clica en el botón Cambiar tipo de gráfico. Para cambiar el tipo de gráfico para un serie de datos, selecciona la serie de datos antes de clicar en el botón Cambiar tipo de gráfico. Aparecerá el cuadro de diálogo Cambiar tipo de gráfico.

3. En la lista de la izquierda, selecciona un tipo de gráfico. Ahora, en la galería de la derecha, selecciona un subtipo de gráfico.

4. Clica en Aceptar.

Crear un gráfico

Excel tiene diversas opciones de diseño y formato que pueden ahorrar tiempo a la hora de crear un gráfico. Para crear un gráfico a partir de datos:

1. Selecciona los datos que quieras utilizar, incluidas las etiquetas de fila y columna (por categoría e identificación de nombre de la serie).

2. Clica en la ficha Insertar de la Cinta de opciones; luego selecciona un tipo de gráfico en el grupo Gráficos. Aparece una galería de subtipo de gráfico.

3. Selecciona un subtipo de la galería. Si señalas un botón de tipo de gráfico o de una de las opciones de la galería de subtipos de gráficos, aparece información en pantalla sobre la forma de utilizar cada tipo o subtipo de gráfico en particular.

Cuando eliges un subtipo, se crea un gráfico y aparece la ficha contextual Herramientas de gráficos de la Cinta de opciones y un encabezado en la barra de títulos Excel sobre las fichas. Automáticamente aparecen las herramientas para la ficha Diseño de la Cinta de opciones (puedes verlo en la figura 10-4).

Figura 10-4

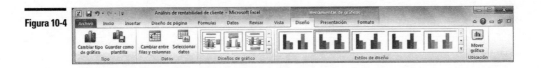

4. Si el diseño de los elementos del gráfico no es el que esperabas, selecciona un diseño de la galería de diseños de gráfico. Utiliza las flechas superiores en la parte derecha de la galería para visualizar las diferentes opciones o la flecha inferior para ver la galería entera. Cada diseño contiene una combinación de elementos típicos para el gráfico. Si seleccionas un diseño que tiene un título de gráfico, clica en el cuadro de título y escribe un título para el gráfico.

5. Si es necesario, selecciona un estilo Nuevo para el gráfico desde la galería de Estilos de gráfico. Utiliza las flechas superiores en la parte derecha de la galería para ver las diversas opciones o la flecha inferior para ver toda la galería. Los estilos de la galería se basan en el tema actual del libro, así que si cambias el tema, el estilo también cambiará para que coincida con el nuevo tema. Para completar esta información, *lee* en el capítulo 1 el apartado "Dar formato con temas".

La figura 10-5 muestra algunas reglas importantes que Excel aplica al crear un diseño:

✓ Si los datos con los que creas el gráfico tienen más filas que columnas, se utilizan los datos de las filas para crear el eje de categoría. Las etiquetas de fila se utilizan para rótulos de categoría y las etiquetas de columna se utilizan para nombres de series. En la figura 10-5 puedes ver el rango de datos A1:D13 y el gráfico resultante en la parte derecha del rango.

Si no hay rótulos de fila o no se incluyen en el rango, Excel rotula el eje de categoría con números. Si, además, faltan las etiquetas de columna o no están incluidos en el rango, Excel numera las series como serie 1, serie 2, etc. (en la figura 10-5, se ve el rango de datos A15:C26 y el gráfico resultante en la parte derecha del rango).

✓ Si la información para crear el gráfico tiene más columnas que filas, o igual número de filas que de columnas, los datos de la columna se utilizan para crear el eje de categoría. Las etiquetas de columna se utilizan para rótulos de categoría y las etiquetas de fila se utilizan para nombres de series. Observa en la figura 10-5 el rango de datos L1:03 y el gráfico resultante en la parte inferior del rango.

✓ Si la información para crear el gráfico solo tiene una serie, se incluye un título de gráfico con el mismo nombre que el nombre de la serie y se asume que el rótulo de fila o columna está disponible para el nombre de la serie (según la primera regla).

Recuerda: Puedes invertir la categoría y el nombre de las series tras crear un gráfico mediante la activación de un gráfico y al clicar el botón Cambiar entre filas y columnas en la ficha Diseño.

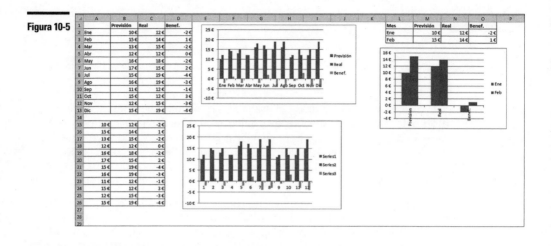

Figura 10-5

Crear y utilizar una plantilla de gráfico

Una *plantilla de gráfico* es un gráfico estándar (o un gráfico combinado) personalizado. Puedes utilizar la plantilla para crear gráficos nuevos.

Para personalizar un gráfico y grabarlo como plantilla:

1. Crea un gráfico personalizado. Por ejemplo, puedes configurar los colores o estilos de línea, modificar fuentes y tamaños, y añadir un título.

2. Activa el gráfico y clica en la ficha Diseño para ver las herramientas de diseño de gráficos de la Cinta de opciones.

3. Clica en el botón Guardar como plantilla. Aparece el cuadro de diálogo Guardar plantilla de gráficos.

4. En la casilla Nombre de archivo, escribe un nombre de archivo.

5. Clica en Guardar.

La plantilla aparece en la categoría de plantilla del cuadro de diálogo Cambiar tipo de gráfico (al que se accede con un clic en el botón Cambiar tipo de gráfico en la ficha Diseño). Una vez seleccionada la categoría de plantilla, el nuevo gráfico aparece en la galería Plantillas en la parte derecha del cuadro de diálogo. Si colocas el puntero del ratón sobre el gráfico, aparece un cuadro de sugerencia con el nombre que le hayas dado al gráfico en el paso 4.

Para saber utilizar una plantilla, *consulta* el apartado anterior "Crear un gráfico" y selecciona una plantilla en la categoría de plantillas.

Visualizar una tabla de datos en un gráfico

Puedes visualizar una tabla de datos en un gráfico. La tabla de datos aparece debajo del gráfico (como se ve en la figura 10-1). Al crear un gráfico, puedes seleccionar un diseño que incluya una tabla de datos.

Para añadir una tabla de datos a un gráfico existente:

1. Activa el gráfico y clica en la ficha Presentación para ver las herramientas de presentación de gráficos de la Cinta de opciones.

2. Clica en el botón Tabla de datos y selecciona una opción en el menú. La tabla de datos aparece debajo del gráfico.

3. Para explorar más opciones de formato para la tabla de datos, selecciona Más opciones de la tabla de datos en el menú. Aparece el cuadro de diálogo Formato de tabla de datos.

4. Selecciona las opciones de formato y clica en Aceptar.

Visualizar etiquetas de datos en un gráfico

A veces el gráfico tiene que mostrar el valor de los datos de cada punto del gráfico (tal como puedes ver en la figura 10-1) o la etiqueta de categoría de cada punto de datos. Al crear un gráfico, puedes seleccionar un diseño con etiquetas de datos. Para añadir etiquetas de datos a una serie de gráficos:

1. Activa el gráfico y clica en la ficha Presentación para ver las herramientas de presentación de gráficos de la Cinta de opciones.

2. Clica en uno de los puntos de datos de la serie. Esto selecciona toda la serie de datos.

Tras seleccionar la serie entera, intenta no clicar en un punto de datos, porque se seleccionaría un único punto de datos. Si te ocurre eso sin querer, clica en cualquier parte fuera de la serie de datos y repite este paso.

3. Clica en el botón Etiquetas de datos y selecciona una opción en el menú. Las etiquetas de datos aparecen en el gráfico.

4. Para explorar otras opciones de formato para las etiquetas de datos:

   a. Selecciona Más opciones de la etiqueta de datos en el menú. Aparece el cuadro de diálogo Formato de etiquetas de datos.

   b. Selecciona las opciones de formato que quieras.

   c. Clica en Aceptar.

Recuerda: las etiquetas de datos están unidas a la hoja de cálculo. Si los datos cambian, las etiquetas también lo hacen. Para reemplazar las etiquetas de datos por otro texto, selecciona la etiqueta y escribe el texto nuevo (o incluso una referencia de celda) en la barra de fórmulas.

Si las etiquetas de datos no están bien colocadas, selecciona una etiqueta y arrástrala a su posición correcta. Para seleccionar una etiqueta en concreto, haz doble clic en la etiqueta.

Dar formato a un elemento del gráfico

Puedes editar los elementos de un gráfico de diversas maneras. Por ejemplo, puedes cambiar los colores, el grosor de línea y las fuentes. Los cambios se hacen en el cuadro de diálogo Formato, que es diferente para cada elemento del gráfico.

Para modificar un elemento de un gráfico:

1. Selecciona el elemento del gráfico. *Consulta* el apartado "Seleccionar un elemento de gráfico".

2. Accede al cuadro de diálogo Formato para el elemento seleccionado mediante las técnicas siguientes:

   • En el grupo Selección actual de la ficha Presentación, clica en el botón Aplicar formato a la selección.

   • Haz un clic derecho en el elemento y selecciona Dar formato a nombre de elemento en el menú contextual que aparece (Nombre de elemento es el nombre del elemento del gráfico seleccionado, como series de datos, líneas de división o eje).

   • Haz un doble clic en el elemento.

   • Pulsa Ctrl+1 (el número 1).

3. Selecciona la opción que quieras aplicar en la parte izquierda del cuadro de diálogo.

4. Selecciona las opciones pertinentes para realizar los cambios en la parte derecha del cuadro de diálogo. Para obtener ayuda acerca de una opción, clica en el botón Ayuda (signo de interrogación) en el cuadro de diálogo.

5. Clica en Aceptar.

Recuerda: Puedes cambiar el color de algunas partes de un elemento. Por ejemplo, el color del relleno o de la línea. Puedes elegir entre color de tema o color sin tema. Si seleccionas color de tema, el color cambia si se cambia el tema del libro. Si seleccionas color sin tema, el color no cambia al cambiar el tema del libro. Completa esta información con el apartado "Dar formato con temas" del capítulo 1.

Si quieres dar formato a varios elementos de un gráfico, deja el cuadro de diálogo Formato abierto. Tras seleccionar un elemento distinto, las opciones del cuadro de diálogo cambian a las opciones del nuevo elemento.

Administrar y representar los datos ausentes u ocultos

A veces, puede que a los datos que se representen les falten uno o varios puntos de datos. De forma predeterminada Excel no incluye los datos en filas y columnas ocultas dentro del rango de datos que se está representando. Hay diversas opciones para administrar los datos ausentes, que permiten representar datos ocultos en un rango. Simplemente sigue los pasos siguientes:

1. Activa el gráfico y clica en la ficha Diseño para ver las herramientas de diseño de gráficos de la Cinta de opciones.

2. Clica en el botón Seleccionar datos. Aparece el cuadro de diálogo Seleccionar origen de datos.

3. Clica en el botón Celdas ocultas y vacías. Se muestra el cuadro de diálogo Configuración de celdas ocultas y vacías.

4. Selecciona una opción para administrar los datos ausentes:

   • **Rangos.** Se ignoran los datos ausentes y la serie deja un espacio vacío en cada punto de datos que falta.

   • **Cero.** Los datos ausentes son tratados como cero.

   • **Conectar puntos de datos con línea.** Se calculan los datos que faltan mediante la utilización de datos en ambos lados del punto o puntos ausentes. Esta opción solo está disponible para gráficos de línea y algunos subtipos de gráficos de dispersión X Y.

5. Si quieres representar datos ausentes dentro del rango de origen de datos del gráfico, selecciona el cuadro de verificación Mostrar datos en filas y columnas ocultas.

6. Clica en Aceptar para salir del cuadro de diálogo Configuración de celdas ocultas y vacías y otra vez Aceptar para salir del cuadro de diálogo Seleccionar origen de datos.

Recuerda: Las opciones que seleccionas, se aplican a todo el gráfico activo. No puedes seleccionar distintas opciones para series diferentes dentro de un mismo gráfico.

Insertar y modificar leyendas de gráficos

Una leyenda utiliza texto y claves para describir series de datos en un gráfico. Una *clave* es un gráfico pequeño que corresponde a una serie del gráfico.

Añadir una leyenda al gráfico

Al crear un gráfico, puedes seleccionar una presentación con leyenda (etiqueta-da en la figura 10-1). Si no pones una leyenda al crear el gráfico, puedes añadirla después. Para poner una leyenda en un gráfico ya existente:

1. Activa el gráfico y clica en la ficha Presentación para ver las herramientas de presentación de gráficos de la Cinta de opciones.

2. Clica en el botón Leyenda y selecciona una opción en el menú. Se te mos-trará una leyenda en el gráfico.

Cambiar los nombres (títulos) en una leyenda del gráfico

Si no pones títulos de fila o columna con los datos de origen al crear un gráfico, Excel te enseña nombres predeterminados (títulos) Serie 1, Serie 2, etc. en la le-yenda. Para cambiar los nombres predeterminados:

1. Activa el gráfico y clica en la ficha Diseño para ver las herramientas de diseño de gráficos de la Cinta de opciones.

2. Clica en el botón Seleccionar datos o haz doble clic en el borde de área del gráfico y selecciona Seleccionar datos en el menú contextual. Aparece el cuadro de diálogo Seleccionar origen de datos.

3. Selecciona un nombre (Serie 1, Serie 2, etc.) en la ventana Entradas de leyenda (series) y clica en el botón Editar sobre el nombre de serie. Aparece el cuadro de diálogo Modificar serie.

4. Borra el texto del cuadro Nombre de la serie y escribe un nombre nuevo o selecciona una celda de la hoja de cálculo que contenga el nombre que quieras utilizar. Clica en Aceptar para añadir el nombre y volver al cuadro de diálogo Seleccionar origen de datos.

5. Repite el paso 4 para cada serie a la que quieras cambiarle el nombre.

6. Clica en Aceptar para salir del cuadro de diálogo Seleccionar origen de datos.

Cambiar un eje del gráfico

Al crear un gráfico, puedes cambiar el valor del eje para cambiar la escala, aña-dir un título al eje, cambiar la visualización de la marca de graduación, añadir unidades de visualización, etc. También puedes cambiar la categoría del eje, por ejemplo, añadir un título, cambiar las marcas de graduación o cambiar el punto donde el eje cruza el valor del eje. Para cambiar el eje de un gráfico:

1. Activa el gráfico y clica en la ficha Presentación para ver las herramientas de gráficos de la Cinta de opciones.

2. Clica en el botón Ejes y selecciona la opción Eje horizontal primario o Eje vertical primario en función del eje que se quiera cambiar. Al elegir una opción, aparece un menú desplegable.

3. Selecciona una de las opciones predeterminadas en el menú o continúa con el cuarto paso si quieres otras opciones.

4. Si no te gusta ninguna de las opciones que aparecen en el menú, selecciona Más opciones de eje en la parte inferior, tanto horizontal como vertical. Aparece el cuadro de diálogo Dar formato a eje.

5. En la parte derecha del cuadro de diálogo, selecciona las opciones del eje que quieras cambiar. Para obtener ayuda, clica en el botón de ayuda (signo de interrogación en la parte superior derecha del cuadro de diálogo).

   Prueba las diferentes opciones hasta encontrar la que más te guste. Puedes desactivar las opciones seleccionadas (mediante el botón Deshacer en el Acceso rápido de la barra de herramientas) y vuelve a empezar si el gráfico no muestra los resultados que esperabas.

6. Si quieres cambiar el formato del eje (número, relleno, color de línea, etc.), selecciona una o varias opciones de la lista de la parte izquierda del cuadro de diálogo y selecciona las opciones de la parte derecha.

7. Clica en Aceptar una vez terminada la selección.

 Una manera rápida de cambiar un eje es seleccionarlo y hacer doble clic en el eje del gráfico o hacer un clic derecho en el eje del gráfico y elegir Dar formato en el menú. Sigue los pasos 5 a 7.

Para añadir un título al eje, activa el gráfico, clica en la ficha Presentación y en el botón Rótulos del eje. Selecciona un eje en el menú y una opción de título en el menú desplegable. Cuando aparezca el cuadro de título de eje en el gráfico, clica en el cuadro y escribe un título.

Cambiar el tamaño de un gráfico incrustado, o moverlo o copiarlo o eliminarlo

Para cambiar el tamaño de un gráfico incrustado:

1. Activa el gráfico.

2. Arrastra uno de los ocho controladores para modificar el tamaño (una serie de puntos) en el borde del gráfico para cambiar el tamaño del elemento. Al colocar el puntero del ratón sobre un controlador para modificar el tamaño o cuando arrastras el controlador, el puntero cambia a línea negra con flechas en ambos extremos.

El gráfico incrustado puedes moverlo de sitio o copiarlo dentro de la hoja de cálculo:

✓ Para mover un gráfico con el ratón, activa primero el gráfico. Ahora clica en el borde del gráfico entre los controladores de tamaño y arrastra el gráfico a la posición deseada dentro de la hoja de cálculo. Al colocar el puntero del ratón sobre el borde o al arrastrar el borde, el puntero cambia a una flecha blanca con una cruz negra en la punta de la flecha.

✓ Mover un gráfico de manera precisa con el ratón, por ejemplo, para alinear varios gráficos, puede ser complicado. En tal caso, puedes utilizar las flechas para mover el gráfico. Primero, asegúrate de que el gráfico no está activado. Mantén pulsado Ctrl y selecciona el gráfico con el ratón. Ahora puedes mover el gráfico con las flechas.

✓ Para copiar un gráfico, primero hay que activarlo. Mantén pulsado Ctrl mientras arrastras el gráfico. Puedes utilizar los botones Cortar y pegar en la ficha Inicio de la Cinta de opciones o pulsar Ctrl+C para copiar o Ctrl+V para pegar.

✓ Para mover el gráfico incrustado a otra hoja de cálculo, selecciona el gráfico, clica en la ficha Diseño y en el botón Mover gráfico. Selecciona la nueva ubicación en el cuadro de diálogo Mover gráfico y clica en Aceptar. Una hoja de gráfico suele tener un único gráfico que está relacionado con los datos de la hoja de cálculo.

Para eliminar un gráfico, actívalo primero y selecciona Eliminar.

Cambiar el tamaño de un elemento del gráfico, o moverlo o eliminarlo

Los elementos del gráfico a los que puedes cambiar el tamaño son: títulos y etiquetas de datos, la leyenda y el área de trazado. Para cambiar el tamaño a un elemento del gráfico:

1. Selecciona el elemento del gráfico al que quieres cambiarle el tamaño.

2. Arrastra un controlador de tamaño (un cuadrado o un círculo) en el borde del elemento para cambiar el tamaño. Al colocar el puntero del ratón sobre el borde de un controlador, el puntero cambia a una flecha de dos puntas. Al clicar para arrastrar el ratón, el puntero cambia a una cruz.

Puedes mover los títulos, las etiquetas de datos y la leyenda dentro del área del gráfico. Para mover un elemento del gráfico:

1. Selecciona el elemento que quieres mover.

2. Clica en el borde del elemento entre los controladores de tamaño y arrastra el elemento a la ubicación deseada dentro del gráfico. Al colocar el puntero del ratón sobre el borde o al arrastrar el borde, el puntero cambia a una cruz con una flecha en cada extremo.

También puedes borrar los elementos del gráfico, incluidas las series de datos. Para borrar un elemento del gráfico:

1. Selecciona el elemento que quieras borrar.

2. Selecciona Eliminar.

Completa este apartado con el siguiente "Seleccionar un elemento del gráfico".

Seleccionar un elemento del gráfico

Modificar un elemento del gráfico es muy parecido al resto de operaciones en Excel: primero tienes que seleccionar un elemento del gráfico y luego ejecutar un comando para hacer algo con la selección.

Hay tres maneras de seleccionar un elemento:

✓ Clica en el elemento del gráfico. Si el elemento es una serie, al clicar una vez en la serie, se seleccionan todos los puntos de la serie. Al clicar dos veces en la serie, se seleccionan puntos concretos de la serie.

✓ Utiliza las flechas arriba o abajo para ver todos los elementos del gráfico. Si seleccionas una serie de datos, puedes utilizar las flechas de derecha o izquierda para elegir puntos concretos en la serie.

✓ Selecciona el gráfico y clica en la ficha Presentación de la Cinta de opciones. Ahora selecciona un elemento del gráfico de la lista desplegable Elementos del gráfico (sobre el botón Aplicar formato a la selección) en el grupo Selección actual. Esta opción es útil si resulta difícil seleccionar un elemento con el ratón.

 Si colocas el puntero del ratón sobre un elemento del gráfico, aparece un cuadro de sugerencia con el nombre del elemento. Si el elemento es un punto de datos, el cuadro de sugerencia muestra el valor. El cuadro de sugerencia te resultará útil para asegurarte de que seleccionas el elemento deseado.

Actualizar el rango de origen de datos en un gráfico o serie de datos

A menudo se crean gráficos con un determinado rango de datos y luego se quieren añadir más datos en la hoja de cálculo. Si añades nuevos datos a un rango, la serie de datos del gráfico no se actualiza para incluir los nuevos, o se borran algunos datos del rango utilizados para crear el gráfico. Si se borran datos de un rango, el gráfico muestra de forma predeterminada los datos borrados como valores cero.

Para actualizar todo el gráfico y añadir nuevos datos al rango:

1. Activa el gráfico y clica en la ficha Diseño para ver las herramientas de diseño de gráficos de la Cinta de opciones.

2. Clica en el botón Seleccionar datos para ver el cuadro de diálogo Seleccionar origen de datos.

3. En el cuadro Rango de datos del gráfico, edita manualmente la referencia de origen de datos o cierra el cuadro y utiliza el puntero del ratón para seleccionar el rango nuevo en la hoja de cálculo.

4. Clica en Aceptar para actualizar el gráfico con un nuevo rango de datos.

Si quieres actualizar el rango para una serie de datos individual en la hoja de cálculo:

1. Activa el gráfico y clica en la ficha Diseño para ver las herramientas de diseño de gráficos de la Cinta de opciones.

2. Clica en el botón Seleccionar datos para ver el cuadro de diálogo Seleccionar origen de datos.

3. Selecciona el nombre de la serie que quieras modificar en la ventana Entradas de leyenda (series) y clica en el botón Editar sobre la ventana. Aparece el cuadro Modificar serie.

4. En el cuadro Valores de serie, edita manualmente la referencia de origen de datos o cierra el cuadro y utiliza el puntero del ratón para seleccionar el rango nuevo en la hoja de cálculo. Clica en Aceptar para volver al cuadro de diálogo Seleccionar origen de datos.

5. Si es necesario, modifica el rango de las etiquetas de categoría. Clica en el botón Editar debajo de Etiqueta del eje horizontal (categoría) para ver el cuadro de diálogo Rótulos del eje. Edita manualmente la referencia de la etiqueta de categoría o cierra el cuadro y selecciona el rango nuevo en la hoja de cálculo.

6. Clica en Aceptar para actualizar el gráfico con un nuevo rango de datos.

Tras activar el gráfico, Excel resalta los rangos utilizados. Para ampliar o reducir el rango de todo el gráfico, arrastra simplemente un controlador de línea (cuadrado pequeño en la esquina de la línea). Para ampliar o reducir el rango de una serie de datos, selecciona la serie de datos en el gráfico y arrastra el controlador de línea.

La mejor manera para administrar los rangos de datos que quieras cambiar es convertir el rango en una *tabla*. Tras añadir o eliminar datos de la tabla, el gráfico creado a partir del rango (antes de convertir el rango en tabla o después de hacerlo) se actualiza automáticamente. Si te hace falta, *lee* el capítulo 11 "Trabajar con tablas".

Capítulo 11

Trabajar con tablas

Una *tabla* es una estructura que puedes utilizar como fuente de datos para informes y gráficos creados en Excel. Gracias a las herramientas de filtro, ordenación y formato, puedes analizar los datos directamente en la tabla. Puedes insertar los datos manualmente o copiarlos desde otra hoja de cálculo o importarlos desde fuentes externas, como un archivo de texto, Internet, un archivo XML o una base de datos.

En esta parte. . .

- ✓ **Crear una tabla**
- ✓ **Dar formato a una tabla**
- ✓ **Insertar y eliminar filas y columnas de una tabla**
- ✓ **Dar referencia a los datos de una tabla mediante una fórmula**
- ✓ **Quitar valores duplicados de una tabla**

Estructura de una tabla

Una tabla está hecha de filas y columnas de datos. Cada columna de datos tiene un nombre, por ejemplo, "Nombre", "Apellidos", "Ciudad" o "País". Los nombres aparecen en la fila de encabezado de la tabla, la cual puedes utilizar como fuente de información en informes y gráficos. Al añadir, quitar o filtrar datos en una tabla, los gráficos se actualizan automáticamente. Existen varias opciones a la hora de analizar los datos de una tabla. Por ejemplo, para conseguir un mejor análisis, puedes organizar y filtrar datos, dar formato a la tabla según los datos seleccionados (por ejemplo, normal, buena, incorrecta) y añadir columnas de fórmulas. Puedes crear manualmente los datos, copiarlos de una hoja de cálculo, relacionar datos de otra hoja de cálculo o libro, o importarlos de una fuente externa. Si en la hoja de cálculo aparecen datos organizados en forma de lista, como los de la figura 11-1, es conveniente que conviertas la lista en una tabla para sacar partido de las ventajas que ofrece.

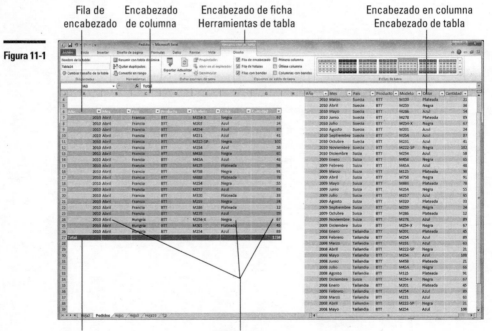

Figura 11-1

Las partes de una tabla son las siguientes:

✓ **Área de la tabla.** La fila de encabezado, filas de datos y fila de totales opcionales.

✓ **Fila de encabezado.** Nombres compartidos por todas las filas de datos, por ejemplo "Nombre del cliente", "N.° de orden" y "Precio de la unidad".

✓ **Flecha desplegable de clasificación y filtro**. Aparece en todas las columnas en la fila de encabezado. Al clicar en la flecha aparecen las opciones de clasificación y filtro.

✓ **Fila de datos.** Información específica recogida en las columnas de la fila de encabezado, como información de una transacción (por ejemplo detalles de ventas, datos de clientes o datos de productos).

✓ **Fila de totales.** Permite realizar cálculos (suma, promedio o cuenta) en cualquier columna de datos.

Las tablas suelen tener más filas de las que puedes mostrar simultáneamente en la pantalla. Si el puntero de celda está sobre la tabla y se desplaza la hoja de cálculo hasta que la fila de encabezado no se vea, los títulos de encabezado aparecen en el área del encabezado de la columna (obsérvalo en la figura 11-1).

La visualización de las flechas desplegables de columna en el área del encabezado de columna es nuevo en Excel 2010. Si lo necesitas, *consulta* en el capítulo 1 "Familiarizarse con la ventana de Excel 2010".

Convertir una tabla en un rango

Si no vas a volver a utilizar una tabla, puedes convertirla en un rango normal. Haz un clic derecho en la tabla y selecciona Tabla, y luego Convertir en rango en el menú contextual o clica en cualquier parte de la tabla y en Convertir en rango en la ficha Herramientas de tabla - Diseño.

Crear una tabla

Puedes crear una tabla a partir de un rango de datos de una fila de encabezado. Si el rango no incluye una fila de encabezado, tienes que añadir una. *Consulta* en el capítulo 4 "Introducir y editar datos en la hoja de cálculo". Para crear una tabla a partir de un rango:

1. Selecciona cualquier celda en el rango.

2. Clica en la ficha Insertar de la Cinta de opciones y en el botón Tabla (o pulsa Ctrl+Q). Aparece el cuadro de diálogo Crear tabla que selecciona todo el rango continuo que abarca el puntero de celda activo.

3. Clica en Aceptar. A continuación, se crea una tabla con estilo predeterminado, flechas de clasificación y filtro en la fila de encabezado. También aparece la ficha Herramientas de tabla - Diseño de la Cinta de opciones.

Dar formato a una tabla

Al crear una tabla, se aplica el estilo predeterminado. Sin embargo, puedes elegir otro estilo predeterminado o crear un estilo nuevo. También puedes dar formato según el contenido de una celda o columna.

Dar estilo nuevo a una tabla

Excel identifica las siguientes áreas específicas en una tabla, a las que puedes dar formato automática e independientemente: fila de encabezado, filas de datos, fila de totales, primera columna y última columna.

Para dar un estilo nuevo a una tabla:

1. Clica en cualquier celda de la tabla y en la ficha Diseño.

2. Selecciona un estilo nuevo de la galería de Estilos de tabla. Para ver las opciones de la galería, clica en la flecha superior en la parte derecha de la galería, o clica en la flecha de abajo. Aparecerá una cuadrícula desplegable. Puedes obtener una vista previa de cada estilo si se señala. Clica en una opción de estilo para aplicarlo.

3. Además, como alternativa al segundo paso, puedes seleccionar el estilo y ver las opciones en el grupo Opciones de estilo de tabla. Clica en activar o desactivar las casillas de verificación correspondientes.

Recuerda: Los estilos elegidos en la galería de estilos de tabla se basan en el tema aplicado en el libro. Por lo tanto, si cambias un tema del libro, se modificará el estilo de la tabla y la galería de estilos. Para ampliar este asunto, *lee* el apartado "Dar formato con temas" en el capítulo 1.

Dar formato según el contenido de una celda o columna

Dar formato a una tabla según el contenido de una celda o columna (formato condicional) es parecido a dar formato a una celda o rango que no pertenecen a una tabla según el contenido de la celda o rango. Te será útil completar esta información con la de los apartados "Dar formato según los contenidos de la celda o del rango" y "Dar formato a un rango mediante visualizaciones comparativas" en el capítulo 8.

Sin embargo, al elegir dar formato condicional para una tabla, tienes que fijarte en lo siguiente:

✓ Si le das formato condicional a toda una columna, ese formato se extiende automáticamente al añadirse filas nuevas a la tabla.

✓ El formato se aplica a la tabla en el orden siguiente: dar formato directo (por ejemplo, dar formato desde el grupo Fuente en la ficha Inicio de la Cinta de opciones) prevalece sobre dar formato al estilo de la tabla y dar formato condicional prevalece sobre dar formato directo. Por ejemplo, si eliminas dar formato directo, el formato de la tabla no desaparece. De igual manera, si eliminas dar formato condicional, el formato directo tampoco desaparece.

Añadir fila de totales en una tabla

Al crear una tabla, la fila de totales se omite de forma predeterminada. Sin embargo, si tienen que aparecer los datos de los totales en las columnas de la tabla, puedes añadir fácilmente una fila de totales. Coloca el puntero de celda sobre la tabla, clica en la ficha Diseño y selecciona la casilla de verificación Fila de totales en el grupo Opciones de estilo de tabla. Cuando clicas en una celda de la fila de totales, aparece una flecha desplegable en la celda; cuando cliques en ella, aparecerá una lista con las funciones más comunes (suma, promedio, cuenta, etc.). Si es necesaria una función que no está incluida en la lista, selecciona la opción Más funciones y selecciona la función en el cuadro de diálogo Insertar función.

Añadir y eliminar filas y columnas en una tabla

Excel tiene métodos muy útiles a la hora de añadir nuevas filas a una tabla para incluir datos nuevos, o nuevas columnas para realizar cálculos basados en otras columnas de la tabla. También puedes borrar filas o columnas que ya no necesitas.

Añadir y eliminar filas en una tabla

Para añadir filas en una tabla, selecciona uno de los métodos siguientes:

✓ Para añadir una fila encima de una fila existente (incluyendo la fila de totales), haz un clic derecho en una celda en la fila de la tabla existente y selecciona Insertar, y, después, Filas de la tabla arriba. Si haces un clic derecho en una celda en la última fila de datos, puedes añadir una fila encima o debajo de la última fila.

✓ Si utilizas la tecla Tab (el tabulador) para desplazarte a la próxima columna al introducir datos en una fila, aparece una nueva fila automáticamente después de pulsar el tabulador en la columna de más a la derecha de la última fila de datos.

✓ Si hay una fila en blanco justo debajo de la última fila de datos, puedes introducir datos en cualquier celda de la fila en blanco y se añadirá la fila a la tabla. El formato de la tabla (normal y condicional) y cualquier fórmula de columnas se aplicará a la nueva fila.

Para eliminar una fila, haz un clic derecho en cualquier celda de la fila y selecciona Eliminar, y, después, Filas de la tabla en el menú contextual. Para eliminar varias filas, selecciona las filas, haz un clic derecho en la selección y selecciona Eliminar, y, después, Filas de la tabla.

Añadir y eliminar columnas en una tabla

Para añadir columnas, selecciona uno de los métodos siguientes:

✓ Para añadir una columna a la izquierda de una columna existente, haz un clic derecho en la columna existente y selecciona Insertar, y, después, Columnas de la tabla a la izquierda en el menú contextual. Si haces un clic derecho en una celda de la columna de más a la derecha, puedes añadir una columna a su izquierda o derecha. Aparece un título genérico para el encabezado de la columna, que puedes cambiar por un nombre más personalizado.

✓ Si hay una columna en blanco justo a la derecha de la columna de más a la derecha, puedes añadir datos en cualquier celda de la columna en blanco y se añadirá la nueva columna a la tabla. El formato de la tabla se extenderá a la nueva columna.

Para eliminar una columna, haz un clic derecho en cualquier celda de la columna y selecciona Eliminar, y, después, Columnas de la tabla en el menú contextual. Para eliminar varias columnas, selecciona las columnas, haz un clic derecho en la selección y selecciona Eliminar, y, después, Columnas de la tabla.

Recuerda: No puedes añadir o eliminar celdas individuales en una tabla. Sólo puedes añadir o eliminar filas o columnas enteras.

Hacer referencia a los datos de una tabla en una fórmula

Las tablas tienen una estructura bien definida con partes identificables, como la tabla entera, la fila de encabezado, el área de datos y las columnas con nombre; Puedes repasar estos aspectos en el apartado anterior "Estructura de una tabla". Puedes hacer referencia a varias partes de una tabla en vez de las típicas referencias de fila y columna. Al crear una tabla, por defecto tiene un nombre genérico (tabla1, tabla2, etc.). Para hacer referencia a datos de la tabla en una fórmula con elementos de la tabla con nombre, hay que cambiar el nombre por algo más descriptivo, como "Datosdeventas". Para cambiar el nombre predeterminado de la tabla, selecciona cualquier celda de la tabla, clica en la ficha Diseño de la Cinta de opciones y escribe un nombre nuevo en el cuadro de texto Nombre de la tabla en el grupo Propiedades. Las normas siguientes se aplican a los nombres de tabla y columna:

✓ El nombre de la tabla tiene que ser diferente a cualquier otro nombre que se haya creado en el libro y tiene que seguir las reglas de creación de nombres de Excel; puedes *consultar* el capítulo 6 "Crear y utilizar nombres".

✓ Los nombres de las columnas tienen que ser únicos dentro de la tabla, aunque el mismo nombre de columna puede aparecer en dos tablas distintas.

✓ Si cambias el nombre a una tabla o columna, las fórmulas utilizadas para hacer referencia al nombre se actualizan automáticamente para incluir el nombre nuevo.

✓ Las referencias de nombre de la tabla o de las columnas se actualizan automáticamente cuando añades o eliminas filas y columnas de la tabla.

La referencia que incluye el nombre de la tabla y todas sus partes identificables se llama *referencia estructurada*. Las partes identificables también se conocen como *especificadores*.

Una referencia estructurada puede ser cualificada o no cualificada. Una referencia no cualificada no incluye el nombre de la tabla. Una referencia cualificada debe incluir el nombre de la tabla.

Hacer referencia a datos de una tabla fuera de la tabla

Debes utilizar referencias estructuradas cualificadas si quieres hacer referencia a datos de la tabla mediante una fórmula que está fuera del rango de la tabla. Para hacer referencia a datos de la tabla mediante una fórmula, utiliza los métodos siguientes:

✓ Para hacer referencia a todos los datos de la tabla, utiliza el nombre de la tabla o el nombre de la tabla y el especificador `#Datos`. Por ejemplo, si quieres sumar todos los datos de una tabla llamada "Datosdeventas", escribe lo siguiente:

`=SUMA(Datosdeventas)` o `SUMA(Datosdeventas[#Datos])`

En esta fórmula, `Datosdeventas[#Datos]` sería la referencia estructurada.

La función `SUMA` ignora cualquier texto en la referencia estructurada.

✓ Para hacer referencia a datos de una columna de la tabla, utiliza el nombre de tabla y un calificador de columna en forma de `NombreTabla[Nombrecolumna]`. Por ejemplo, si tienes que añadir una columna llamada "Trimestre1" en una tabla llamada "Datosdeventas", escribe lo siguiente:

`=SUMA(Datosdeventas[Trimestre1])`

✓ Otras referencias de tabla son útiles para algunos tipos de fórmulas de búsqueda. Para hacer referencia a toda la tabla (la fila de encabezado y todas las filas de datos), tienes que utilizar la forma `NombreTabla[#Todo]`. Para hacer referencia solo a encabezados de tabla, la forma `NombreTabla[#Encabezado]`. Para hacer referencia a una columna entera (encabezado y datos), la forma `NombreTabla[[#Todos],[Nombrecolumna]]`. Para hacer referencia solo al texto del encabezado de una columna, `NombreTabla[[#Encabezado],[NombreColumna]]`.

Si incluyes una fila de totales en la tabla, puedes hacer referencia a un total mediante la forma `NombreTabla[[#Totales],[NombreColumna]]`.

Puedes ahorrar tiempo si se introducen referencias de nombres de tabla mediante la Fórmula Autocompletar, que muestra una lista con los nombres de tabla definidos cuando se empieza a escribir un nombre en la fórmula. Al introducir un corchete ([ ) después del nombre de la tabla, la opción Autocompletar muestra una lista con los especificadores disponibles (#Todo, #Totales, #Datos, etc.); *consulta* en el capítulo 4 el apartado "Introducir fórmulas manualmente".

Hacer referencia a datos de una tabla mediante una columna calculada

Una *columna calculada* (o campo calculado) es simplemente una columna que se añade a la tabla que hace referencia a datos de la tabla mediante una fórmula. Las referencias de la fórmula son parecidas a las del apartado "Hacer referencia a datos de una tabla fuera de la tabla". La diferencia es que puedes utilizar una referencia estructurada no cualificada, porque la columna calculada es parte de la tabla.

Para añadir una columna calculada y una fórmula:

1. Inserta una columna nueva en la tabla. *Consulta* el apartado "Añadir y eliminar filas y columnas en una tabla".

2. Escribe una fórmula que haga referencia a la tabla en cualquier celda de la columna nueva. Puedes escribir la fórmula manualmente o señalado con el ratón. Por ejemplo, si hay una tabla llamada "Datosdeventas" y tienes que calcular la diferencia entre las ventas en las columnas Trimestre1 y Trimestre2, escribe manualmente lo siguiente:

   `=[Trimestre1]-[Trimestre2]`

   Tras escribir la fórmula en la columna, Excel la evalúa, lo que significa que utiliza una intersección implícita para cada fila.

   Por el contrario, si en vez de manualmente señalas para introducir la fórmula, la referencia de columna se califica con el símbolo arroba (@) y la referencia combinada con un paréntesis. Por ejemplo:

   `=[@[Trimestre1]]-[@[Trimestre2]]`

Para introducir la fórmula con el ratón, pulsa el signo igual (=), señala la columna Trimestre1 en la misma fila que la fórmula que estás introduciendo, pulsa el signo de menos (–) y señala la columna Trimestre2. Al escribir y señalar con el ratón, Excel completa la fórmula; Puedes verlo en la figura 11-2.

El símbolo @ es una representación del especificador [#Estafila] y es nuevo en Excel 2010, que utiliza ese especificador para evaluar la fórmula mediante intersección explícita. Tanto la fórmula de intersección implícita como la de intersección explícita dan el mismo resultado.

3. Tras completar la fórmula, pulsa Entrar. La fórmula aparece en toda la columna.

Figura 11-2

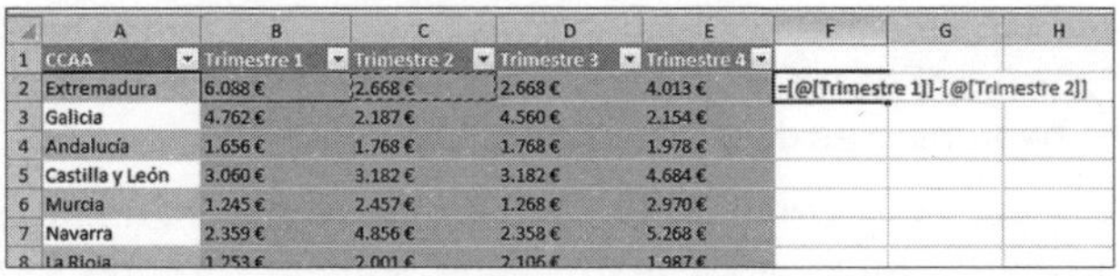

A	B	C	D	E	F	G	H
CCAA ▼	**Trimestre 1** ▼	**Trimestre 2** ▼	**Trimestre 3** ▼	**Trimestre 4** ▼			
Extremadura	6.088 €	2.668 €	2.668 €	4.013 €	=[@[Trimestre 1]]-[@[Trimestre 2]]		
Galicia	4.762 €	2.187 €	4.560 €	2.154 €			
Andalucía	1.656 €	1.768 €	1.768 €	1.978 €			
Castilla y León	3.060 €	3.182 €	3.182 €	4.684 €			
Murcia	1.245 €	2.457 €	1.268 €	2.970 €			
Navarra	2.359 €	4.856 €	2.358 €	5.268 €			
La Rioja	1.253 €	2.001 €	2.106 €	1.987 €			

Recuerda: Si cambias la fórmula en cualquier celda de una columna calculada, las fórmulas de todas las demás celdas se actualizan automáticamente en la columna. Si no quieres actualizar todas las demás celdas de la columna, clica en Etiqueta inteligente (el icono del rayo con una flecha desplegable) que aparece junto a la columna tras actualizar la fórmula y selecciona Deshacer columna calculada en el menú.

Quitar valores duplicados de una tabla

Si hay una tabla con información duplicada existen muchas opciones útiles para quitar las filas con la información duplicada antes de analizar los datos.

Por ejemplo, puedes quitar duplicados si toda la fila está duplicada (opción predeterminada) o quitar filas si los datos de una o varias columnas están duplicados. Para quitar datos duplicados de una tabla:

1. Clica en cualquier celda de la tabla y en la ficha Diseño de la Cinta de opciones.

2. Clica en el botón Quitar duplicados. Excel selecciona el área de datos de toda la tabla y muestra el cuadro de diálogo Quitar duplicados (mira la figura 11-3).

Figura 11-3

3. Si hay que quitar filas en las que todos los datos de columna están duplicados (por ejemplo, un apellido), selecciona la columna o columnas y clica en Aceptar.

Los datos duplicados son eliminados de la tabla de forma permanente. Si el resultado de la operación no es el deseado, puedes deshacer la operación (clica en el botón de la Barra de herramientas de acceso rápido Ctrl+Z) y vuelve a empezar.

Si hay que conservar los datos originales, puedes seleccionar y copiar la tabla a otra hoja de cálculo. Si hay un rango de datos especialmente grande, haz una copia de la hoja de cálculo en vez de copiar los datos de la tabla.

Recuerda: Puedes quitar duplicados en un rango ordinario (fuera de la tabla). Selecciona el rango y clica en el botón Quitar duplicados en la ficha Datos de la Cinta de opciones.

Recuerda: Si la columna tiene fechas o datos numéricos, Excel utiliza el formato de número de la columna para determinar si los datos son duplicados o no. Por ejemplo, no se considera que las fechas 12/31/2010 y viernes, 31 de diciembre de 2010 sean duplicados, aunque internamente almacene ambas representaciones de forma idéntica.

Seleccionar áreas en una tabla

Excel tiene métodos muy útiles para seleccionar filas o columnas en una tabla, o incluso para seleccionar toda la tabla. Estos métodos son de gran utilidad si, por ejemplo, quieres copiar datos de una tabla o mover la tabla a otra ubicación o dar formato a toda una columna:

✓ Para seleccionar una fila, señala la columna de más a la izquierda en la fila hasta que el puntero se convierta en una flecha que señala la derecha. A continuación, selecciona la fila con el ratón. También puedes seleccionar una fila, seleccionando cualquier celda en la fila y pulsando Mayús+barra espaciadora.

✓ Para seleccionar celdas de datos en una columna, señala la fila de encabezado hasta que el puntero se convierta en una flecha que señala hacia abajo. A continuación clica para seleccionar las celdas de datos. Si tienes que seleccionar toda la columna, incluidas las celdas de encabezado y totales, clica otra vez. También puedes seleccionar celdas de datos de una columna, seleccionando cualquier celda en la columna y pulsando Ctrl+barra espaciadora. Si vuelves a pulsar Ctrl+barra espaciadora, se selecciona toda la columna.

✓ Para seleccionar todas las filas de datos de una tabla, señala la celda de la esquina superior izquierda en la fila de encabezado hasta que el puntero se convierta en una flecha diagonal. A continuación, clica para seleccionar las filas de datos. Vuelve a clicar para seleccionar toda la tabla. También puedes seleccionar todas las filas de datos de la tabla pulsando Ctrl+Mayús +barra espaciadora. Pulsa Ctrl+Mayús+barra espaciadora de nuevo para seleccionar toda la tabla. Otra manera de seleccionar toda la tabla es seleccionar cualquier celda de la tabla y mover el puntero del ratón hacia un borde de la tabla hasta que se convierta en una flecha con una cruz en la punta. A continuación clica para seleccionar la tabla.

Analizar datos con tablas dinámicas

Un informe de *tabla dinámica* (o simplemente una *tabla dinámica*) es una tabla interactiva que organiza y resume datos sin procesar. La tabla dinámica permite resumir, filtrar y visualizar datos desde diversas perspectivas para un mejor análisis de los mismos.

En esta parte. . .

✓ **Añadir un filtro de informe de segmentación de datos**

✓ **Crear tablas y gráficos dinámicos**

✓ **Crear y dar formato a informes de tablas dinámicas**

Estructura de una tabla dinámica

Mientras una tabla sirve para presentar y analizar detalles de los datos, una tabla dinámica permite presentar y analizar datos de forma resumida. Además, con una tabla dinámica (que puedes ver en la figura 12-1), puedes ver los datos resumidos desde varias perspectivas organizadas en niveles jerárquicos detallados.

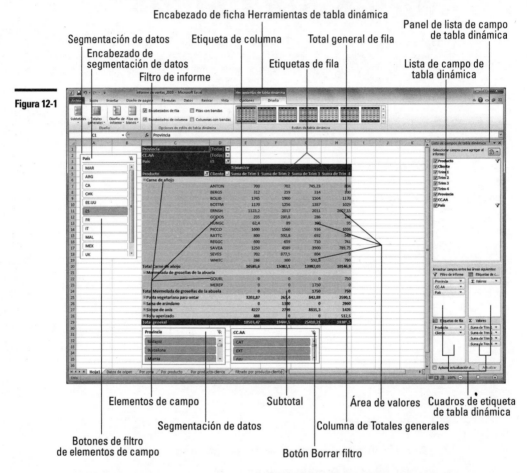

Figura 12-1

Encabezado de ficha Herramientas de tabla dinámica

Panel de lista de campo de tabla dinámica

Segmentación de datos   Etiqueta de columna   Total general de fila

Encabezado de segmentación de datos

Lista de campo de tabla dinámica

Filtro de informe

Etiquetas de fila

Elementos de campo   Subtotal   Área de valores   Cuadros de etiqueta de tabla dinámica

Segmentación de datos   Columna de Totales generales

Botones de filtro de elementos de campo

Botón Borrar filtro

Los elementos que aparecen en una tabla dinámica son los siguientes:

✓ **Panel de tareas de lista de campos de tabla dinámica**. Aparece cuando indicas que quieres crear una tabla dinámica desde datos de origen. El panel de tareas incluye etiquetas de campo (títulos de columna) de los datos de origen y de las casillas, que corresponden a áreas de la tabla dinámica.

✓ **Etiquetas de fila.** Los campos que quieres resumir en filas.

✓ **Elemento de campo.** Un elemento individual en las áreas de fila o columna de la tabla dinámica.

✓ **Etiquetas de columna**. Los campos que quieres resumir en columnas.

✓ **Valores.** Los datos que se resumen (por ejemplo, suma del precio total).

✓ **Filtro de informe.** Uno o varios campos en el panel de tareas Lista de campos de tabla dinámica utilizado para filtrar el informe de la tabla dinámica.

✓ **Segmentación de datos.** Un filtro interactivo, parecido al filtro de informe, pero con mayor funcionalidad.

Recuerda: Para elaborar un informe de tabla dinámica, debes elegir al menos un campo del área de datos y uno del área de fila o columna. La elección depende de cómo quieras visualizar los datos.

Recuerda: Los datos de origen utilizados en la tabla dinámica se almacenan en una zona de la memoria del sistema conocida como *Caché dinámico*. Si tienes suficiente memoria y los datos de origen provienen de una fuente de datos externa, puedes crear una tabla dinámica a partir de datos de origen con más filas y columnas de las que Excel soporta. Esto solo es posible si tras realizar el resumen, los datos se ajustan a los límites de fila y columna de Excel.

Añadir un filtro de informe de segmentación de datos

La *segmentación de datos* filtra de manera parecida al filtro de informe de una tabla dinámica tradicional, pero con las ventajas siguientes:

✓ Puedes añadir una segmentación de datos a más de una tabla dinámica y así poder filtrar varias tablas dinámicas a la vez.

✓ Una segmentación de datos muestra la lista de elementos que se han filtrado o no filtrado. Un filtro de informe sólo puede mostrar un único elemento filtrado a la vez.

✓ Puedes arrastrar una segmentación de datos en una hoja de cálculo o copiar a otra hoja de cálculo del libro. Un filtro de informe ocupa un área fija en la tabla dinámica y no puedes moverlo.

A no ser que tengas que mantener la compatibilidad con versiones anteriores de Excel, la segmentación de datos es preferible al filtro de informe.

Crear una segmentación de datos nueva

Puedes crear una o varias segmentaciones a la vez. Cada segmentación de datos representa un campo en la lista de campos de la tabla dinámica y muestra los elementos en el campo. Puedes crear una segmentación de datos para un campo tanto si está siendo utilizado por una tabla dinámica o no. Para crear una o varias segmentaciones de datos:

1. Clica en cualquier parte de la tabla dinámica y en la ficha Herramientas de tabla dinámica - Opciones.

2. En el grupo Ordenar y filtrar, clica en el botón Insertar segmentación de datos. Aparece el cuadro de diálogo Insertar segmentación de datos (mira la figura 12-2).

Figura 12-2

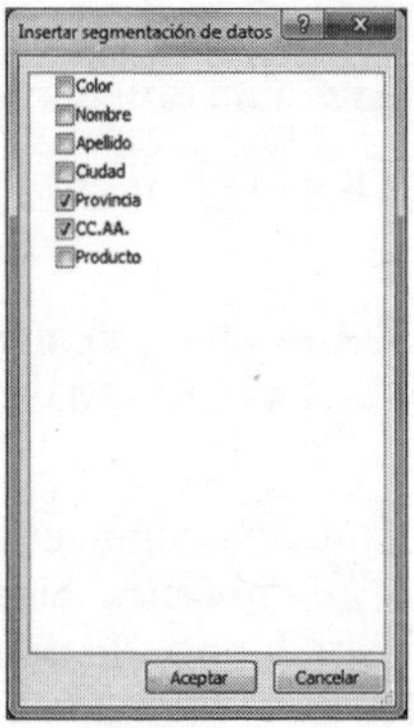

3. Selecciona las casillas de verificación para el campo o campos que quieras utilizar para filtrar la tabla dinámica. Aparecen una o varias segmentaciones de datos en la hoja de cálculo (como en la figura 12-1, donde se han creado segmentaciones de datos Provincia y CC.AA.).

Copiar, mover, eliminar una segmentación de datos y cambiar su tamaño

Al crear una segmentación de datos, puedes elegir su ubicación y tamaño de la manera siguiente:

✓ Para mover una segmentación de datos, simplemente señala la segmentación de datos hasta que el puntero se convierta en una flecha con una cruz negra. Después, mantén pulsado el botón izquierdo del ratón y arrastra la segmentación de datos hacia la nueva ubicación.

✓ Para copiar una segmentación de datos en otra hoja de cálculo, haz un clic derecho en la segmentación de datos y selecciona Copiar en el menú (o selecciona la segmentación de datos mediante un clic en el área de encabezado y pulsando Ctrl+C). Selecciona la nueva hoja de cálculo, haz un clic derecho en cualquier parte y selecciona Pegar en la galería Opciones de pegado en el menú (o pulsa Ctrl+V).

✓ Para eliminar una segmentación de datos, selecciónala mediante un clic en el área de encabezado y selecciona Quitar.

✓ Para cambiar el tamaño de una segmentación de datos, señala una esquina o la parte central de un borde lateral hasta que el puntero se convierta en una flecha doble. A continuación, mantén pulsado el botón izquierdo del ratón y arrástrala para cambiar el tamaño.

Filtrar una tabla dinámica con segmentación de datos

Como puedes ver en la figura 12-1, una segmentación de datos muestra una lista con todos los elementos de un campo. Si hay más elementos de los que la segmentación de datos puede mostrar simultáneamente, puedes utilizar la barra de desplazamiento de la derecha de la segmentación de datos, o cambiar el tamaño de la segmentación de datos para ver los elementos adicionales. Para utilizar una segmentación de datos para filtrar una tabla dinámica:

✓ Para filtrar un único elemento, clica en el elemento en la segmentación de datos.

✓ Para filtrar elementos no consecutivos, clica en el primer elemento en la segmentación de datos, mantén pulsado Ctrl y selecciona los otros elementos.

✓ Para filtrar elementos consecutivos, clica en el primer elemento en la segmentación de datos, mantén pulsado Mayús y clica en el último elemento.

✓ Para quitar todos los filtros de una segmentación de datos, clica en el botón Borrar filtro en la parte derecha del encabezado de la segmentación de datos (mira la figura 12-1).

Excel excluye todos los elementos no filtrados de la tabla dinámica. Los elementos filtrados y los no filtrados tienen colores de fondo distintos.

Dar formato a una segmentación de datos

Normalmente, cuando incluyes una segmentación de datos en un informe, sueles cambiar el formato predeterminado. Un informe típico contiene uno o varios gráficos dinámicos y segmentaciones asociadas. Como los gráficos dinámicos están asociados a la tabla dinámica, al filtrar la tabla dinámica, también se filtra el gráfico dinámico. *Consulta* el apartado "Crear y utilizar un gráfico dinámico".

Para dar formato a una segmentación de datos:

1. Clica en el encabezado de la segmentación de datos para seleccionarla. Aparece la ficha contextual Herramientas de segmentación de datos en la Cinta de opciones.

2. Clica en la ficha Opciones. Selecciona un estilo de la galería en el grupo Estilos de segmentación de datos. Clica en la flecha de la parte inferior derecha de la galería para ver todos los estilos disponibles.

3. Selecciona un estilo nuevo de la galería. El formato de la segmentación de datos cambia al nuevo estilo.

4. Si no te conviene ninguno de los estilos disponibles, selecciona Nuevo estilo de segmentación de datos en la parte inferior de la galería de estilos. Aparece el cuadro de diálogo Nuevo estilo de segmentación de datos (mira la figura 12-3).

Figura 12-3

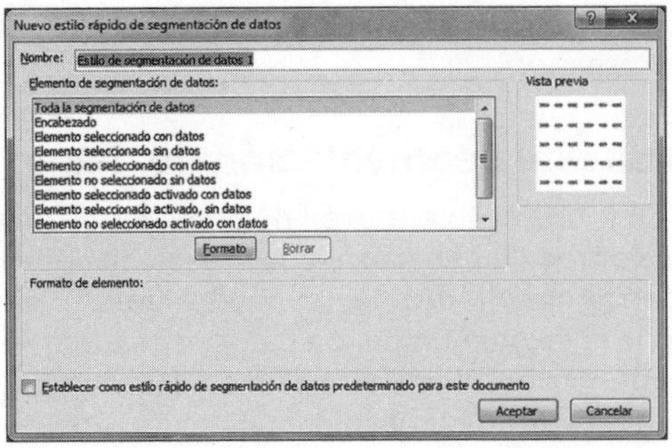

5. Escribe un nombre para el estilo en el cuadro Nombre.

6. Selecciona el elemento al que se le va a dar formato en el cuadro de lista de elementos. Ahora clica en Formato para ver el cuadro de diálogo Formato de elemento de segmentación de datos.

7. Selecciona las opciones de formato disponibles que aparecen en el cuadro. Las opciones son Fuente, Bordes y Relleno.

8. Clica en Aceptar para volver al cuadro de diálogo Nuevo estilo de segmentación de datos. Repite los pasos 6 y 7 para los otros elementos de la segmentación de datos a los que quieras dar formato.

9. Una vez cambiado el formato, clica en Aceptar para salir del cuadro de diálogo Nuevo estilo rápido de segmentación de datos. El estilo nuevo aparece en la sección personalizada de la galería de estilos.

Muchas veces hay que cambiar el formato de los elementos a un estilo existente, en lugar de crear un estilo nuevo. En el cuarto paso del proceso anterior, en lugar de elegir Nuevo estilo de segmentación de datos, haz un clic derecho en el estilo que quieras cambiar y selecciona Duplicar en el menú. Aparece el cuadro de diálogo Modificar estilo rápido de segmentación de datos. Continúa a partir del quinto paso para seleccionar los elementos que hay que modificar.

Recuerda: No puedes cambiar directamente un estilo integrado, pero puedes crear un duplicado de un estilo integrado y hacer los cambios en el duplicado.

Asociar una segmentación de datos con otras tablas dinámicas

Puedes asociar una segmentación de datos de una tabla dinámica con otras tablas dinámicas del libro. Las otras tablas dinámicas deben compartir los mismos datos de origen que la tabla dinámica original. La manera más sencilla de asociar una segmentación de datos con otra tabla dinámica es hacer una o varias copias de la tabla dinámica original. Si ya has creado varias copias de una tabla dinámica antes de añadir la segmentación de datos, esta se asocia de forma predeterminada sólo con la tabla dinámica utilizada para crear la segmentación de datos.

Para asociar una segmentación de datos con otra copia de una tabla dinámica:

1. Crea una o varias copias de la tabla dinámica. *Consulta* el apartado "Copiar una tabla dinámica".

2. Selecciona la segmentación de datos que quieras asociar con la copia o copias de la tabla dinámica.

3. Clica en la ficha Herramientas de segmentación de datos - Opciones y en el botón Conexiones de tabla dinámica en el menú contextual. También puedes hacer un clic derecho sobre la segmentación de datos y elegir Conexiones de tabla dinámica en el menú contextual. Aparece el cuadro de diálogo Conectar tabla dinámica.

4. En el cuadro de diálogo, activa la casilla de verificación que aparece junto al nombre de cada tabla dinámica que quieras asociar con la segmentación de datos. El cuadro de diálogo también muestra la hoja de cálculo de cada tabla dinámica en la lista.

5. Clica en Aceptar para finalizar.

Cambiar el resumen de datos de una tabla dinámica

Al añadir un valor numérico al área de valores de una tabla dinámica, se utiliza la función Sumar de forma predeterminada para resumir los datos. Si se añade un campo de texto al área de los valores, Excel utiliza la función Contar para resumir los datos de texto. La función Contar es la única manera de resumir datos de texto, pero hay diversas opciones para resumir datos numéricos. Para seleccionar una función de resumen distinta para un campo numérico, utiliza uno de los métodos siguientes:

✓ Haz un clic derecho en el campo numérico en el área de valores de la tabla dinámica, selecciona Resumir datos por en el menú contextual y una de las opciones en el menú desplegable. Aparece el resumen nuevo del campo seleccionado.

✓ Selecciona cualquier celda del campo numérico en el área de valores de la tabla dinámica, clica en la ficha Opciones de tabla dinámica en la Cinta de opciones y en el botón Resumir datos y selecciona una opción en el menú.

Puedes ver diferentes resúmenes para el mismo campo numérico en la tabla dinámica (por ejemplo Suma y Promedio). Para crear un resumen nuevo, arrastra la etiqueta de campo de la lista de campos en el panel de tareas a la casilla Valores (puede tener el mismo campo en repetidas ocasiones). Cada vez que se arrastra el campo a la casilla Valores, se añade el campo al área de valores de la tabla dinámica utilizando el resumen predeterminado. Para cambiar la forma predeterminada, utiliza el procedimiento indicado para cambiar el resumen.

Copiar una tabla dinámica

A veces se quiere utilizar una tabla dinámica desde distintas perspectivas, por ejemplo para analizar los datos de la tabla dinámica directamente, para hacer referencia a datos concretos de una tabla dinámica en una fórmula o para visualizar distintos gráficos dinámicos. Tener que arrastrar constantemente los campos dentro y fuera de la tabla dinámica para ver los datos desde una perspectiva diferente es muy aburrido. Para evitarlo, puedes crear una o varias copias de una tabla dinámica y distribuir los campos como se quiera en cada copia. Para copiar una tabla dinámica, utiliza cualquiera de los métodos siguientes:

✓ La manera más rápida para crear una copia de una tabla dinámica es copiar la hoja de cálculo donde está la tabla dinámica. Puedes hacer tantas copias como quieras. *Consulta* en el capítulo 3 el apartado "Copiar o mover una hoja de cálculo".

✓ Si hay varias tablas dinámicas en una hoja de cálculo, pero solo quieres copiar una:

1. Clica en cualquier parte de la tabla dinámica y en la ficha Herramientas de tabla dinámica - Opciones.

2. En el grupo Acciones, clica en la flecha del botón Seleccionar y selecciona Toda la tabla dinámica. La tabla dinámica queda seleccionada en su totalidad.

3. Haz un clic derecho en la tabla dinámica y selecciona Copiar en el menú contextual o pulsa Ctrl+C.

4. Selecciona la hoja de cálculo de destino y la ubicación para la celda de la parte superior izquierda del área de encabezado de la tabla dinámica.

5. Haz un clic derecho y selecciona Pegar de la galería de Opciones de pegado en el menú contextual.

Crear y utilizar un gráfico dinámico

Si trabajas con una tabla dinámica, puede serte difícil detectar tendencias y modelos, incluso cuando los datos de la tabla están muy resumidos. En tal caso, puedes crear un gráfico dinámico, y puedes hacerlo al mismo tiempo que se crea una tabla dinámica.

Los gráficos dinámicos son parecidos a los gráficos estándar de Excel, pero tienen algunas diferencias:

✓ El gráfico dinámico es interactivo. Puedes filtrar y ajustar los campos directamente. Cualquier cambio que se hace en el gráfico dinámico se refleja en las tablas dinámicas subyacentes.

✓ Los subtotales y totales en la tabla dinámica no se incluyen en el gráfico.

✓ Las series de gráficos se basan en datos de columna en el área de valores del gráfico. Las series no pueden estar en filas. Además, las etiquetas de columna se utilizan para los nombres de series (mira la figura 12-1).

✓ Los elementos de campo en el área de las filas de la tabla dinámica se utilizan para etiquetas de categorías (también lo ves en la figura 12-1).

✓ Los gráficos dinámicos no aceptan dispersión X Y ni tipos de gráfico de cotizaciones ni de burbujas.

Si la terminología de este apartado no te suena, *consulta* en el capítulo 10 el apartado "Estructura de un gráfico".

Crear un gráfico dinámico

Sigue los pasos del apartado "Crear un informe de tabla dinámica" a continuación. Pero en el segundo paso, selecciona la flecha del botón de la tabla dinámica y selecciona Gráfico dinámico en el menú. Un gráfico dinámico no puede existir sin una tabla dinámica asociada, así que al crearlo, se crea también una tabla dinámica. Al crear un gráfico dinámico, se utiliza el tipo de gráfico (2-D gráfico de columna) y un formato de gráfico predeterminado. Si quieres cambiar el tipo de gráfico, sigue los pasos del capítulo 10 "Cambiar el tipo de gráfico de un gráfico existente o series de datos". El gráfico dinámico está en blanco hasta que no se añaden campos a la tabla dinámica. Para crear un gráfico dinámico después de haber creado una tabla dinámica:

1. Clica en cualquier parte de la tabla dinámica y luego en el botón Gráfico dinámico en la ficha Herramientas de tabla dinámica - Opciones.

2. En el cuadro de diálogo Insertar gráfico, selecciona la categoría de gráfico en la parte izquierda y el estilo de gráfico a la derecha. Clica en Aceptar para crear el gráfico.

Utilizar un gráfico dinámico

Una vez creado, puedes utilizar el gráfico dinámico de manera interactiva. El gráfico incluye botones de campo incrustados y la posición de los botones de campo corresponde vagamente con la ubicación de los campos en la tabla dinámica. Mira la figura 12-4.

En ella se ha utilizado el botón Producto en el gráfico para filtrar las categorías bebidas. Puedes ocultar algunos o todos los botones en el gráfico. Para ocultar todos los botones, selecciona el gráfico y clica en la ficha Herramientas del gráfico dinámico - Analizar en la Cinta de opciones y luego en el botón de división Botones de campo. Para ocultar botones de Fila, Columna, Valores o área de Filtro de informe de la tabla dinámica, clica en la flecha del botón de división Botones de campo y desactiva las casillas de verificación correspondientes en el menú.

En un gráfico, el área que corresponde al área de fila de la tabla dinámica se llama campo de eje (el eje horizontal) y el área que corresponde al área de columna de la tabla dinámica se llama campo de leyenda.

Figura 12-4

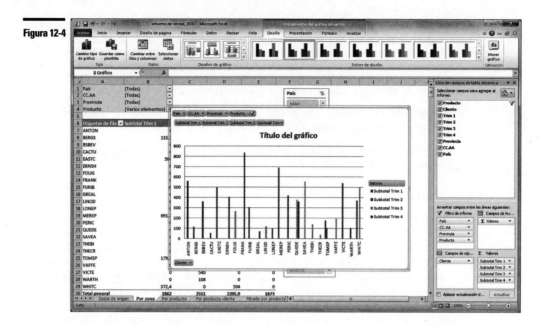

Crear un informe de tabla dinámica

Los datos para la tabla dinámica pueden provenir de una fuente de datos externa (como una base de datos) o de un rango o tabla de Excel. *Consulta* el capítulo 11 "Trabajar con tablas". Aunque puedes crear una tabla dinámica a partir de un rango común de una hoja de cálculo (no de una tabla), se recomienda utilizar una tabla. Si la tabla se expande o contrae, tras actualizar la tabla dinámica, los datos para la tabla dinámica se basan en el nuevo rango de tabla.

Para crear un informe de tabla dinámica a partir de una tabla:

1. Mueve el puntero de celda sobre cualquier celda de la tabla.

2. Clica en la ficha Insertar en la Cinta de opciones y en el botón Tabla dinámica. Aparece el cuadro de diálogo Crear tabla dinámica y selecciona el área de datos de la tabla. El nombre de la tabla aparece en la casilla Tabla o rango.

3. En la mitad inferior del cuadro de diálogo, especifica dónde hay que ubicar la tabla dinámica y clica en Aceptar. Si se selecciona la opción Hoja de cálculo existente, clica en la casilla Ubicación y luego en la celda de la hoja de cálculo que corresponderá a la esquina superior izquierda de la tabla dinámica. Aparece el panel de tareas Lista de campos de tabla dinámica y el

área en la hoja de cálculo dónde se ubicará la tabla dinámica. Además, aparecen las fichas contextuales Herramientas de tabla dinámica en la Cinta de opciones.

4. En el panel de tareas Lista de campos, selecciona las casillas de verificación de las etiquetas de campo de los campos que quieras incluir o arrastra las etiquetas de campo hasta las casillas de la parte inferior del panel de tareas.

    Estas casillas corresponden a las áreas de etiquetas en la tabla dinámica, donde aparecerán los campos seleccionados (como puedes ver en la figura 12-1)

    Si seleccionas las casillas de verificación, Excel selecciona las casillas en la parte inferior del panel de tareas para colocar las etiquetas de campo en función de lo siguiente:

    - Las etiquetas de campo para campos numéricos (como "Precio total") se colocan en la casilla Valores.

    - Las etiquetas de campo para campos no numéricos se colocan en la casilla Etiquetas de fila.

    Para invalidar el comportamiento predeterminado, arrastra las etiquetas de campo desde la lista en la ventana superior a las casillas correspondientes en la parte inferior del panel de tareas.

    Cuando hayas colocado las etiquetas de campo en las casillas (o hayas arrastrado manualmente las etiquetas a las casillas), los datos de campo aparecen en las áreas de etiqueta de la tabla dinámica correspondiente en la hoja de cálculo. De forma predeterminada, las etiquetas de campo en la casilla Valores suman los datos que aparecen en el área de valores de la tabla dinámica.

La figura 12-1 muestra la naturaleza jerárquica de los datos resumidos en una tabla dinámica y la relación entre la organización de los campos en el panel de tareas y la visualización de la hoja de cálculo.

Hay indicadores + y – junto a cada encabezado de nivel en la hoja de cálculo. Esto permite expandir o cerrar un nivel de detalle en el resumen de la tabla dinámica. Además, al crear una tabla dinámica, aparece la tabla dinámica con una vista compacta de forma predeterminada. La vista compacta se parece a la que aparece en la figura 12-1, con la salvedad de que no se muestran los encabezados de campo (etiquetas). Para ver las etiquetas de campo, clica en la flecha desplegable a la derecha de Etiquetas de fila o de columna. *Lee* también el apartado "Modificar una estructura de un informe".

Dar formato a un informe de tabla dinámica

Al principio, la tabla dinámica tiene un estilo predeterminado, pero puedes cambiar y elegir entre otro estilo predeterminado o crear un estilo nuevo. También puedes dar formato según el contenido de una celda o campo de una tabla dinámica.

Aplicar un estilo nuevo a la tabla dinámica

Para dar un nuevo estilo predeterminado a una tabla dinámica:

1. Clica en cualquier celda de la tabla dinámica y en la ficha Diseño.

2. Selecciona un estilo nuevo de la galería Estilos de tabla dinámica. Visualiza las opciones de la galería mediante las flechas de desplazamiento superiores en la parte derecha de la galería, o despliega una casilla mediante la flecha de debajo de las flechas de desplazamiento. Para previsualizar un estilo coloca el puntero del ratón sobre el estilo.

3. Además, o como alternativa al segundo paso, puedes seleccionar un estilo y ver las opciones del grupo Estilos de tabla dinámica. Activa o desactiva las casillas de verificación correspondientes.

Recuerda: Los estilos de la galería de estilos de tabla dinámica se basan en el tema aplicado al libro. Por lo tanto, si cambias el tema del libro, el estilo de tabla dinámica seleccionado y los estilos de la galería también cambian para ajustarse al nuevo tema. Completa esta información en el apartado "Dar formato con temas" en el capítulo 1.

Dar formato según los valores de datos

Dar formato a una tabla dinámica según los valores de datos (dar formato condicional) se parece a dar formato a una celda o rango de una tabla no dinámica según el contenido de la celda o rango. Si lo necesitas, vuelve a *leer* los apartados "Dar formato según los contenidos de la celda o del rango" y "Dar formato a una rango mediante visualizaciones comparativas" del capítulo 8.

Tras seleccionar una celda o rango de celdas en el área de valores y aplicar una regla de formato condicional, aparece una etiqueta inteligente con opciones de formato (un icono pequeño a la derecha de la selección); mira la figura 12-5.

Figura 12-5

Producto	Valores Suma de Trim 1	Suma de Trim 2	Suma de Trim 3	Suma de Trim 4
Carne de añojo	2.667,60 €	4.013,10 €	4.836,00 €	6.087,90 €
Carne de cangrejo de Boston	1.768,41 €	1.978,00 €	4.412,32 €	1.656,00 €
Queso Camembert Pierrot	3.182,40 €	4.683,50 €	9.579,50 €	3.060,00 €
Café de Malasia	1.398,40 €	4.496,50 €	1.196,00 €	3.979,00 €
Salsa de pimiento picante de Luisiana	1.347,36 €	2.750,69 €	1.375,62 €	3.899,51 €
Quingombó picante de Luisiana	1.509,60 €	530,40 €	68,00 €	850,00 €
Queso Mozzarella di Giovanni	1.390,00 €	4.488,20 €	3.027,60 €	2.697,00 €
Bollos de Sir Rodney	1.462,00 €	644,00 €	1.733,00 €	1.434,00 €
Cerveza negra Steeleye	1.310,40 €	1.368,00 €	1.323,00 €	1.273,50 €
Pasta vegetariana para untar	3.202,87 €	263,40 €	842,88 €	2.590,10 €
Total general	19.239,04 €			

Aplicar regla de formato a ...
- ◉ Celdas seleccionadas
- ○ Todas las celdas que muestran valores "Suma de Trim 1"
- ○ Todas las celdas que muestran valores "Suma de Trim 1" para "Producto"

Al clicar en la etiqueta inteligente, aparecen las opciones siguientes:

✓ Celdas seleccionadas. Es la opción predeterminada. El formato condicional solo se aplica a la celda seleccionada.

✓ Todas las celdas con valores "Suma de nombredecampo". *Nombredecampo* es el nombre de un campo de valores (por ejemplo Preciototal), Excel aplica el formato condicional a todas aquellas celdas con valores "Suma de nombre-decampo" en la tabla dinámica, sin tener en cuenta el nivel jerárquico del campo, e incluye subtotales y totales generales. Si la visualización de los subtotales o totales generales está activada, es útil para resúmenes que no son sumas (de lo contrario los subtotales y totales generales sesgarán cualquier formato condicional según el rango de los valores en el campo). Un ejemplo de un resumen útil para esta opción es "Promedio de nombredecampo".

✓ Todas las celdas con valores "Suma de nombredecampo" para el "Campodefila" y "Campodecolumna". *Nombredecampo* es el nombre de un campo de valores (por ejemplo, Preciototal), *Campodefila* es el nombre de un campo de fila, y *Campodecolumna* es el nombre de un campo de columna. Excel aplica el formato condicional a todas las celdas con valores "Suma de nombredecampo"en la tabla dinámica para los campos de fila y columna que corresponden a las celdas que se han seleccionado para el formato condicional y excluye los subtotales. "Campodecolumna" aparece desactivada si la tabla dinámica no incluye campos de columnas.

En la lista anterior, se sobreentiende que el campo de valores se resume mediante la función Suma (de forma predeterminada). El nombre actual para la opción depende de la función de resumen aplicada al campo. Si los valores son promedio, por ejemplo, el nombre sería "Todas las celdas con valores 'Promedio de nombredecampo'".

Recuerda: Si seleccionas alguna de las dos últimas opciones de la lista anterior, el formato condicional se extiende para añadir los datos nuevos tras actualizar la tabla dinámica.

Recuerda: El formato se aplica a una tabla dinámica con el orden siguiente: formato directo (por ejemplo, formato que se da a partir del grupo Fuente en la ficha Inicio de la Cinta de opciones) prevalece sobre el estilo de tabla dinámica y el formato condicional prevalece sobre el formato directo.

Cambiar el formato de número de un campo de una tabla dinámica

Cuando creas un informe de tabla dinámica, no se conserva ningún formato de número especial que puedas haber aplicado a los datos originales. Si aplicas un formato de divisas a los datos originales, por ejemplo, y luego utilizas esos datos en la tabla dinámica, Excel no conserva el formato de la divisa en el informe de tabla dinámica.

Para cambiar el formato de número para un campo en un informe de tabla dinámica:

1. Selecciona cualquier celda del campo en el cual quieras cambiar el formato de número. Casi siempre, se utiliza esta opción para cambiar el formato de número en el área de valores de la tabla dinámica, pero puedes cambiar los formatos de campos numéricos o de datos en las áreas de fila y columna.

2. Haz un clic derecho y selecciona Configuración de campo de valor en el menú contextual (el nombre en el menú contextual depende de si cambias el formato de número del campo de una fila o de una columna o de un campo de valores). Aparece el cuadro de diálogo Configuración de campo de valor.

3. Clica en el botón Formato de número. Aparece el cuadro de diálogo Formato de celdas.

4. En la casilla Categoría, selecciona una categoría de formato de número y selecciona un formato en la parte derecha del cuadro de diálogo Formato de celdas.

5. Clica en Aceptar para salir del cuadro de diálogo Formato de celdas y luego en Aceptar otra vez para salir del cuadro de diálogo Configuración de campo de valor.

Una manera rápida de cambiar el formato de número de celdas en un campo de valores es hacer un clic derecho y elegir Formato de número, lo que abre el cuadro de diálogo Formato de celdas.

Recuerda: Tras activar una opción de formato de número, mediante las opciones Configuración de campo de valor en el menú contextual, el formato se aplica a los datos nuevos que aparecen tras actualizar la tabla dinámica. Si quieres activar el formato solo a una celda o a un grupo de celdas (número, fuente, fondo, etc.), selecciona la celda o rango, haz un clic derecho, selecciona Formato de celdas en el menú contextual y activa las diferentes opciones del cuadro de diálogo.

Agrupar elementos de una tabla dinámica

Esta opción permite agrupar elementos específicos en un único campo de un informe de tabla dinámica. Si uno de los campos en los datos de origen está compuesto por fechas, por ejemplo, la tabla dinámica muestra una fila o columna separada para cada fecha, verás que agrupar las fechas en meses, trimestres o años, es la manera más eficaz de crear un informe de tabla dinámica con un campo de fecha.

Recuerda: Si agrupas por fecha o número, el campo que selecciones para agrupar no puede tener elementos en blanco. También, si agrupas por fecha, todas las celdas en los datos de origen deben portar una fecha reconocida por Excel o formatos de tiempo.

Crear un grupo de fechas

Para crear un grupo de fechas en una tabla dinámica:

1. Haz un clic derecho en el campo de fecha que quieras agrupar y selecciona Agrupar en el menú contextual. Aparece el cuadro de diálogo Agrupar (mira la figura 12-6).

2. Selecciona los grupos que quieras. Al seleccionar los grupos debes tener en cuenta lo siguiente:

    • Para seleccionar más de un grupo, clica en las opciones del grupo. Vuelve a clicar en la opción del grupo para desactivarlo.

    • Para agrupar semanal o quincenalmente, selecciona la opción Días y especifica 7 o 14, respectivamente en el cuadro Número de días.

- Si has seleccionado un grupo de varios días y luego otro grupo (por ejemplo, meses, trimestres o años), el grupo de varios días queda ignorado, porque no puedes agrupar entre límites de grupo. Por ejemplo, si quieres agrupar por semana o por mes, los días de la semana pueden abarcar dos meses, así que es imposible acomodar a ambos grupos simultáneamente.

- En el cuadro de diálogo, Excel selecciona automáticamente las fechas de inicio y fin para el grupo basado en el rango de datos en la tabla dinámica.

3. Para especificar manualmente la fecha de inicio o de fin o ambas, desactiva la casilla de verificación junto a Comenzar en o Terminar en y escribe una fecha nueva en la casilla de texto. Por ejemplo, si agrupas por semana y quieres estar seguro de que la semana se agrupa de domingo a sábado, en la casilla de texto Comenzar en, escribe la fecha del domingo anterior a la fecha de inicio seleccionada por Excel (a no ser que la fecha de inicio de Excel sea domingo).

4. Clica en Aceptar para crear los grupos.

Figura 12-6

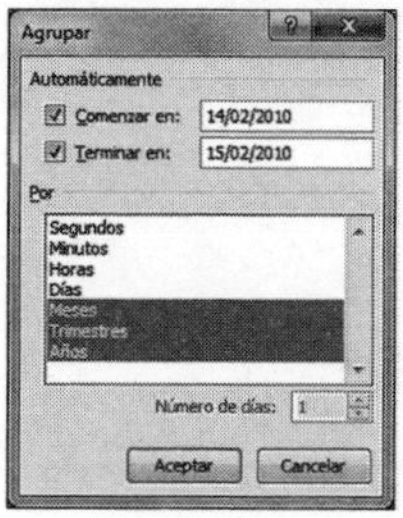

Si el campo de fecha abarca varios años y seleccionas agrupar por mes o trimestre o ambos, debes incluir el grupo de los años. Si no incluyes el grupo de los años, cada mes o trimestre se resume para todos los años, no para cada año.

Crear un grupo de números

Si pones un campo numérico (o un campo de texto donde aparezca un número) en las áreas de fila o columna de la tabla dinámica, puedes crear un grupo de números. Por ejemplo, si tienes un campo de fila con muchos números de pedidos o facturas, quizá quieras crear un informe más compacto. Para crear un grupo de números:

1. Haz un clic derecho en el campo donde quieras crear el grupo de números y selecciona Agrupar en el menú. Aparece el cuadro de diálogo Agrupar y se activan automáticamente los números de inicio y fin para el grupo.

2. Para especificar el número de inicio o de fin o ambos, desactiva la casilla de verificación junto a Comenzar en o Terminar en y escribe un número nuevo en la casilla de texto.

3. En la casilla de texto Por, escribe el número por el que hay que agrupar.

4. Clica en Aceptar para crear el grupo.

Crear un grupo de texto

Un grupo de texto te puede ser útil, por ejemplo, si quieres agrupar varios países en los territorios de venta. Para crear un grupo de texto:

1. Selecciona las celdas del campo donde quieras agrupar. Si los elementos que se quieren agrupar no están uno al lado del otro, puedes hacer una selección múltiple manteniendo pulsado Ctrl y seleccionando los elementos que conformarán el grupo.

2. Haz un clic derecho en cualquier celda en la selección y selecciona Agrupar en el menú contextual. Se crea un grupo con un título genérico, como Grupo1, Grupo2, etcétera.

3. Para cambiar el nombre del grupo por un nombre con más sentido, clica en la celda con el nuevo nombre de grupo y escribe un nombre nuevo en la barra de fórmulas.

Modificar un informe de tabla dinámica

Una tabla dinámica es un tipo de rango especial y (excepto a la hora de dar formato), no puedes manipularla como un rango normal. Por ejemplo, no puedes insertar o quitar filas, editar resultados o mover celdas. Si intentas hacerlo, aparece un mensaje de error. Sin embargo, puedes hacer ciertos cambios en el diseño o estructura de la tabla dinámica, algunos de los cuales se describen a continuación.

Modificar un diseño de informe

Al crear una tabla dinámica, se utiliza un nuevo diseño compacto de forma predeterminada, donde el campo de las filas y columnas está oculto. Este diseño te será útil si tienes muchos campos en el informe, porque minimiza el espacio horizontal en la hoja de cálculo y facilita la lectura del informe. También puedes utilizar uno de los diseños siguientes:

✓ **Contorno.** Este diseño es parecido al diseño compacto, pero muestra los encabezados de campo individuales.

✓ **Tabular**. En este diseño, el primer elemento en un campo de subnivel no aparece en una fila aparte (se ve en la figura 12-1), sino en la misma fila como su elemento de campo de nivel superior (pariente).

Para cambiar el diseño del informe, clica en cualquier parte de la tabla dinámica, y luego en el botón Diseño de informe en la ficha Diseño. Selecciona una opción de diseño en el menú.

En todos los diseños estándar de tablas dinámicas, de manera predeterminada, los nombres de los elementos de campo de parientes no se repiten cuando el pariente tiene varios hijos. En la figura 12-1, debido al hecho de que los elementos de las subcategorías Botellas y Cajas, Cascos y Neumáticos y Tubos tienen hijos en el campo "Nombredeproducto", las celdas entre cada elemento de la subcategoría están vacías (por ejemplo, hay celdas vacías entre Botellas y Cajas y Limpiadores, Cascos y Paquetes de hidración, etc.). La consecuancia de esas celdas vacías es que no puedes utilizar búsquedas u otras fórmulas que funcionen con una tabla de datos tradicional.

En Excel 2010, puedes rellenar las filas vacías de la tabla dinámica mediante la repetición de los nombres de los elementos parientes. Clica en cualquier lugar de la tabla dinámica y en la ficha Herramientas de la tabla dinámica-Diseño. Clica en el botón Diseños de informe y selecciona Repetir todas las etiquetas del informe en el menú.

Recuerda: La opción Repetir todas las etiquetas del informe se aplica a todos los campos de la tabla dinámica. También puedes utilizar la opción con el diseño de informe tabular y los subtotales desactivados.

Modificar una estructura de un informe

El poder de una tabla dinámica reside en su habilidad de mostrar datos resumidos desde muchas perspectivas mediante la reorganización de campos en las áreas de fila, columna y valores del informe y añadiendo filtros de informe en el área de filtros de informe. Para reorganizar la estructura del informe para ver los datos desde una perspectiva distinta, utiliza las técnicas siguientes:

✓ Para añadir campos a un informe, arrastra las etiquetas de campo desde la lista de campo en el panel de tareas hasta las casillas con etiquetas apropiadas debajo de la lista de campo. Para quitar un campo del informe, arrastra las etiquetas de campo fuera de la casilla de etiquetas apropiada o desactiva la casilla de verificación junto al nombre de campo en la lista de campo.

✓ Para mover campos entre las áreas de fila, columna y de filtro de informe del informe, arrastra las etiquetas de campo entre las casillas de etiquetas en el panel de tareas.

✓ Para reorganizar los niveles en las áreas de fila o columna del informe, clica y arrastra en la etiqueta de campo en la casilla de etiqueta de fila o columna sobre o debajo de las etiquetas de campo apropiadas en la misma casilla de etiqueta.

También puedes mover campos con un clic en las etiquetas de campo en las casillas de etiquetas del panel de tareas y seleccionando la opción mover en el menú.

Si tienes una tabla dinámica grande, pueden aparecer retrasos tras añadir, quitar o mover campos en la tabla, porque las actualizaciones pueden necesitar algún tiempo para cargase. Añadir, quitar o mover muchos campos a la vez puede ocasionar múltiples retrasos, lo que resulta molesto. Para resolver esto, selecciona la casilla de verificación Aplazar actualización del diseño en la parte inferior del panel de tareas. Para actualizar la tabla dinámica tras haber completado los cambios estructurales, clica en el botón Actualizar a la derecha de la casilla de verificación Aplazar actualización del diseño.

Mostrar y ocultar subtotales y totales generales

Puede que quieras visualizar el informe con los subtotales sobre un grupo o debajo de él, o por el contrario se quieren ocultar. También puedes ver los totales generales solo en filas o columna, u ocultarlos. Para cambiar el modo de visualización de los subtotales, clica en cualquier parte en la tabla dinámica y en el botón Subtotales en la ficha Diseño y selecciona una opción en el menú. Para cambiar el modo de visualización de los totales generales, clica en cualquier parte de la tabla dinámica y en el botón Totales generales en la ficha Diseño y selecciona una opción en el menú.

Para desactivar los subtotales solo en un campo, asegúrate de que los subtotales están activados para todo el informe, haz un clic derecho en un elemento del campo y selecciona Subtotal nombredecampo en el menú contextual. *Nombredecampo* es el nombre del campo cuyos subtotales se desactivan (por ejemplo, "Nombredecampo"). Para ver los subtotales solo en un campo, asegúrate de que los subtotales están desactivados para todo el informe, haz un clic derecho en un elemento del campo y selecciona Subtotal nombredecampo en el menú contextual.

Expandir y contraer niveles de elemento de campo

Expandir niveles de elemento de campo en el informe de tabla dinámica te permite ver el elemento del subnivel en el resumen del informe. Contraer niveles de elemento de campo te permite ocultar detalles de los subniveles en el resumen del informe. Cada elemento de campo de nivel tiene un botón +/-, que expande o contrae todos los subniveles que están debajo del elemento de campo. También puedes expandir o contraer a otros niveles de detalles como se muestra a continuación:

✓ Para expandir todos los elementos de un subnivel en un campo, haz un clic derecho en un elemento del campo, selecciona Expandir o contraer en el menú contextual, y selecciona Expandir todo el campo en el menú flotante. Para contraer todos los elementos de subnivel en un campo, repite lo anterior, pero selecciona Contraer todo el campo en el menú flotante (mira la figura 12-7).

✓ Para expandir un elemento de campo debajo de un subnivel específico, haz un clic derecho en un elemento del campo, selecciona Expandir o contraer en el menú contextual y selecciona el nombre del campo de la parte inferior en el menú flotante.

Figura 12-7

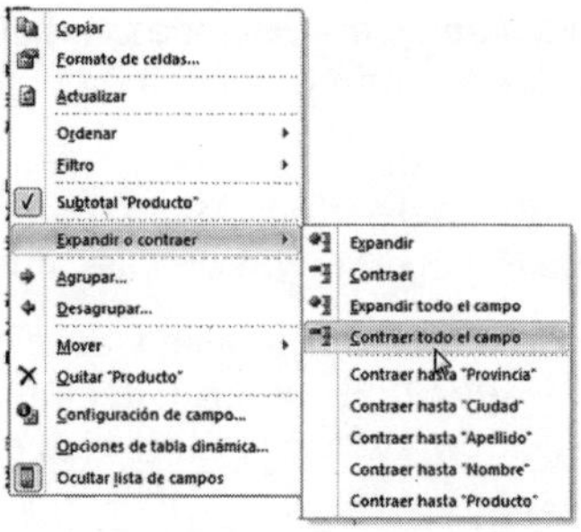

Actualizar un informe de tabla dinámica

Si cambias los datos de origen utilizados para crear el informe de tabla dinámica, la tabla dinámica no se actualiza automáticamente. Tienes que actualizar la tabla dinámica manualmente. Para ello, clica en una celda de la tabla dinámica y luego en Actualizar en la ficha Opciones, o haz un clic derecho en cualquier parte de la tabla dinámica y selecciona Actualizar en el menú contextual.

Cambiarle el nombre a una tabla dinámica

Al crear una tabla dinámica, se le asigna un nombre genérico, como Tabladinámica1, Tabladinámica2, etc. Se recomienda dar un nombre con más sentido a las tablas dinámicas, especialmente si hay varias tablas en un mismo libro. Cambiarle el nombre a una tabla dinámica es sencillo. Clica en cualquier parte de la tabla dinámica y luego en la ficha Herramientas de tabla dinámica - Opciones. En la parte izquierda de la ficha Opciones está el grupo Tabla dinámica. Escribe un nombre en la casilla Nombre de tabla dinámica.

Utilizar cálculos personalizados

Los cálculos personalizados son una lista de cálculos predeterminados, como totales o cocientes, que se utilizan para realizar análisis de datos muy eficaces. Para añadir un cálculo personalizado a una tabla dinámica:

1. Añade el campo donde haya que crear el cálculo personalizado en el área de valores de una tabla dinámica. Para ver un resumen estándar y un cálculo personalizado para el mismo campo, añade el campo al área de valores dos veces.

2. Clica en cualquier parte del campo de valor correspondiente y selecciona un cálculo personalizado mediante una de las opciones siguientes:

- Clica en la ficha Herramientas de tabla dinámica - Opciones en la Cinta de opciones, clica en el botón Mostrar valores como y selecciona una opción de la lista.
- Haz un clic derecho en el campo de valor, selecciona Mostrar valores como en el menú y selecciona una opción en el menú desplegable.

3. Si es necesario, selecciona un campo base o un campo base y un elemento base (aunque algunos cálculos personalizados no requieren acción alguna por parte del usuario tras hacer una selección, otros requieren un campo base o un campo base y un elemento base).

   En la figura 12-8, el campo Total Trim aparece en varias ocasiones en la tabla dinámica para mostrar cómo se utilizan los cálculos personalizados que necesitan un campo base o un elemento base. Al clicar en el título, puedes cambiar el nombre de cada campo. Para ello, escribe el nombre nuevo en la barra de fórmulas.

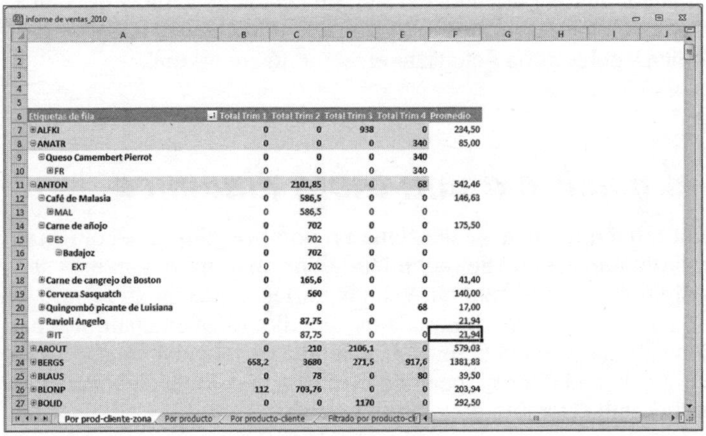

informe de ventas_2010

Etiquetas de fila	Total Trim 1	Total Trim 2	Total Trim 3	Total Trim 4	Promedio
ALFKI	0	0	938	0	234,50
ANATR	0	0	0	340	85,00
Queso Camembert Pierrot	0	0	0	340	
FR	0	0	0	340	
ANTON	0	2101,85	0	68	542,46
Café de Malasia	0	586,5	0	0	146,63
MAL	0	586,5	0	0	
Carne de añojo	0	702	0	0	175,50
ES	0	702	0	0	
Badajoz	0	702	0	0	
EXT	0	702	0	0	
Carne de cangrejo de Boston	0	165,6	0	0	41,40
Cerveza Sasquatch	0	560	0	0	140,00
Quingombó picante de Luisiana	0	0	0	68	17,00
Ravioli Angelo	0	87,75	0	0	21,94
IT	0	87,75	0	0	21,94
AROUT	0	210	2106,1	0	579,03
BERGS	658,2	3680	271,5	917,6	1381,83
BLAUS	0	78	0	80	39,50
BLONP	112	703,76	0	0	203,94
BOLID	0	0	1170	0	292,50

Por prod-cliente-zona / Por producto / Por producto-cliente / Filtrado por producto-cl

Figura 12-8

La figura 12-8 muestra un resumen por cliente, por producto y por zona: Excel reinicia el total para cada elemento pariente nuevo; esta característica no puede ser modificada. Por ejemplo, el cliente es el pariente del producto y éste de la zona.

Si quisieras crear un total de productos que no se reinicie al principio de cada cliente, tendrías que crear un campo que combine cliente y producto en un único campo, que deberías crear en la fuente de datos de la tabla dinámica.

La figura 12-8 también muestra un cálculo personalizado de promedio. El campo base para el cálculo es el cliente y el producto. También se puede seleccionar un elemento en concreto.

Recuerda: Todos los cálculos personalizados se basan en la suma estándar agregada a un campo de valor.

Ordenar y filtrar datos

En el proceso de análisis de datos, puedes ordenarlos y filtrarlos. Tanto si trabajas con tablas como si lo haces con tablas dinámicas, hay herramientas precisas para ordenar y filtrar los datos.

En esta parte. . .

- ✓ Crear una lista organizativa personalizada
- ✓ Filtrar datos en tablas dinámicas y en tablas
- ✓ Ordenar datos en tablas dinámicas y en tablas

Crear una lista organizativa personalizada

La mayoría de las actividades de ordenación están relacionadas con la ordenación de una columna o campo en orden ascendente o descendente. Sin embargo, a veces las opciones de ordenación estándar no son apropiadas, por ejemplo, cuando se ordenan días de la semana o meses del año. Una ordenación alfabética estándar de los meses coloca abril y agosto en la parte superior en una ordenación ascendente, y septiembre y octubre en la parte superior en una ordenación descendente. Normalmente quieres que aparezcan los meses en orden cronológico o invertido.

Excel incluye cuatro listas personalizadas. También puedes crear una lista nueva. Las listas personalizadas son:

- ✓ **Días abreviados.** dom, lun, mar, mié, jue, vie, sáb.
- ✓ **Días.** domingo, lunes, martes, miércoles, jueves, viernes, sábado.
- ✓ **Meses abreviados.** ene. feb. mar. abr. may. jun. jul. ago. sept. oct. nov. dic.
- ✓ **Meses.** enero, febrero, marzo, abril, mayo, junio, julio, agosto, septiembre, octubre, noviembre, diciembre.

Para crear una lista personalizada, sigue los pasos siguientes:

1. Clica en la ficha Archivo de la Cinta de opciones y luego en el botón Opciones. Aparece el cuadro de diálogo Opciones de Excel.

2. Clica en la ficha Avanzadas y desplázate hacia abajo hasta la sección General.

3. En la parte inferior de la sección General, clica en el botón Modificar listas personalizadas. Aparece el cuadro de diálogo Listas personalizadas; puedes verlo en la figura 13-1.

Figura 13-1

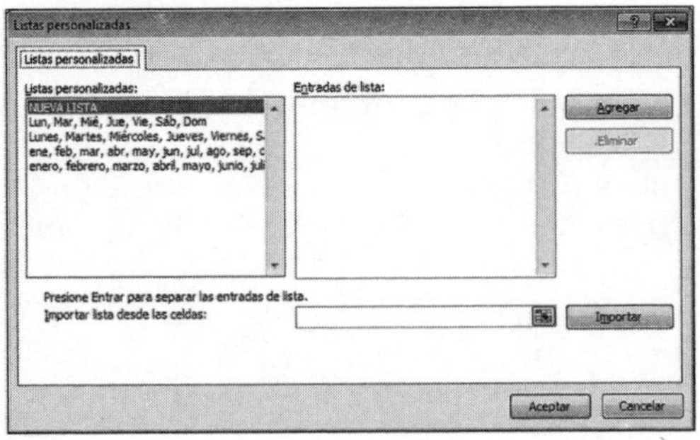

4. En la ventana Listas personalizadas, selecciona la entrada de lista nueva.

5. Introduce la lista en la casilla de texto Entrada de lista. Pulsa Entrar después de escribir las entradas de lista o separa las entradas con una coma.

6. Clica en Agregar y luego en Aceptar dos veces para salir de los cuadros de diálogo.

Ahora ya puedes utilizar la lista organizativa personalizada en una tabla, en una tabla dinámica o incluso en un rango estándar de una hoja de cálculo.

Si hay un rango en la hoja de cálculo que quieres utilizar como lista organizativa personalizada, en el cuarto paso, clica en Importar lista desde las celdas, selecciona el rango en la hoja de cálculo y clica en el botón Importar.

Filtrar un informe de tabla dinámica

Filtrar una tabla dinámica es muy parecido a filtrar una tabla (*lee* el apartado "Filtrar datos en una tabla"). Sin embargo, en el caso de las tablas dinámicas, lo que se filtran son datos resumidos en lugar de un conjunto detallado de datos.

Filtrar una tabla dinámica según elementos de campo individuales

Para filtrar campos en la tabla dinámica en función de elementos de campo individuales, sigue los pasos siguientes:

1. Clica en la flecha del encabezado del campo de fila o columna que quieras filtrar. Si utilizas un diseño de informe compacto, los encabezados de campo individuales no aparecen, pero están representados por un encabezado de etiquetas de fila (en el área de las filas), un encabezado de etiquetas de columna (en el área de las columnas), o ambos. Clica en la flecha del encabezado de etiquetas de fila o columna. Aparecen opciones de ordenar y filtrar. La figura 13-2 muestra las opciones de ordenar y filtrar.

2. Si utilizas un diseño de informe compacto, primero debes seleccionar el campo que quieres filtrar en la lista desplegable Seleccionar campo. En la parte inferior de la ventana aparecen los elementos de campo en una ventana. Todos los elementos vienen seleccionados de forma predeterminada. Si solo quieres ver una o varias entradas, puedes desactivar la casilla de verificación Seleccionar todo y seleccionar los elementos que quieras ver. Además, si solo quieres ocultar algunos elementos, desactiva las casillas de verificación junto a dichos elementos, pero no desactives la casilla de verificación Seleccionar todo.

3. Clica en Aceptar. En la tabla dinámica aparecen los elementos seleccionados en el segundo paso y todos los elementos desactivados desaparecen. También aparece un icono de filtro (un embudito) en el campo de la flecha desplegable y a la derecha de la etiqueta de campo en el panel de tareas para indicar que el filtro se ha aplicado al campo.

Figura 13-2

4. Para filtrar campos adicionales, repite los pasos 2 y 3.

Si la tabla dinámica incluye un filtro de informe, puedes seleccionar varios elementos para ver o filtrar con un clic en la flecha desplegable de filtro de informe y luego activando o desactivando elementos en la ventana. Asegúrate de que la casilla de verificación Seleccionar varios elementos está seleccionada.

Filtrar una tabla dinámica según una búsqueda de texto de campo

El proceso para filtrar una tabla dinámica según una búsqueda de texto de campo es parecido al proceso descrito para filtrar una tabla según una búsqueda de texto de columna. *Consulta* el apartado "Filtrar una tabla según una búsqueda de texto de columna".

Si utilizas un estilo de informe compacto, primero debes elegir el campo que quieres filtrar en la lista desplegable Seleccionar campos, dentro de las opciones de ordenación y filtro de las etiquetas de fila o de columna (clica en la flecha junto a las etiquetas de fila o columna para ver las opciones). Si lo necesitas, vuelve a *leer* el apartado anterior "Filtrar una tabla dinámica según elementos de campo individuales".

Filtrar una tabla dinámica según el tipo de datos de campo

Igual que las tablas, puedes filtrar un campo por el tipo de datos (valor, etiqueta o fecha).

Para filtrar una tabla dinámica por fecha, número, criterios de etiqueta:

1. Clica en la flecha del encabezado de campo del campo que quieras filtrar. Si utilizas el diseño de informe compacto, no aparecen los encabezados de campo individuales. En tal caso, clica en la flecha Etiquetas de fila o de columna. Aparecen las opciones de ordenar y filtrar.

2. Si utilizas el diseño de informe compacto, primero tienes que elegir el campo que quieres filtrar de la lista desplegable Seleccionar campo. Sobre la ventana de los elementos de campo, selecciona la opción Filtros tipodedatos (*Tipodedatos* es la etiqueta, número o fecha, depende del tipo de datos del campo que se filtra). Todos los campos de fila o columna de una tabla dinámica tienen un filtro Valor y un filtro Etiqueta, o un filtro Valor y un filtro Fecha.

3. Selecciona una opción en el menú desplegable.

4. Completa el cuadro de diálogo de las opciones de filtro y clica en Aceptar.

Desactivar filtros de una tabla dinámica

Durante el análisis de la información de una tabla dinámica, puedes haber utilizado varios filtros para uno o varios campos. Puedes quitar estos filtros manualmente, pero hay una manera más rápida de quitarlos de una tabla dinámica:

✓ Para desactivar los filtros de un único campo, clica en la flecha del campo de encabezado del campo de donde quieras quitar los filtros (tanto en la tabla dinámica como en la lista de campo del panel de tareas). Si utilizas un diseño de informe compacto, clica en la flecha de las etiquetas de fila o columna para ver las opciones de ordenación y filtro. A continuación, selecciona Borrar filtro de nombredecampo. *Nombredecampo* es el nombre del campo, cuyos filtros se están desactivando (por ejemplo, "Nombreproducto"). Si utilizas el diseño de informe compacto, primero tienes que elegir el campo de donde quieres borrar los filtros de la lista desplegable; a continuación, selecciona campo en las opciones de ordenar y filtrar.

✓ Para borrar todos los filtros de la tabla dinámica, clica en cualquier parte de la tabla dinámica y en el botón Ordenar y filtrar en la ficha Inicio de la Cinta de opciones, y selecciona Borrar en el menú.

Filtrar datos en una tabla

Filtrar datos es una de las actividades más comunes de las que se realizan con una tabla. Con frecuencia querrás ver o analizar un subconjunto de datos de un conjunto de datos mayor. Al crear una tabla, aparece una flecha desplegable para ordenar y filtrar a la derecha de cada encabezado de columna. Tras filtrar una tabla, la barra de estado muestra el número de filas visibles.

Recuerda: Puedes utilizar las opciones de filtro en un rango estándar (sin tabla). Selecciona el rango, clica en el botón Ordenar y filtrar en la ficha Inicio de la Cinta de opciones, y selecciona Filtro en el menú para añadir las flechas desplegables de Ordenar y filtrar al encabezado de la fila. Una hoja de cálculo solo puede tener un rango de ordenar y filtrar, pero puede tener muchas tablas, cada una con su configuración propia de ordenar y filtrar.

Recuerda: Si has importado los datos de la tabla desde un rango externo, normalmente los filtros de tabla se vuelven a aplicar una vez se actualiza el rango
(importar los últimos datos). Si añades filas de datos manualmente, debes clicar
en el botón Ordenar y filtrar en la ficha Inicio de la Cinta de opciones y seleccionar Volver a aplicar en el menú antes de que Excel actualice la tabla.

Filtrar una tabla según entradas de columna individuales

Para filtrar datos de una tabla según las entradas individuales en una columna:

1. Clica en la columna del encabezado de la columna que quieras filtrar.
   Aparecen las opciones de Ordenar y filtrar (mira la figura 13-3).

Figura 13-3

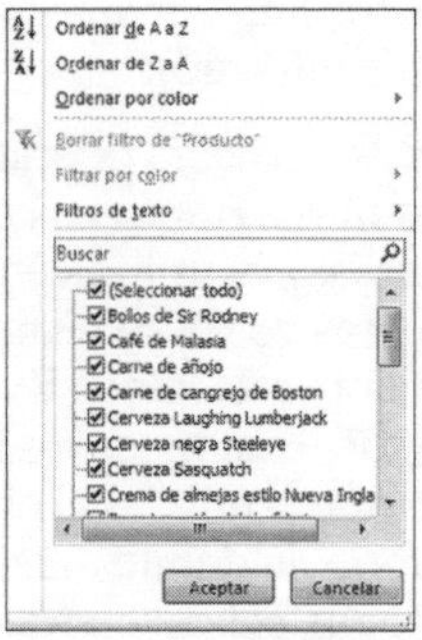

2. En la parte inferior de la ventana aparecen las entradas de columna únicas
   en una ventana. La casilla Seleccionar todo viene activada de forma predeterminada. Si quieres visualizar filas para una o varias entradas, desactiva
   la casilla de verificación Seleccionar todo y selecciona manualmente los elementos que quieres ver. Además, si quieres ocultar filas sólo en algunas
   entradas, desactiva las casillas de verificación junto a las entradas, pero no
   desactives la casilla de verificación Seleccionar todo.

   Una lista solo puede mostrar un máximo de 10 000 entradas únicas en la
   columna.

3. Clica en Aceptar. En la tabla aparecen filas para todas las entradas que se
   han seleccionado en el paso 2, y desaparecen todas las filas de las entradas
   desactivadas. Si la tabla utiliza un estilo de bandas de filas diferente, las
   bandas se conservan tras filtrar las filas de la tabla. También aparece un
   icono de filtro (un embudo pequeño) en la parte desplegable de la columna
   para indicar que se está aplicando un filtro a una columna.

4. Para filtrar más columnas, repite los pasos 2 y 3.

Si la columna tiene una serie de entradas de fecha (mes, día, año), puedes filtrar al nivel de año, mes o día. En la ventana de la lista de elementos de columna, al principio solo aparece el nivel de año. Si clicas en el signo más (+) junto al año, se enumeran los meses de ese año. Si clicas en el signo más (+) junto al mes, aparecen entradas de día individuales de ese mes.

Filtrar una tabla según una búsqueda de texto de columna

Excel 2010 tiene un nuevo filtro de columna en forma de casilla de búsqueda de texto, situado encima de la lista de elementos en la lista desplegable de ordenar y filtrar columnas. Este nuevo filtro es útil por dos motivos:

✓ Debido al hecho de que la lista de elementos individuales en la lista desplegable de ordenar y filtrar columnas está limitada a un máximo de 10 000 elementos únicos, no puedes utilizarlo si el conjunto de los datos tiene más elementos que el límite de visualización. La casilla de búsqueda soluciona este problema.

✓ Aunque no se exceda el límite de visualización de la lista desplegable del filtro de columna, tener que desplazarse hacia abajo en busca de elementos que hay que filtrar puede ser un tostón.

Puedes utilizar la casilla de búsqueda para incluir elementos que quieras filtrar (permanecer visible) o para quitar elementos que quieras filtrar.

Para incluir elementos en la lista de filtro:

1. Clica en la flecha de ordenar y filtrar columnas. En la casilla de búsqueda, escribe el primer elemento que quieras incluir en el filtro. Mientras escribes, Excel filtra la lista según los caracteres escritos (como verás en la figura 13-4).

Figura 13-4

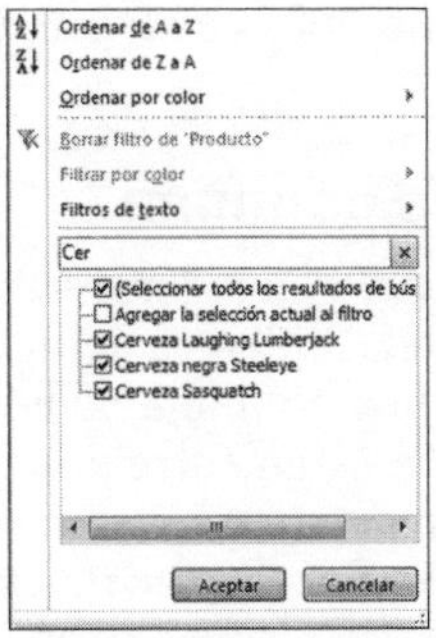

↓	Ordenar de A a Z
↑	Ordenar de Z a A
	Ordenar por color ▸
⬗	Borrar filtro de "Producto"
	Filtrar por color ▸
	Filtros de texto ▸

Cer ✕

☑ (Seleccionar todos los resultados de bús
☐ Agregar la selección actual al filtro
☑ Cerveza Laughing Lumberjack
☑ Cerveza negra Steeleye
☑ Cerveza Sasquatch

Aceptar   Cancelar

2. A medida que la lista se hace más acotada, puedes seleccionar todos o algunos elementos. Para quitar elementos, desactiva las casillas de verificación junto a los elementos.

3. Una vez seleccionadas las casillas, selecciona la casilla Agregar la selección actual al filtro.

4. Clica en Aceptar. La tabla se filtra para mostrar solo los elementos seleccionados.

5. Si quieres añadir elementos a la lista de filtro, repite los pasos 1-4.

Al añadir nuevos elementos a la lista de filtro, si no marcas la casilla Agregar la selección actual al filtro, los nuevos elementos sustituirán la lista de filtro anterior en lugar de añadirse a ella.

Para excluir elementos de la lista de filtro:

1. Sigue los pasos 1 y 2 del proceso anterior.

2. Tras seleccionar las diferentes opciones, selecciona la casilla Agregar la selección actual al filtro y desactiva la casilla Seleccionar todos los resultados de búsqueda. Estas acciones excluyen elementos del filtro, es decir, todo lo demás se selecciona automáticamente.

Recuerda: El texto que se escribe no distingue entre mayúsculas y minúsculas.

Puedes combinar las dos técnicas descritas en este apartado en un único filtro. Imagina que has acotado la lista de elementos que hay que incluir en el filtro, pero todavía quieres excluir más. Para ello, sigue los pasos del primer proceso y luego los pasos del segundo proceso.

Puedes utilizar caracteres comodines en la búsqueda. Utiliza el carácter * para representar uno o varios caracteres antes, durante, o después de cualquier búsqueda de texto que se escriba. Por ejemplo, *500*negro* coloca todos los elementos con 500 y negro en el nombre, con cualquier número de caracteres antes de 500, entre 500 y negro, y después de negro. Por otra parte, ?500?negro? coloca todos los elementos con solo un único carácter antes de 500, entre 500 y negro y después de negro. Puedes combinar los caracteres comodines en el texto de búsqueda.

Filtrar una tabla según el tipo de datos de columna

Imagina que tienes una columna de tabla con fechas. Pero en lugar de filtrar la columna según fechas individuales, quieres ver las fechas del mes actual, mes pasado, último trimestre o año. O imagina que tienes una columna numérica y quieres ver registros que superan un cierto valor o que están entre dos valores. O quizá tienes una columna de texto y quieres ver los registros que empiezan con un texto determinado o que contienen cierto texto. Excel tiene muchas opciones de filtro que puedes utilizar según el tipo de datos que hay en la columna.

Para filtrar datos de tabla por criterios de fecha, número o texto:

1. Clica en la flecha del encabezado de la columna que quieras filtrar. Aparecen las opciones de ordenar y filtrar.

2. Justo encima de la ventana que muestra entradas de columna individuales, selecciona la opción Filtrar tipodedatos, donde *Tipodedatos* es texto, números o fechas, en función del tipo de datos de la columna que estás filtrando.

3. Selecciona una opción de filtro en el menú desplegable o selecciona el botón Filtro personalizado en la parte inferior del menú para ver el cuadro de diálogo con opciones adicionales.

4. Si en el tercer paso aparece un cuadro de diálogo, completa las opciones del cuadro de diálogo y clica en Aceptar.

Filtrar una tabla según el color de celda

Excel permite filtrar por color de celda. Los colores son el color del fondo o de las fuentes aplicados manualmente o de forma predeterminada. Los colores también pueden incluir escalas de colores y conjuntos de iconos.

Recuerda: Solo puedes filtrar un color a la vez.

Para filtrar la tabla de datos según el color:

1. Clica en la flecha del encabezado de columna con el color que quieras filtrar. Aparecen las opciones de ordenar y filtrar.

2. Selecciona Filtrar por color y selecciona una opción de color en el menú desplegable. También puedes elegir las opciones No filtrar para desactivar el filtro de todas las celdas con cierto formato de fuente o fondo.

Recuerda: Los colores de filtro no incluyen los colores definidos en el estilo de la tabla, así que el formato de la tabla se mantiene tras el filtro de color.

Quitar filtros de tabla

Al analizar los datos de una tabla, seguramente has aplicado varios filtros a una o más columnas. Puedes quitar los filtros manualmente uno a uno, pero hay una manera más rápida de hacerlo:

✓ Para quitar los filtros de una única columna, clica en la flecha del encabezado de la columna de la que quieras quitar filtros. A continuación, en las opciones de ordenar y filtrar, selecciona Quitar nombredecolumna. *Nombredecolumna* es el nombre de la columna cuyos filtros se están desactivando (por ejemplo Producto).

✓ Para quitar todos los filtros en una tabla, clica en cualquier parte de la tabla y en el botón Ordenar y filtrar en la ficha Inicio de la Cinta de opciones y selecciona Borrar en el menú.

Ordenar datos en una tabla dinámica

Ordenar una tabla dinámica implica reorganizar los elementos de campo de fila o columna para que aparezcan en orden ascendente, descendiente o personalizado. Por ejemplo, puedes ordenar un campo de fila de clientes o regiones de venta alfabéticamente. Puedes ordenar por fecha, numérica o alfabéticamente, en función del tipo de datos.

Recuerda: A diferencia de una tabla corriente, Excel ordena elementos ocultos en un campo filtrado, por lo que si quitas un filtro, el campo sigue ordenado.

Se aplican las normas siguientes al ordenar un campo de fila o columna:

✓ Si tienes más de un campo de fila o columna en la tabla dinámica y ordenas el campo de fila o columna del exterior, todos los demás campos de fila o columna se ordenan en orden ascendente, sin tener en cuenta el tipo de orden elegido para el campo del exterior.

✓ Si ordenas el campo de fila o columna del interior, los demás campos de fila o columna no se ordenan.

✓ Si ordenas el campo de fila o columna intermedio, los campos interiores se ordenan en orden ascendente, sin tener en cuenta el tipo de orden seleccionado para el campo intermedio. Los campos del exterior al campo intermedio no se ordenan.

En una tabla dinámica, un campo de fila *interior* es cualquier campo a la derecha de otro campo. Un campo *exterior* es cualquier campo a la izquierda de otro campo. Un campo de columna *interior* es cualquier campo debajo de otro campo. Un campo *exterior* es cualquier campo sobre otro campo.

Ordenar un campo de fila o columna mediante opciones estándar de ordenación

Para ordenar un campo de fila o columna en la tabla dinámica mediante opciones estándar de ordenación:

1. Clica en la flecha del encabezado del campo que quieras ordenar. Si se utiliza el diseño de informe compacto, no aparecen los encabezados de campo individuales. En tal caso, clica en la flecha Etiquetas de fila o Etiquetas de columna. Aparecen las opciones de ordenar y filtrar.

2. Si utilizas el diseño de informe compacto, debes elegir el campo que quieres ordenar en la lista desplegable Seleccionar campo de las Etiquetas de fila o columna de las opciones de ordenar y filtrar.

3. Selecciona una de las opciones de tipo de dirección en la parte superior de la ventana. Las opciones dependen del tipo de datos de la columna que estás ordenando (numérico, de texto o fecha). Al elegir una opción, el elemento se queda reorganizado en el campo.

Tras aplicar una opción de ordenación a un campo, aparece una flecha pequeña en la flecha de encabezado de campo, que indica la dirección de la ordenación elegida. La flecha también te sirve para recordar el tipo de ordenación que has aplicado al campo.

Ordenar un campo de valor

A veces, quieres ordenar según los datos del área de valores de la tabla dinámica. Por ejemplo, puedes ordenar números de ventas de mayor a menor. Para ordenar según datos del área de valores, haz un clic derecho en cualquier celda de la columna de valor que quieras ordenar, selecciona Ordenar en el menú contextual y, después, selecciona una dirección de ordenación en el menú desplegable. Los elementos de campo de fila interiores se ordenan junto con sus valores correspondientes. También puedes ordenar en sentido de las filas en lugar de en sentido de las columnas. Haz un clic derecho en cualquier celda de la fila de valor que quieras ordenar, selecciona Ordenar en el menú contextual y selecciona Más opciones de ordenación en el menú desplegable. En el cuadro de diálogo Ordenar por valor, selecciona la opción Ordenar de menor a mayor u Ordenar de mayor a menor y selecciona Derecha o Izquierda en la dirección de ordenación. Clica en Aceptar y los elementos del campo de columna interior se ordenan junto con sus valores correspondientes.

Ordenar un campo de fila o columna manualmente

Cuando el orden ascendente o descendente estándar no sirve en un campo, puedes organizar manualmente los elementos del campo . Si hay muchos elementos que organizar manualmente, es mejor que uses un criterio de ordenación personalizado. *Lee* el apartado que viene a continuación: "Ordenar un campo de fila o columna mediante un criterio de ordenación personalizado". Para reorganizar un elemento manualmente, clica en el elemento para seleccionarlo. Coloca el puntero del ratón en el borde de la selección hasta que aparezca una cruz con una flecha negra en la punta del puntero. Mantén pulsado el botón izquierdo del ratón y arrastra el elemento hasta su nueva ubicación.

Ordenar un campo de fila o columna mediante un criterio de ordenación personalizado

En algunos casos, puede que quieras ordenar un campo de texto en un orden distinto al orden alfabético ascendente o descendente. Si los datos son nombres de meses, por ejemplo, quizá desees que aparezcan por orden cronológico de fecha en lugar de alfabéticamente. Excel tiene cuatro listas personalizadas, y también puedes crear una lista propia:

1. Completa los pasos 1 a 3 de "Ordenar un campo de fila o columna mediante opciones estándar de ordenación", excepto el tercer paso. Selecciona Más opciones de ordenación en lugar de una de las opciones de dirección establecidas. Aparecerá el cuadro de diálogo Ordenar por valor. Mira el aspecto que tendrá en la figura 13-5, a la izquierda.

2. Clica en Más opciones. Aparece el cuadro de diálogo Más opciones de ordenación. Puedes verlo en la figura 13-5, a la derecha.

Figura 13-5

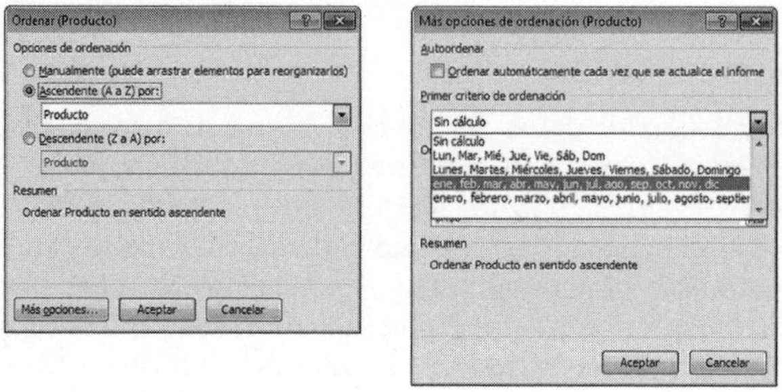

3. Desactiva la casilla de verificación Ordenar automáticamente cada vez que
   el informe se actualiza.

4. En la lista desplegable Primero ordenar orden de clave, selecciona una
   opción. Clica en Aceptar dos veces para salir de los cuadros de diálogo.

Recuerda: Si quieres utilizar una lista personalizada, tienes que crearla antes de
realizar el proceso anterior. Si lo necesitas, vuelve a *leer* el apartado anterior
"Crear una lista organizativa personalizada".

Ordenar datos en una tabla

Ordenar una tabla implica reorganizar las filas para que estén en orden ascendente o descendente según los valores de una o varias columnas. Por ejemplo,
puede que quieras ordenar alfabéticamente una tabla de agentes de ventas por
apellido o por región de ventas; también puedes ordenarla por fecha, numérica
o alfabéticamente en función de los datos.

Si ordenas una tabla con filtros, sólo se ordenan las filas visibles. Tras quitar un
filtro de una tabla, la tabla ya no está ordenada. Por lo tanto, debes quitar cualquier filtro de columna antes de ordenar la tabla.

Recuerda: Tras añadir filas, hay que reordenar la tabla (y quizá editar). Para reordenar la tabla, clica en cualquier celda de la tabla y en el botón Ordenar y filtrar
de la ficha Diseño; a continuación, selecciona Volver a aplicar en el menú. *Consulta* el apartado anterior "Filtrar datos en una tabla".

Ordenar una única columna según valores de columna

Para ordenar una única columna de la tabla según datos de la tabla:

1. Clica en la flecha de encabezado de la columna que quieras ordenar.
   Aparecen las opciones de ordenar y filtrar.

2. Selecciona una de las opciones de tipo de dirección en la parte superior
   de la ventana. Las opciones dependen del tipo de datos de la columna
   que estés ordenando (numérico, de texto o fecha). Al elegir una opción,
   las filas se reorganizan en la tabla.

Al aplicar una ordenación a una columna, aparece una flecha pequeña
en la flecha del encabezado de columna, que indica la dirección de la
ordenación. La flecha también sirve para recordar la ordenación aplicada a
la columna.

Ordenar varias columnas según valores de la columna

1. Clica en la flecha del encabezado de cualquier columna de la tabla.
   Aparecen las opciones de ordenar y filtrar.

2. Selecciona Ordenar por color y luego Orden personalizado en el menú desplegable. Aparece el cuadro de diálogo Ordenar por valor.

3. De la lista desplegable siguiente, selecciona las opciones para la primera
   columna que quieras ordenar:

   • Columna. Selecciona la primera columna que quieras ordenar.

   • Opciones de ordenación. Selecciona valores.

   • Dirección de ordenación. Selecciona un criterio de ordenación.

4. Para cada columna que quieras ordenar, clica en el botón Añadir nivel.
   Cada vez que lo hagas, aparecerán nuevas listas desplegables. Repite el
   tercer paso para cada nivel de ordenación que añadas (mira como queda
   en la figura 13-6).

Figura 13-6

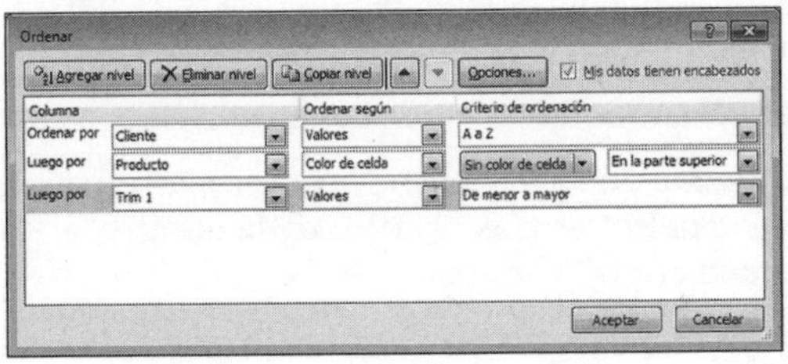

5. Si la ordenación tiene que reconocer mayúsculas y minúsculas (solo aplicable a columna de texto), clica en el botón Opciones y activa la casilla para
   detectar mayúsculas y minúsculas. Al activar esta opción, las letras en
   mayúscula aparecen antes que las letras en minúsculas en una ordenación

ascendente. Normalmente, la ordenación ignora si las letras son mayúsculas o minúsculas.

6. Si quieres cambiar el criterio de ordenación de una columna después de añadir distintos niveles de ordenación, clica en la parte izquierda del nivel de ordenación y luego en el botón con flecha ascendente o descendente. Si deseas borrar un nivel de ordenación, clica en la parte izquierda del nivel de ordenación y luego en el botón Borrar nivel. Tras clicar en un nivel de ordenación, el nivel queda marcado, para saber qué nivel se está borrando o reordenando.

7. Clica en Aceptar para reorganizar las filas de la tabla.

Puedes ordenar hasta 64 columnas.

Ordenar según un criterio personalizado

Puede que quieras ordenar una columna de texto en un orden distinto al alfabético ascendente o descendente. Por ejemplo, si los datos se basan en nombres de meses, probablemente desearás que aparezcan por orden de mes en lugar de alfabéticamente. Hay cuatro listas personalizadas y también puedes crear una lista nueva. Para ordenar una o varias columnas mediante una lista personalizada:

1. Completa los pasos 1 a 3 de "Ordenar varias columnas según valores de columna", excepto el tercer paso. Selecciona Lista personalizada en la lista desplegable Ordenar por valor. Aparece el cuadro de diálogo Listas personalizadas.

2. En la casilla de lista Listas personalizadas, selecciona una lista de criterio de ordenación.

3. Clica en Aceptar para añadir la lista personalizada a la lista desplegable Ordenar por valor en el cuadro de diálogo.

4. Clica en Aceptar para reorganizar las filas de la tabla en el orden personalizado.

También puedes crear una lista personalizada en el cuadro Listas personalizadas. Para ello sigue estos pasos:

1. En el cuadro Listas personalizadas, selecciona la entrada Nueva lista.

2. En el cuadro de texto Entradas de lista, escribe las entradas en el orden que quieras ordenar la lista. Pulsa Entrar tras escribir cada entrada en la lista o separa las entradas con una coma.

3. Clica en Añadir para incluir una lista nueva en el cuadro de lista Listas personalizadas.

4. Clica en la nueva lista y luego en Aceptar para añadir la lista a la lista desplegable Ordenar del cuadro de diálogo Ordenar.

5. Clica en Aceptar para reorganizar las filas de la tabla según el criterio personalizado.

Para completar esta información, *lee* el apartado anterior "Crear una lista organizativa personalizada".

Ordenar según los iconos de color o formato condicional

Puedes ordenar por color de fondo o de fuente aplicado a las celdas manualmente o por formato condicional. También puedes ordenar por conjuntos de iconos de formato condicional o escalas de colores. Ordenar por color es útil si quieres agrupar datos que cumplan los criterios de formato condicionales.

Para ordenar columnas por color (o icono):

1. Clica en la flecha del encabezado de la columna que quieras ordenar por color (o icono). Aparecen las opciones de ordenar y filtrar.

2. Si quieres ordenar sólo por un color, selecciona Ordenar por color y selecciona un color (o icono, si se da el caso) en el menú desplegable. Tras elegir una opción, las filas de ese color se mueven a la parte superior de la tabla.

Una manera rápida de ordenar por un único color es hacer un clic derecho en una celda de la columna del color, selecciona Ordenar en el menú contextual y una opción de ordenación de color apropiada (color de celda, fuente de celda o icono de celda).

Puedes ordenar por más de un color, si, por ejemplo, tienes varios colores en una columna según las condiciones de formato condicional o si quieres organizar los colores de la escala de colores o conjunto de iconos en un orden particular en una columna. *Lee* en el capítulo 8 el apartado "Dar formato a un rango mediante visualizaciones comparativas", para más información sobre escalas de colores y conjuntos de iconos.

Para ordenar por más de un color en una columna:

1. Completa los pasos anteriores para ordenar por el primer color.

2. Clica en la flecha del encabezado de columna, selecciona Ordenar por color y luego Ordenación personalizada en el menú contextual. Aparece el cuadro de diálogo Ordenar con el primer nivel de ordenación enumerado (mira la figura 13-6).

3. Clica en la parte izquierda del nivel de ordenación existente y luego en el botón Copiar nivel. Se añade un nuevo nivel de ordenación con condiciones de ordenación idénticas.

4. Clica en la lista desplegable Ordenar y selecciona un color (o icono, si se da el caso) para el nuevo nivel de ordenación.

5. Repite los pasos 3 y 4 para añadir niveles de ordenación adicionales, excepto el tercer paso. Clica en la parte izquierda del último nivel de ordenación añadido antes de clicar en Copiar nivel.

6. Clica en Aceptar para reorganizar las filas de la tabla según la ordenación de color especificada.

Índice